Thomas Weißenborn
APOSTEL, LEHRER UND PROPHETEN (3)

D1719611

Thomas Weißenborn

Apostel, Lehrer und Propheten (3)

1. Petrusbrief bis Offenbarung

FRANCKE

Verlag der Francke-Buchhandlung GmbH

Über den Autor:
Nach dem Studium der Theologie mit abschließender Promotion war Thomas Weißenborn Vikar in Lich bei Gießen. Seit 1999 ist er als Dozent am Marburger Bibelseminar tätig. Seine Fächer: AT (Theologie), NT (Bibelkunde, Exegese, Theologie), Dogmatik, Predigtlehre, Geistliches Leben. Er ist verheiratet, hat vier Kinder und lebt in Marburg.

Für Sabine,
Calvin, Emily, Alicia und Rebecca

Bibliografische Information Der Deutschen Bibliothek
Die Deutsche Bibliothek verzeichnet diese Publikation in der Deutschen Nationalbibliografie; detaillierte bibliografische Daten sind im Internet über http://dnb.ddb.de abrufbar.

ISBN 3-86122-722-3
Alle Rechte vorbehalten
© 2005 by Verlag der Francke-Buchhandlung GmbH
35037 Marburg an der Lahn
Umschlaggestaltung: Henri Oetjen, DesignStudio Lemgo
Satz: Verlag der Francke-Buchhandlung GmbH
Druck: Schönbach-Druck, Erzhausen

www.francke-buch.de

Inhaltsverzeichnis

Über dieses Buch 7

Der erste Petrusbrief 9
Zwei Briefe – ein Apostel? 9
Petrus und Silvanus 9
Die Verfasserfrage 14
Babylon und die Leiden der Brüder 22
Fremdlinge, die verstreut wohnen 27
Pilgerschaft und Gottvertrauen 30

Der zweite Petrusbrief 36
Ein Brief, bei dem sich die Geister scheiden 36
Ist Symeon ein Pseudonym? 38
Petrus an alle 56
Falsche Lehrer 59
Petrus, Paulus und wir 61

Die Johannesbriefe 64
Zwei Briefe und ein ...? 64
Johannes und seine „Schule" 65
Der Hintergrund der Briefe 73
Eine Gleichung mit vielen Unbekannten 82
Von Christen und Antichristen 83

Der Brief an die Hebräer 89
Ein Schreiben aus einer anderen Welt 89
Ein Brief und doch kein Brief 90
Hebräer, die griechisch sprachen 92
Wohin wurde der Brief gesandt? 99
Und wieder die alte Frage: Vor oder nach 70? 103

Der große Unbekannte 107
Der Hohepriester und die zweite Buße 116

Der Brief des Jakobus **121**
Die „stroherne Epistel" 121
Weisheit aus dem Evangelium 122
„Ein Knecht Gottes und des Herrn Jesus Christus" 126
Der Hintergrund des Briefes 133
Wann und wo wurde der Brief geschrieben? 140
Das Evangelium der ersten Gemeinde 142

Der Brief des Judas **150**
Ein wenig beachtetes Schreiben 150
Die Verfasserfrage 150
Judas, Petrus und frühjüdische Quellen 154
Ein Wort über die Gegner 159
„Kämpft für den Glauben!" 162

Die Offenbarung des Johannes **166**
Ein Buch mit sieben Siegeln 166
Prophetie und Apokalyptik 167
„Johannes, euer Bruder" 172
Wann wurde die Offenbarung geschrieben? 176
Einblicke in die Zeit und ihr Ende 183
Die Botschaft der Offenbarung 190

Nachwort **198**

Anhang **202**
Literaturempfehlungen 202
Literaturverzeichnis 203
Erklärung der Fremdwörter 207
Zeittafel zum Neuen Testament 213
Die Entstehung des Neuen Testaments im Überblick 216

Über dieses Buch

Der dritte und letzte Band der Einführung in das Neue Testament beschäftigt sich mit Büchern, die so unterschiedlich sind, dass man sie kaum unter einem gemeinsamen Titel zusammenfassen kann. Unter ihnen befinden sich die erhaltenen Briefe so bekannter Persönlichkeiten wie der Apostel Petrus und Johannes, aber auch das Schreiben des ansonsten wenig in Erscheinung getretenen Herrenbruders Judas. Der eher ethisch gehaltene Jakobusbrief gehört ebenso dazu wie der tief gehend theologische Brief an die Hebräer. Und vergessen wir nicht die Offenbarung, das einzige im alttestamentlichen Sinn prophetische Buch des Neuen Testaments, mit dem es seinen Abschluss findet.

Wie beim ersten und zweiten Band dieser Einführung können Sie auch beim dritten zu jedem der vorgestellten Bücher Hintergrundinformationen erwarten, die einerseits für alle Interessierten verständlich sind, andererseits aber auch einen Überblick über die Diskussion unter den Theologen geben. Für alle, die die ersten beiden Bände nicht kennen, stelle ich hier noch einmal in aller Kürze meine Vorgehensweise dar:

- Fachausdrücke werden vermieden, und wo das nicht möglich ist, werden sie erklärt. Die wichtigsten von ihnen werden zudem am Ende des Buches noch einmal in alphabetischer Reihenfolge aufgeführt und erläutert. Das gilt auch für die Fachausdrücke, die schon in den ersten beiden Bänden vorkamen – natürlich nur, wenn sie auch im dritten benutzt werden.
- Begriffe aus den Ursprachen erscheinen in Umschrift und werden selbstverständlich übersetzt (das gilt natürlich auch für Zitate aus anderen fremdsprachlichen Texten).
- Die Bibel wird nach der Übersetzung von Martin Luther zitiert. Andere Übersetzungen werden, wo es nötig ist, zu Rate gezogen.
- Soweit es mir möglich ist, versuche ich einen Überblick über die gesamte Breite der heutigen Einleitungswissenschaft zu geben und zwar unabhängig von der Frömmigkeitsrichtung der jeweiligen Autoren. Wo wir nichts Sicheres wissen können, wird klar

gesagt, dass es sich bei dem Dargestellten um Annahmen und Vermutungen handelt und auf welchem Weg man zu ihnen gekommen ist. Das letzte Urteil bleibt damit Ihnen überlassen.

– Um den dargestellten Stoff überprüfbar und ein selbständiges Weiterarbeiten möglich zu machen, habe ich auf Anmerkungen nicht verzichtet. Sie finden sich jeweils am Ende eines Kapitels. Wenn Sie möchten, können Sie sie freilich auch überspringen.

Ich hoffe, dass Sie diesen Band, mit dem die Einführung in das Neue Testament ihr Ende findet, nicht nur mit Gewinn lesen, sondern dass Sie hierdurch auch mit Freude und neuen Erkenntnissen das Buch lesen können, über das es geschrieben wurde: das Neue Testament selbst.

Thomas Weißenborn

Der erste Petrusbrief

Zwei Briefe – ein Apostel?

Unter dem Namen und der Autorität des Apostels Petrus sind im Neuen Testament zwei Briefe überliefert, die kaum unterschiedlicher sein könnten. Der erste von ihnen wurde in gepflegtem Griechisch geschrieben, steht theologisch den Werken des Apostels Paulus recht nahe und erinnert stilistisch an eine Predigt. Der zweite dagegen verrät schon durch seine etwas holperige Ausdrucksweise, dass sein Autor in einer ihm fremden Sprache schreibt. Theologisch ist er zudem nach Ansicht mancher so weit von der Lehre der Paulusbriefe entfernt, dass sie die Frage stellen, ob diese Schrift überhaupt ins Neue Testament hineingehört.

Hinzu kommt, dass es im zweiten Petrusbrief nicht wenige Stellen gibt, die auf ein deutlich nach der apostolischen Zeit liegendes Abfassungsdatum schließen lassen. Entsprechend ist der altkirchliche Befund. Während der 1. Petrusbrief schon recht früh als ein Schreiben das Apostels galt, wurde der zweite vermutlich lange Zeit nicht zur Kenntnis genommen und war dann bis ins vierte Jahrhundert hinein umstritten.

Insofern ist es notwendig, beide Briefe, bei denen noch nicht einmal die Absenderangabe gleich ist, jeweils für sich zu betrachten. Doch werfen wir zuvor einen Blick auf die Menschen, die in den Petrusbriefen als Absender oder Mitarbeiter genannt werden.

Petrus und Silvanus

Eine Chronologie des Apostels Petrus

Mit den Paulusbriefen, die im zweiten Band von „Apostel, Lehrer und Propheten" behandelt wurden, verlassen wir in gewisser Weise das Terrain einigermaßen gesicherter Erkenntnisse. Während wir über diesen Apostel dank der Apostelgeschichte seines Begleiters Lukas noch recht viel in Erfahrung bringen konnten, haben wir über das Leben des Petrus nur sehr wenige Informationen. Einzelne Notizen aus dem Neuen Testament und verschiedenen altkirchlichen Quellen müssen zu einem Gesamtbild zusammengesetzt werden, wobei das Ganze einem Puzzle gleicht, bei dem mehr als die Hälfte der Teile nicht mehr erhalten ist. Eine Rekonstruktion ist dennoch notwendig, sonst kommen wir in unseren Überlegungen zu den beiden Petrusbriefen kaum weiter. Allerdings muss jeder Rekonstruktionsversuch eben als solcher angesehen werden. Genaueres ist leider nicht herauszufinden.

Setzen wir also mit unseren Recherchen bei dem an, was wir bereits im ersten Band dieser Einführung über Petrus in Erfahrung gebracht haben:[1] Petrus hat danach im Zusammenhang mit der Verfolgung unter Herodes Agrippa I. Jerusalem verlassen (vgl. Apg 12,17) und ist nach Rom gereist. Ob dies auf direktem Weg geschah, ist leider nicht mehr herauszufinden. Allerdings erwähnen altkirchliche Quellen einen Romaufenthalt des Apostels unter Kaiser Claudius (41-54).[2] Um das Jahr 48 war Petrus zum „Apostelkonzil" wieder in Jerusalem (vgl. Apg 15,7).

Mehr als zehn Jahre später muss Petrus freilich erneut in Rom gewesen sein, denn dort fiel er 64 oder 65 der neronischen Christenverfolgung zum Opfer. Wann der Apostel in der Hauptstadt eintraf, ist leider ungewiss. In seinem im Jahr 57 geschriebenen Römerbrief lässt Paulus ihn noch nicht grüßen, weswegen Petrus erst nach diesem Zeitpunkt in die Hauptstadt gekommen sein kann. In den in der ersten römischen Gefangenschaft entstandenen Paulusbriefen wird er allerdings ebenfalls nicht erwähnt.

Nun endet die Apostelgeschichte mit ihrer Darstellung im Jahr 62. Geht man also davon aus, dass die Briefe an die Epheser, Philipper und Kolosser sowie der an Philemon spätestens 63 geschrieben worden sind, wird Petrus erst nach diesem Zeitpunkt in Rom eingetroffen sein. Das gilt allerdings nur, wenn es keine anderen Gründe dafür gab, warum Petrus in keinem der Paulusbriefe Grüße ausrichten lässt. Denkbar wäre jedoch auch, dass Petrus den angeschriebenen Gemeinden nicht persönlich bekannt war oder sich nicht in der Nähe des Paulus aufhielt. In diesem Fall liefert das Abfassungsdatum der paulinischen Gefangenschaftsbriefe keine Hinweise auf die Ankunft des Petrus in der Hauptstadt.

Dass Petrus zumindest Mitte der sechziger Jahre des ersten Jahrhunderts in Rom war, lässt sich jedoch sicher feststellen, denn dort fand er wie bereits erwähnt den Tod. Der Brand Roms, in dessen Folge Nero die Christen verfolgte, lässt sich sogar ganz genau auf den 19. Juli 64 und die Tage danach datieren. Allerdings ist ungewiss, wann Nero mit seiner Christenverfolgung begann. Ebenso unsicher ist übrigens auch die Antwort auf die Frage, wann sie wieder aufhörte. Nero starb 68, es ist also durchaus möglich, dass Petrus (wie wahrscheinlich Paulus) erst 67 hingerichtet wurde. Letztlich lässt sich damit noch nicht einmal mit Sicherheit sagen, wer von den beiden Aposteln zuerst das Martyrium erlitten hat.

Ungeklärt muss leider auch bleiben, was Petrus zwischen seinen beiden Romaufenthalten tat. Für diese Zeit gibt es nur einige wenige spärliche Informationen. So muss er sich unmittelbar vor dem Apostelkonzil in Antiochia aufgehalten haben, wo Paulus mit ihm über die Frage der Tischgemeinschaft zwischen Juden- und Heidenchristen in Streit geriet (vgl. Gal 2,11). Wie lange der Apostel in Antiochia blieb, kann nur vermutet werden. Es ist aber an einen längeren Zeitraum zu denken, denn Paulus beobachtete eine Veränderung in der Haltung des Petrus gegenüber den Heidenchristen (vgl. Gal 2,12).

Später hat Petrus vielleicht in Korinth für eine Weile gelehrt, schließlich berufen sich einige Korinther auf ihn (vgl. 1. Kor 1,12). Wirklich verbürgt ist ein dortiges Wirken des Petrus jedoch nicht, denn als Paulus den Gemeindeaufbau in Korinth beschreibt, sagt er: „Ich habe gepflanzt, Apollos hat begossen" (1. Kor 3,6), Petrus wird dagegen nicht erwähnt. Sicher ist allerdings, dass sich der Urapostel wie Paulus auch auf Missionsreisen begab. Die Apostelgeschichte berichtet von einer Reise nach Samaria (vgl. Apg 8,14), an die sich eine Rundreise durch Palästina anschloss (vgl. Apg 9,32). Später muss sein Tätigkeitsbereich deutlich darüber hinausgewachsen sein, wie nicht nur die beiden Romaufenthalte verdeutlichen. Auch Paulus erwähnt, dass Petrus „wie die anderen Apostel und die Brüder des Herrn" unterwegs war (1. Kor 9,5). Da er ihren Dienst mit dem seinen vergleicht, kann kein Zweifel daran bestehen, dass sich auch Petrus auf Missionsreisen befunden hat.

Hierin hielt er sich vermutlich an die Absprache, die er mit Paulus bei ihrem Zusammentreffen in Jerusalem im Zusammenhang mit der „Kollektenreise" (vgl. Apg 11,30) getroffen hatte. Paulus schreibt später darüber:

> *„[Die Jerusalemer Gemeindeleiter] sahen, daß mir anvertraut war das Evangelium an die Heiden so wie Petrus das Evangelium an die Juden ..., ... und wurden mit uns eins, daß wir unter den Heiden, sie aber unter den Juden predigen sollten."* (Gal 2,7.9)

Paulus jedenfalls stand zu seinem Teil der Abmachung. Noch in dem rund zehn Jahre später geschriebenen Römerbrief ist etwas von der Zurückhaltung des Apostels zu spüren, weil er sich mit seinem Werk an eine von anderen gegründete und geprägte Gemeinde richtete (vgl. Röm 15,14f.; 20-24). Einer dieser anderen war zweifellos Petrus selbst. Insofern gibt es keinen Grund, anzunehmen, dass er sich im Gegensatz zu Paulus nicht an die Absprache gehalten hat.

Dass Petrus sich in erster Linie an Juden wandte, bedeutet freilich nicht, dass sein Missionsbereich auf Palästina beschränkt blieb. Allein in Rom lebten rund fünfzigtausend Angehörige seines Volkes. In anderen antiken Städten sah das Verhältnis von Juden und Heiden ähnlich aus. Insofern ging es bei der Aufteilung der Missionsgebiete zwischen Petrus und Paulus wohl nicht vorrangig um räumliche Abgrenzungen, sondern um die Frage der Zielgruppe. Allerdings hatte dies auch räumliche Auswirkungen, denn nahezu alle christlichen Gemeinden bestanden aus Juden- und Heidenchristen. Wenn also Petrus in der Hauptstadt des Reiches schon Mission unter Juden betrieben hatte, galt sie für Paulus ebenso als „petrisches Terrain" wie wohl Korinth und andere griechische Städte für Petrus als „paulinisches".

Silvanus, der Begleiter zweier Apostel

Neben Petrus und dem im ersten Band schon näher erläuterten Markus[3] wird im 1. Petrusbrief noch Silvanus genannt, „durch" den der Brief geschrieben wurde (vgl. 1. Petr 5,12). Will man nicht annehmen, dass Paulus zwei Begleiter mit nahezu identischen Namen hatte, dann ist Silvanus der in der Apostelgeschichte erwähnte „Silas". Letzteres ist wohl die ursprüngliche Form des

Namens, denn sie dürfte von dem aramäischen *scheila* („Saul")
abgeleitet worden sein. „Silvanus" ist dagegen ein lateinischer
Name, der mit „Silas" sprachlich nichts zu tun hat, vielleicht aber
gewählt wurde, weil er dem aramäischen Namen noch am nächsten kam.

Wie die lateinische Namensgebung vielleicht schon andeutet,
war Silas römischer Bürger (vgl. Apg 16,37). Zu Hause war er
allerdings nicht in Rom, sondern wahrscheinlich in Jerusalem.
Dort tauchte er jedenfalls im Zusammenhang mit dem „Apostelkonzil" das erste Mal auf, wo er in ganz offizieller Mission der
Gemeinde in Antiochia die Beschlüsse der Versammlung erklären
sollte (vgl. Apg 15,22.32). Silas kehrte daraufhin nicht nach
Jerusalem zurück, sondern brach später von Antiochia aus mit
Paulus auf dessen zweite Missionsreise auf (vgl. Apg 15,40). Er
begleitete dabei den Apostel durch Kleinasien bis nach Beröa, wo
er blieb, während Paulus nach Athen weiterreiste (vgl. Apg 17,14f.).
In Korinth trafen die beiden wenig später wieder zusammen (vgl.
Apg 18,5; 2. Kor 1,19). In den beiden dort verfassten
Thessalonicherbriefen wird Silas sogar als Mitverfasser genannt (vgl.
1. Thess 1,1; 2. Thess 1,1). Damit verliert sich jedoch seine Spur
im Neuen Testament.

Der einzige weitere Hinweis ist 1. Petr 5,12, wonach Silas
irgendwann bei Petrus und Markus in Rom gewesen sein muss.[4]
Zusammen mit dem Evangelisten wäre er dann vom Dienst des
Paulus in den des Petrus gewechselt. Hierunter sollte man sich
aber kein „Abwerben" vorstellen. Vielmehr sind beide wohl Anfang der sechziger Jahre zu dem in Rom inhaftierten Paulus gekommen (vgl. Kol 4,10; Phlm 24, wo zumindest Markus erwähnt
wird). Dort müssen sie dann auch Petrus getroffen haben. Als
Paulus nach seiner Freilassung in den Osten aufbrach,[5] könnten
beide bei Petrus geblieben sein. Wir hätten damit einen ersten
Hinweis auf das Abfassungsdatum des 1. Petrusbriefes – allerdings
nur, wenn der Brief tatsächlich von dem Apostel stammt.

Die Verfasserfrage

Interne Hinweise und altkirchliche Angaben

Der 1. Petrusbrief lässt uns nicht im Unklaren darüber, von wem er geschrieben sein will: „Petrus, ein Apostel Jesu Christi" (1. Petr 1,1). Damit kann lediglich der aus anderen Schriften des Neuen Testaments bekannte Jünger Jesu gemeint sein. Der Autor nennt sich zudem „Zeuge der Leiden Christi" (1. Petr 5,1), was eigentlich nur als Hinweis auf seine Augenzeugenschaft bei der Kreuzigung Jesu verstanden werden kann.[6] Und in der Tat hat sich keiner der Apostel in dieser Hinsicht so weit vorgewagt wie Petrus selbst, der seinem Herrn bis in den Hof des Hohenpriesters gefolgt ist (vgl. Mt 26,58).

Hinzu kommen nicht wenige Anspielungen auf Jesus-Worte. 1. Petr 1,8 etwa könnte eine in Joh 20,29 ausgesprochene Verheißung zugrunde liegen, zwei Verse weiter scheint auf Jesu Ausspruch verwiesen zu werden, wonach die Propheten vergeblich begehrt haben zu sehen und zu hören, was die Jünger hören und sehen konnten (vgl. Lk 10,24). Die Aufforderung von Jesus, mit umgürteten Lenden auf sein Kommen zu warten (vgl. Lk 12,35), taucht in 1. Petr 1,13 offenbar als Mahnung wieder auf, die „Lenden eures Gemüts" zu umgürten – ein Bild, das eigentlich nur vor dem Hintergrund des Jesus-Wortes verständlich ist. Der Aufruf, ein rechtschaffenes Leben zu führen unter den Heiden, „damit die, die euch verleumden als Übeltäter, eure guten Werke sehen und Gott preisen" (1. Petr 2,12), ist sogar ein fast wörtliches Zitat aus der Bergpredigt (vgl. Mt 5,16). Derselben großen Rede sind wohl auch die Seligpreisungen in 1. Petr 3,14 und 4,14 entnommen (vgl. Mt 5,10f.).

Auffallend ist, dass bis auf ganz wenige Ausnahmen keine wörtlichen Übereinstimmungen, sondern nur inhaltliche Wiedergaben und Anspielungen vorliegen. Eine direkte Abhängigkeit von den schriftlichen Evangelien kann man also nicht behaupten, wohl aber dass sich der Autor gut in der evangelischen Überlieferung auskannte. Genau das wäre jedoch bei einem engen Vertrauten des irdischen Jesus zu erwarten.[7]

Ähnlich aussagekräftig wie der innere Befund ist ein Blick auf die altkirchliche Überlieferung. Dort ist der 1. Petrusbrief recht gut bezeugt. So wird er spätestens in der ersten Hälfte des zweiten Jahrhunderts von einem Apostelschüler das erste Mal zitiert.[8] Nach Aussage des Eusebius († 339) kannte sogar schon der um die Wende zum zweiten Jahrhundert wirkende Papias von Hierapolis dieses Schreiben als Petrusbrief.[9] Im Osten des Reiches wurde er fortan immer wieder als Quelle herangezogen, im Westen dagegen nur von dem aus dem Orient stammenden Irenäus von Lyon († um 202) und dem Nordafrikaner Tertullian († 220).

Der einzige „Schönheitsfehler" in diesem ansonsten recht überzeugenden Bild besteht darin, dass der römische Kanon Muratori den Brief wohl nicht erwähnt. Eine letzte Sicherheit ist in diesem Punkt allerdings nicht möglich, weil das Kanonverzeichnis nicht vollständig erhalten ist. Im vierten Jahrhundert rechnet Eusebius den Brief freilich zu den allgemein anerkannten Schriften und fügt ausdrücklich hinzu: „Ihn haben schon die alten Kirchenväter als unwidersprochen echt in ihren Schriften verwertet."[10]

Doch trotz dieser recht eindrücklichen Faktenlage wird die „Echtheit" des 1. Petrusbriefes von nicht wenigen in Zweifel gezogen. Wir haben also Grund genug, uns mit ihren Argumenten auseinander zu setzen.

Die Bestreitung der apostolischen Verfasserschaft

Mit dem ersten Petrusbrief stoßen wir in eine Region des Neuen Testaments vor, in der die Verfasserfrage einzelner Schriften nicht mehr so leicht beantwortet werden kann wie bei den Briefen des Apostels Paulus. Dort kann man Sprache, Stil und Theologie der jeweiligen Werke miteinander vergleichen, kann prüfen, ob die erwähnten Mitarbeiter und Reisewege mit der Apostelgeschichte in Einklang zu bringen sind. Beim ersten Petrusbrief ist all dies nicht möglich. Außer diesem Schreiben haben wir nur noch ein zweites weitaus umstritteneres, das den Namen des Apostels trägt. Von seinem Leben wissen wir zudem ebenso wenig, wie wir seine Mitarbeiter benennen könnten. Ähnlich wie bei den Evangelien kann also über die Authentizität des Schreibens nicht aufgrund eines Vergleichs mit anderen Schriften entschieden werden, vielmehr muss man abwägen, ob sich das Wenige, was wir über Petrus wissen, mit dem ihm zugeschriebenen Brief in Einklang bringen lässt.

15

Hier machen die Kritiker im Wesentlichen drei Punkte aus, aufgrund derer das ihrer Meinung nach nicht möglich ist.[11] Der erste von ihnen betrifft die Sprache: Der 1. Petrusbrief ist in einem recht gehobenen Schriftgriechisch verfasst, das mit zu den besten Formulierungen des Neuen Testaments gehört. Der Autor benutzt zudem zahlreiche rhetorische Stilmittel, die ebenfalls auf eine gute Beherrschung der Sprache schließen lassen. Das Alte Testament wird (von einer Ausnahme abgesehen) nicht aus dem hebräischen Urtext übersetzt, sondern nach der weit verbreiteten griechischen Ausgabe der Septuaginta zitiert. All dies lässt auf einen Verfasser schließen, der mehr in der hellenistischen Welt zu Hause war als im aramäischen Palästina. Der Apostel Petrus war jedoch nach neutestamentlichen Angaben ein „ungelehrter und einfacher" Fischer (vgl. Apg 4,13). Ist ihm ein solches Schreiben zuzutrauen?

Weitere Zweifel kommen hinzu. Obwohl der Brief Petrus zugeschrieben wird, liest er sich über weite Strecken eher wie ein Paulusbrief.[12] Schon ein Blick auf die Parallelstellen in der Lutherbibel zeigt, dass es sehr viele Berührungen vor allem mit dem Römer- und dem Epheserbrief gibt. Petrus und Paulus vertraten jedoch nach Gal 2,11-21 nicht gerade eine identische Theologie. Sollte sich der Apostel später so gewandelt haben?

Und damit sind wir beim letzten Problembereich, der im 1. Petrusbrief vorausgesetzten Situation. Sein Verfasser rechnet damit, dass die Leser des Werkes in naher Zukunft Verfolgungen ausgesetzt sein werden, wenn sie es nicht schon sind (vgl. 1. Petr 4,12ff.). Im Augenblick haben sie zwar offenbar nur unter Verleumdungen und Schmähungen zu leiden (vgl. 1. Petr 2,12; 3,16; 4,14). Der Autor warnt allerdings vor weit Schlimmerem, düster spricht er von Drohungen (vgl. 1. Petr 3,14). Auffällig ist dabei zweierlei: Zum einen unterscheidet er zwischen dem Leiden „als ein Mörder oder Dieb oder Übeltäter" und dem Leiden „als ein Christ" (1. Petr 4,15f.), woraus geschlossen wird, dass Christsein an sich schon ein Anklagegrund gewesen ist. Zum anderen scheint der Hinweis in 1. Petr 5,9, wonach „ebendieselben Leiden über eure Brüder in der Welt gehen", eine reichsweite Verfolgungssituation vorauszusetzen. Gerade Letzteres hat es jedoch zu Lebzeiten des Apostels Petrus nicht gegeben.

Eine Abwägung der Argumente

Verglichen mit der Entschiedenheit, mit der die These, die auf der oben aufgeführten Argumentation aufbaut, vertreten wird,[13] ist ihre Beweiskraft erstaunlich gering. Das gilt insbesondere für den ersten Kritikpunkt. Gerade in der Frage, welche sprachlichen Fähigkeiten ein bestimmter Mensch im Laufe seines Lebens hat entwickeln können, lassen sich kaum sichere Erkenntnisse gewinnen. Wir wissen schlichtweg nicht, wie gut Petrus griechisch sprechen konnte, nachdem er drei Jahrzehnte lang die hellenistische Welt bereist hatte. In Antiochia, wo er auf Paulus traf (vgl. Gal 2,11ff.), kam er mit Aramäisch jedenfalls ebenso wenig weiter wie auf seinen Missionsreisen (vgl. 1. Kor 9,5) und später in Rom. Zudem war das Galiläa, in dem der Apostel aufwuchs, schon lange zweisprachig, der Ort Betsaïda, aus dem er stammte (vgl. Joh 1,44), war einige Zeit vor seiner Geburt unter dem Namen Julias zu einer hellenistischen Stadt ausgebaut worden.

Mit einiger Sicherheit kann man daher annehmen, dass sich Petrus schon vor seiner ersten Begegnung mit Jesus auf Griechisch zumindest verständigen konnte. Möglich ist freilich auch, dass sein Griechisch sehr gut war, unter Umständen sogar besser als sein Aramäisch. Sein Bruder ist jedenfalls in der Überlieferung nur unter seinem griechischen Namen Andreas bekannt.

Aus diesem Grund sollte man sich hüten, ein Vorurteil aus dem ersten Jahrhundert ins einundzwanzigste zu übernehmen. Petrus sprach aramäisch offenkundig mit einem unüberhörbaren galiläischen Akzent (vgl. Mt 26,73; Mk 14,70). Für die Ohren der Jerusalemer Oberschicht klang das ungebildet, ähnlich wie auch heute manche Dialekte vergleichbare Assoziationen wachrufen. Gerade Apg 4,13 spricht allerdings eher für Petrus als gegen ihn: Zum einen wird mit „ungelehrt" im dortigen Zusammenhang kaum auf mangelnde griechische Sprachkenntnisse Bezug genommen (die waren bei seinem Verhör vor dem Hohen Rat schwerlich Gegenstand der Verhandlung), vielmehr wird Petrus vorgehalten, er habe keine theologische Ausbildung. Zum anderen ist dieser Vorwurf gerade ein Ausdruck der Verwunderung. Der Apostel hat den Theologen anscheinend so gut Paroli geboten, dass sie sich nun erst einmal zu Beratungen zurückziehen müssen (vgl. Apg 4,15). Der Vorwurf erweist sich damit als verkapptes Kompliment: Der „ungelehrte" Petrus tritt sehr gelehrt auf, was zeigt, dass er lernfähig gewesen sein muss. Warum also sollte er nicht auch die griechische Sprache nach einigen Jahrzehnten Verkündigung gut beherrscht haben?[14]

Doch selbst wenn man dies nicht annehmen möchte, bedeutet das nicht, dass der 1. Petrusbrief nicht von dem Apostel stammen kann. Wie bei jedem in einer Fremdsprache abzufassenden Werk stand es auch Petrus frei, die Hilfe eines Menschen in Anspruch zu nehmen, der die Sprache perfekt beherrschte. Der Brief nennt sogar einen Namen, der hierfür in Frage kommt: Silvanus.

Welchen Anteil dieser an der Niederschrift hatte, lässt sich freilich nicht mehr klären. Nach 1. Petr 5,12 hat der Verfasser „durch Silvanus ... geschrieben", eine Formulierung, die im Neuen Testament nur noch in Apg 15,23 vorkommt. Dort wird das „Aposteldekret" „durch ihre Hände geschrieben", wie die wörtliche Übersetzung lautet. Gemeint sind jedoch nicht die Hände der Verfasser des Briefes, sondern seine Überbringer Barsabbas und Silas/Silvanus, die ihn bei den Empfängern erläutern sollen (vgl. Apg 15,27). In eine ähnliche Richtung deutet auch der nachneutestamentliche Sprachgebrauch.[15]

Allerdings sind auch hier voreilige Schlüsse unangebracht. Dafür ist nicht nur unsere Datengrundlage zu gering, es sind auch zu viele Möglichkeiten denkbar, wie Silvanus an der Abfassung des Briefes beteiligt gewesen sein könnte. So könnte Petrus diktiert haben, während ihm Silvanus Formulierungsvorschläge machte. Oder der Apostel hat einen Rohentwurf angefertigt, den sein Mitarbeiter sprachlich überarbeitet hat. Möglich wäre auch, dass Silvanus einen Entwurf gemacht hat, den Petrus noch einmal durchgesehen hat.

Auf jeden Fall muss Silvanus eine verantwortungsvolle Aufgabe bei der Entstehung des Briefes übernommen haben, die sich sicher nicht allein auf stilistische Glättungen, sondern auch auf inhaltliche Bereiche erstreckte. Denkbar ist also, dass der paulinische Zug des Schreibens auf Silvanus zurückgeht. Der Apostel nennt seinen Mitarbeiter jedenfalls einen „treuen Bruder" (1. Petr 5,12) und fordert mit einem anschließenden „wie ich meine" die Leser zu einem eigenen Urteil heraus. Insofern ist es sicher nicht falsch anzunehmen, dass Silvanus bei der Überbringung dieses Schreibens eine ähnliche Rolle gespielt hat wie zuvor beim „Apostel-dekret". Auch dort ist übrigens nicht klar, wer den Brief an die Gemeinde in Antiochia verfasst hat und welche Rolle Silvanus dabei spielte. Und damit sind wir beim nächsten Einwand.

Die These, der 1. Petrusbrief sei zu paulinisch, um von Petrus zu stammen, geht von der Annahme aus, dass jeder der Apostel ein eigenständiger Theologe gewesen sein muss. Betrachten wir jedoch Petrus, wie er uns an anderen Stellen im Neuen Testament geschildert wird, so drängt sich der Verdacht auf, dass dieser Apos-tel alles Mögliche war, aber sicher kein tiefer Denker. Petrus wird uns als ein Mann der Tat geschildert, als einer, der zupackte und dazu aus dem Bauch heraus schnelle (und manchmal wenig hilf-reiche) Entscheidungen traf. Als Theologe trat er dagegen weniger in Erscheinung.

Nirgendwo wird dies so deutlich wie in der Frage der Heiden-mission, worin der in Gal 2,11ff. geschilderte „antiochenische Zwischenfall", auf den die Kritiker verweisen, nur eine Episode darstellt. Betrachten wir also den gesamten Ablauf der Ereignisse: Nach der Apostelgeschichte lehnte es Petrus vor seiner Begegnung mit dem römischen Hauptmann Kornelius strikt ab, mit Heiden irgendeinen Umgang zu pflegen (vgl. Apg 10,28). Diese Haltung änderte sich allerdings schon kurze Zeit später. Petrus erkannte, „daß Gott die Person nicht ansieht" (Apg 10,34), und taufte schließlich die im Haus des Kornelius versammelten Nichtjuden, weil auch sie den Heiligen Geist empfangen hatten (vgl. Apg 10,44-47).

Als der Apostel nur kurz danach wegen seines Umgangs mit Heiden angegriffen wurde, lieferte er als Begründung interessanter-weise keine theologische Erklärung, sondern schilderte schlichtweg den Ablauf der Ereignisse im Haus des Kornelius noch einmal (vgl. Apg 11,3-17). Ob Petrus später eine theologische Deutung entwickelt hat, muss offen bleiben. Seine Haltung den Heiden gegenüber behielt er jedoch zunächst bei, denn auch die in Gal 2,7-10 erwähnte Absprache zwischen Paulus und Petrus setzt vo-raus, dass Letzterer grundsätzlich nichts gegen die Heidenmission einzuwenden hatte. Dies war auch dann noch der Fall, als er ins überwiegend heidenchristliche Antiochia kam (vgl. Gal 2,12).

Dort aber änderte sich die Haltung des Apostels erneut – und zwar offenbar wieder auf einen Anstoß von außen hin. „Einige von Jakobus" brachten Petrus dazu, sich von der Tischgemeinschaft mit den Heidenchristen loszusagen (vgl. Gal 2,12). Sie hatten dazu wohl Argumente vorgetragen, die Petrus überzeugten. Dies kann nur entlang der in Apg 15,1 vorgezeichneten Linie geschehen sein: „Wenn ihr euch nicht beschneiden laßt nach der Ordnung des Mose, könnt ihr nicht selig werden." Paulus wies seinen Mitapostel daraufhin in scharfer Form zurecht (vgl. Gal 2,14ff.), was bei Petrus wiederum eine Wandlung auslöste.

Interessant ist in diesem Zusammenhang sein Auftreten auf dem Apostelkonzil, wo er nicht nur an sein Erlebnis mit Kornelius erinnerte, sondern zum ersten Mal eine theologische Begründung für seine (jetzt wieder heidenfreundliche) Haltung lieferte:

> *„Warum versucht ihr denn nun Gott dadurch, daß ihr ein Joch auf den Nacken der Jünger legt, das weder unsre Väter noch wir haben tragen können? Vielmehr glauben wir, durch die Gnade des Herrn Jesus selig zu werden, ebenso wie auch sie." (Apg 15,10f.)*

Hier wird in Kurzform (und bis in die Wortwahl hinein) die paulinische Theologie wiedergegeben (vgl. Gal 5,1; 2,16). Entscheidend ist in unserem Zusammenhang dabei zweierlei: Einerseits war sich Petrus offensichtlich nicht zu schade, die Argumentation anderer zu übernehmen, ja vielleicht tat er es ganz bewusst, weil das theologische Reflektieren nicht zu seinen Stärken gehörte. Und andererseits wandte er sich dabei an den mit Abstand größten Theologen der frühen Christenheit, eben an Paulus.

Dass auch in dem Petrus zugeschriebenen Brief paulinische Gedanken auftauchen, muss daher nicht verwundern, vor allem, wenn man bedenkt, dass zwei langjährige Paulus-Mitarbeiter, Silas und Markus, sich in der Nähe von Petrus aufhielten, von denen Ersterer sogar an der Abfassung des Briefes beteiligt war. Auf keinen Fall schließt die paulinische Theologie des Schreibens die petrische Verfasserschaft von vornherein aus – zumal der Streit zwischen Petrus und Paulus bei der vermutlichen Entstehung des Briefes bereits lange zurücklag und nach allen neutestamentlichen Hinweisen ausgeräumt war.

Damit sind wir beim letzten Einwand der Kritiker, der Frage

nach dem frühestmöglichen Datum für die Entstehung des 1. Petrusbriefes. Diese Problematik kann freilich erst im Zusammenhang mit der Frage nach Abfassungsort und -datum erörtert werden.

Zum Abschluss dieses Kapitels soll es daher noch um eine Schwierigkeit gehen, die von den Kritikern bisher kaum in den Blick genommen wurde. In den ersten Jahrhunderten tauchten wie in späteren Zeiten auch immer wieder Schriften auf, die von berühmten und anerkannten Persönlichkeiten zu sein vorgaben, es aber nicht waren. Vor allem der Name des Apostels Petrus wurde mit nicht wenigen von ihnen verbunden.[16] Insofern haben wir allen Grund, skeptisch zu sein, wenn eine Schrift angeblich von diesem „Urapostel" stammen soll.

Alle diese Fälschungen haben jedoch eins gemeinsam: Sie dienen dazu, einen zum Zeitpunkt des Verfassers bestehenden Zustand in irgendeiner Weise zu rechtfertigen, indem man ihn von den Aposteln herleitet. Meistens war dies eine von der Kirche nicht anerkannte Lehre, die zum Beispiel auf eine geheime Offenbarung Jesu im engsten Apostelkreis zurückgeführt wurde. Oder es wurde einer bestehenden Struktur oder Kirchenordnung ein altehrwürdiger Anstrich verliehen. Was auch immer es war: Jedes dieser Schreiben erfüllte einen bestimmten Zweck, für den sein eigentlicher Verfasser kaum mit seiner eigenen unbedeutenden Autorität eintreten konnte. Eben deshalb „lieh" er sich die einer anerkannten und geachteten Persönlichkeit.

Betrachten wir auf diesem Hintergrund den 1. Petrusbrief, so passt er nicht ins Bild. Wie bereits festgestellt wurde, steht er inhaltlich den Paulusbriefen sehr nahe. Um diese Lehren weiterzuverbreiten, brauchte man jedoch nicht die Autorität eines weiteren Apostels, Paulus konnte für sich selbst sprechen. Das gilt auch für die ethischen Anweisungen, die im 1. Petrusbrief kaum über das hinausgehen, was man auch sonst im Neuen Testament liest. Besondere Offenbarungen werden nicht mitgeteilt, bestehende Strukturen noch nicht einmal erwähnt. Warum also sollte es ein Späterer auf sich genommen haben, unter dem Pseudonym des Apostels Petrus einen Brief zu verfassen? Und warum sollte er ihn dann noch so schlecht einführen, dass er Petrus zwei Paulusmitarbeiter zuordnet, die nirgendwo sonst im Neuen Testament mit ihm verbunden werden? Wäre es nicht viel näher liegend gewesen, stattdessen Menschen aus der bekannten Umgebung des Petrus zu erwähnen?[17]

Damit ergibt sich freilich die plausibelste, weil nächstliegende Schlussfolgerung, dass Petrus selbst diesen Brief geschrieben hat. Er tat dies vermutlich mit Hilfe des Paulusbegleiters Silas/Silvanus, wobei unklar bleiben muss, wie groß dessen Anteil am Inhalt des Briefes war. Als Mitverfasser wie in den Paulusbriefen an die Thessalonicher taucht er zwar nicht auf, allerdings ist nicht klar, ob Petrus hier dieselben Maßstäbe anlegte wie sein Mitapostel Paulus.

Babylon und die Leiden der Brüder

Was bei den Paulusbriefen oft längerer Überlegungen bedurfte, die Frage nach dem Abfassungsort, ist beim 1. Petrusbrief schnell geklärt. Nach 1. Petr 5,13 ist das Schreiben in Rom entstanden, worauf nicht nur die Bezeichnung „Babylon" verweist, sondern auch die Anwesenheit des Markus, der auch in Paulusbriefen und in der altkirchlichen Tradition mit Rom verbunden wird.

Damit sind wir beim zeitlichen Rahmen. Von den zwei bekannten Romaufenthalten des Apostels kommt eigentlich nur der zweite wirklich in Frage. Denn nur für die erste Hälfte der sechziger Jahre lässt sich auch die Anwesenheit des in 1. Petr 5,13 erwähnten Markus ebenfalls belegen. Sollte der 1. Petrusbrief darüber hinaus auf den 57 nach Rom geschriebenen Paulusbrief sowie den Anfang der sechziger Jahre dort entstandenen Epheserbrief anspielen, muss auch dieses Schreiben aus den sechziger Jahren stammen. Es bleibt zu klären, ob der Brief in dieser Zeit entstanden sein kann.

In seiner Schrift warnt Petrus zwar vor einer heraufziehenden Verfolgung, die offensichtlich nicht nur die angeschriebenen kleinasiatischen Gebiete, sondern generell die „Brüder in der Welt" (1. Petr 5,9) betreffen werde. Die Verfolgung selbst ist allerdings noch nicht da, vielmehr schimmert durch den Brief eine kleine Hoffnung durch, dass sie noch abgewendet werden kann. Oder wie soll man die Aufforderung sonst verstehen: „Führt ein rechtschaffenes Leben unter den Heiden, damit die, die euch verleumden als Übeltäter, eure guten Werke sehen und Gott preisen am Tag der Heimsuchung" (1. Petr 2,12)? Wenn mit dem „Tag der Heimsuchung" hier nicht das Jüngste Gericht gemeint ist (was im Kontext wenig Sinn ergibt), kann damit nur die drohende Verfolgungssituation angesprochen worden sein. Offenbar glaubte also Petrus, dass ein entsprechendes Auftreten der Christen ihre Verfolger eventuell von ihrem Vorhaben abbringen könnte.

In diese Richtung geht auch das positive Bild des Staates und seiner Organe, das in dem Brief vermittelt wird. Die „menschliche Ordnung", der „König", die „Statthalter", sie alle sind „gesandt ... zur Bestrafung der Übeltäter und zum Lob derer, die Gutes tun" (1. Petr 2,13f.). Der Staat als solcher ist es also anscheinend nicht, der den Christen feindselig gegenübersteht. Im Gegenteil, wie bei Paulus ahndet die Obrigkeit nicht nur Vergehen, sondern teilt auch Lob an die aus, die Gutes tun (vgl. Röm 13,3f.). Vor dem Staat haben sich die Christen also nicht zu fürchten.

Petrus nennt vielmehr andere Gegner: „die, die euch verleumden als Übeltäter" (1. Petr 2,12), „unwissende und törichte Menschen" (1. Petr 2,15), die, die „euren guten Wandel in Christus schmähen" (1. Petr 3,16). Das lässt eher an eine allgemeine Missstimmung gegenüber den Christen denken als an ein behördliches Vorgehen. Die Angriffe scheinen generell in erster Linie in verbalen Attacken zu bestehen. Die Christen werden verleumdet (1. Petr 2,12; 3,16), gescholten (1. Petr 3,9), ihr guter Wandel in Christus wird geschmäht (1. Petr 3,16), man lästert (1. Petr 4,4) und beschimpft (1. Petr 4,14). Von der im Kontext von Verfolgungen üblichen Beschlagnahmung von Eigentum (vgl. Hebr 10,34), von Gefängnisstrafen, Misshandlungen (vgl. Apg 12,1-3) oder gar Hinrichtungen (vgl. Offb 2,13) ist dagegen nirgendwo im Brief die Rede.

In diesen Zusammenhang passt auch der Hinweis in 1. Petr 4,4, wonach es die Mitbürger „befremdet ..., daß ihr euch nicht mehr mit ihnen stürzt in dasselbe wüste, unordentliche Treiben, und sie lästern". Nicht zuletzt die oft zitierte Ermahnung, „allezeit bereit" zu sein „zur Verantwortung vor jedermann, der von euch Rechenschaft fordert über die Hoffnung, die in euch ist" (1. Petr 3,15), lässt sich ebenso gut im Kontext des privaten Glaubensgesprächs verstehen wie vor Gericht.

Als Ganzes betrachtet erinnert dies an die Lage der Christen Roms, wie sie der römische Geschichtsschreiber Tacitus für die Zeit unmittelbar vor und nach dem Brand Roms im Juli 64 schildert:

„Also schob Nero, um diesem Gerede [er habe die Stadt selbst anstecken lassen; T. W.] ein Ende zu machen, die Schuld auf andere und bestrafte sie mit den ausgesuchtesten Martern. Es waren jene Leute, die das Volk wegen ihrer Schandtaten haßte und mit dem Namen ‚Christen' belegte. [...] Dieser verderbliche Aberglaube ... verbreitete sich ... auch in Rom, wo alle Greuel und Abscheulichkeiten der ganzen Welt zusammenströmen und geübt werden. Man faßte also zuerst diejenigen, die sich bekannten, dann auf deren Anzeige hin eine gewaltige Menge Menschen. Sie wurden weniger der Brandstiftung als des Hasses gegen das ganze Menschengeschlecht überführt."[18]

Wie Tacitus deutlich macht, suchte sich Nero mit den Christen offenbar bewusst eine Gruppe von Menschen aus, die bei der übrigen Bevölkerung nicht besonders beliebt war. Der staatlich angeordneten Verfolgung ging damit eine längere Periode von alltäglichen Anfeindungen und Übergriffen voraus, eben das, was im Petrusbrief als „Verleumdungen", „Lästerung" und „Drohen" geschildert wird. Hierzu passt auch, dass Petrus im Staat eher eine Schutzmacht als einen Feind der Christen sieht. Nachdem sich die staatliche Macht zum ersten Mal systematisch gegen die Gläubigen gewandt hat, ist dies nicht mehr so einfach möglich.[19]

Lässt sich bisher also alles gut mit der Situation zwischen dem Brand Roms und der neronischen Verfolgung vereinbaren, gibt es vielleicht noch weitere Hinweise auf diese Zeit. Schon Tacitus erwähnt, dass die Christen Roms einander verrieten. Der Paulusschüler Klemens von Rom wird noch deutlicher und führt den Tod der Apostel Petrus und Paulus auf „Eifersucht und Neid" zurück.[20] Sind also die Mahnungen des Briefes zur Einheit in der Gemeinde (vgl. 1. Petr 2,1.17; 3,8-12; 5,2-6) in diesem Zusammenhang zu verstehen?

Genaueres lässt sich nicht sagen. Hier ist es ähnlich wie bei anderen Stellen. So könnte die „Hitze ..., die euch widerfährt"

(1. Petr 4,12) in Anspielung auf den Brand der Hauptstadt formuliert sein. Ähnlich könnte hinter dem Bild vom Teufel als „brüllendem Löwen", der „sucht, wen er verschlinge" (1. Petr 5,8), Neros verzweifelte Suche nach Sündenböcken stehen, mit denen er Gerüchten entgegentreten wollte, er habe das Feuer selbst legen lassen, um Platz für seine größenwahnsinnigen Bauvorhaben zu schaffen. Dies alles sind bloße Vermutungen, über die man allerdings nachdenken kann.

Damit sind wir beim letzten Einwand der Kritiker, wonach 1. Petr 5,9 eine weltweite Verfolgung voraussetzt, die sich gegen das Christsein als solches richtet (vgl. 1. Petr 4,14-16) – was es zur Zeit Neros freilich noch nicht gegeben habe. Doch so einfach ist es nicht. So muss man zunächst einmal nüchtern feststellen, dass wir über das Ausmaß der neronischen Verfolgung nur sehr wenig wissen. Die Quellen sind spärlich, und sie berichten ausschließlich aus Rom. Was darüber hinaus geschah, ist schlichtweg unbekannt. Doch auch die Kritiker kommen an dieser Stelle zunächst einmal nicht weiter. Denn die erste wirklich gesicherte reichsweite Verfolgung fand erst 201 nach einem Edikt des Kaiser Septimus Severus statt. So spät wird der 1. Petrusbrief allerdings von keinem datiert.

Geht man nun ein wenig in der Geschichte zurück, sah schon 112 Trajan in seinem Briefwechsel mit Plinius, dem Statthalter Bithyniens, Christsein an sich als todeswürdiges Verbrechen an. Er erteilte damit aber nur eine mehr oder weniger private Auskunft, die offiziell keinen Gesetzescharakter hatte, aber dennoch so verstanden werden konnte. Eine umfassende Verfolgung fand freilich nicht statt, da Trajan das systematische Aufspüren von Christen wie die Annahme anonymer Anzeigen verbot.

Gehen wir noch weiter zurück, dann hat vielleicht auch Kaiser Domitian (81-96) Christen verfolgt. Die näheren Umstände sind aber so unklar, dass es zunehmend fraglich wird, ob es sich dabei nicht nur um einzelne Maßnahmen gegen unliebsame politische Gegner gehandelt hat.[21] Insofern passt Nero auf die Situation des Briefes genauso gut oder schlecht wie jeder andere Kaiser des ersten und zweiten Jahrhunderts.[22]

Das gilt umso mehr, als Nero wohl tatsächlich Christsein an sich unter Strafe gestellt hat. In einer Aufzählung der Polizeimaßnahmen dieses Kaisers, makabererweise zwischen Regelungen über den Verkauf von Hülsenfrüchten und dem Verbot bestimmter Scherze von Wagenlenkern, findet sich bei dem römischen Geschichtsschreiber Sueton der Satz:

> *„Mit Todesstrafen wurde gegen die Christen vorgegangen, eine Sekte, die sich einem neuen, gemeingefährlichen Aberglauben ergeben hatte.“*[23]

Doch muss sich hinter dem im 1. Petrusbrief erwähnten „Leiden als Christ" nicht unbedingt ein Anklagepunkt „Christ" verbergen, der von Staats wegen genauso verfolgt wurde wie „Mörder" oder „Dieb". Petrus spricht vielmehr von Verleumdungen, mit denen die Christen zu kämpfen haben (vgl. 1.Petr 2,12). Damit kann kaum die Anklage „Christ" gemeint sein, sondern eher, dass Menschen wegen fadenscheiniger anderer Gründe vor Gericht gezerrt werden.

So gesehen hat schon Jesus selbst als Christ gelitten. Schließlich wurde er aufgrund seines Anspruchs verurteilt, auch wenn die Anklage offiziell anders lautete (vgl. 1. Petr 2,21). Petrus tat es ihm nach, als er vor dem Hohen Rat gegeißelt wurde und „um Seines Namens willen Schmach" erlitt (Apg 5,41). Später ließ Herodes Agrippa I. ihn ins Gefängnis werfen und seinen Mitapostel Jakobus enthaupten (vgl. Apg 12,1-4). Schon vorher war Stephanus gesteinigt worden (vgl. Apg 7,54-60). Nicht zuletzt hatte Jesus denen, die ihm nachfolgen, solches vorausgesagt (vgl. Mk 13,13; Lk 21,12). Insofern kann man kaum behaupten, dass das „Leiden als Christ" erst mit den „offiziellen" Verfolgungen seinen Anfang nahm.

Mit der in 1. Petr 5,9 angeblich vorausgesetzten weltweiten Bedrängnis der Christen verhält es sich ähnlich. Vor dem Hintergrund dessen, was wir bisher herausgefunden haben, kann es sich kaum um eine organisierte Verfolgung gehandelt haben, sondern um Anfeindungen böswilliger Menschen und einzelne Übergriffe durch die Autoritäten. Das ist jedoch eine Situation, die das ganze erste Jahrhundert durchzieht. Denken wir etwa an die Aufzählung der Bedrängnisse, die allein Paulus bis zum Jahr 55 erlitten hatte (vgl. 2. Kor 11,24-26), von denen die meisten in der Apostelgeschichte noch nicht einmal erwähnt werden. Und Petrus wusste nur zu gut, wie schnell sich die Situation verschärfen konnte. Wenn in der Hauptstadt die ersten Christen hingerichtet werden würden, konnte man sich in den Provinzen nicht mehr sicher fühlen.

Damit aber ist es nicht nur so, dass nichts gegen eine Abfassung des Briefes durch den Apostel Petrus spricht. Wir haben sogar ein einigermaßen festes Datum. Petrus schrieb seinen Brief nach dem Brand Roms als eine Warnung an die Christen in der Provinz, dass sie sich auf das Schlimmste vorbereiten sollten. Damit wäre das Werk in der zweiten Hälfte des Jahres 64 oder dem Jahr 65 anzusiedeln.

Kommen wir also nun zu der Frage, an wen diese Warnung gerichtet war.

Fremdlinge, die verstreut wohnen

Von Provinzen und Landschaften

Petrus richtete seinen Brief „an die auserwählten Fremdlinge, die verstreut wohnen in Pontus, Galatien, Kappadozien, der Provinz Asien und Bithynien" (1. Petr 1,1). Weil „Asien" im Deutschen einen ganzen Kontinent bezeichnet, interpretieren die Bibelausgaben an dieser Stelle. Von Provinz ist im Original nämlich nicht die Rede, sondern schlichtweg von *asia*. Damit kann sowohl die Gegend rund um Ephesus gemeint sein als auch die römische Provinz Asien, die praktisch den gesamten Westteil der heutigen Türkei umfasste.

Was für Asien gilt, trifft auch für die anderen im Briefkopf genannten Namen zu. Galatien und Kappadozien waren ebenfalls römische Provinzen, Bithynien und Pontus bildeten eine einzige Provinz mit einem Doppelnamen. Wenn Petrus also beim Verfassen seines Schreibens an die genannten römischen Provinzen dachte, dann wäre sein Brief praktisch an das gesamte Gebiet der heutigen Türkei gegangen, freilich mit einer Ausnahme: Zilizien, das zur römischen Provinz Syrien und Zilizien gehörte, wird nicht erwähnt.

Ob die Empfängerangabe dahin gehend verstanden werden muss, ist allerdings fraglich. Zum einen würde das voraussetzen, dass der Briefüberbringer Silvanus ein recht großes Gebiet bereist haben müsste. Zum anderen erscheint auch der Name der Provinz Bithynien und Pontus seltsamerweise auseinander gerissen. Das könnte vielleicht damit zu tun haben, dass Silvanus in Pontus landete, um durch Galatien, Kappadozien und Asien schließlich nach Bithynien zu gelangen. Die Provinznamen wären dann also gemäß der vorgesehenen Reiseroute genannt.

Es bleibt allerdings eine weitere Schwierigkeit: Wenn sich der Brief praktisch an das gesamte Gebiet Kleinasiens richtete, dann wandte sich Petrus mit seinem Schreiben an das Kerngebiet der paulinischen Mission. Das ist natürlich vorstellbar, allerdings müsste erklärt werden, warum er das tat, zumal er noch nicht einmal den Namen des Apostels Paulus in seinem Brief erwähnt.

Etwas näher liegend ist es daher, in Pontus, Galatien, Kappadozien, Asien und Bithynien die alten Landschaftsnamen zu sehen. Das angeschriebene Gebiet würde damit nicht nur um einiges kleiner (und die Reiseroute des Silvanus deutlich kürzer), es verschöbe sich auch nach Norden und Osten. Überschneidungen mit dem von Paulus missionierten Süden und Westen Kleinasiens kämen damit nur noch im Bereich Asiens vor. Allerdings wissen wir nichts über die Ausbreitung des Christentums im Norden der heutigen Türkei, da die Apostelgeschichte nur die paulinische Mission beschreibt.

Möglich ist jedoch, dass Petrus in diesen Gegenden wirkte – oder vielmehr seine Abgesandten, denn in 1. Petr 1,12 ist von denen die Rede, „die euch das Evangelium verkündigt haben", worunter sich der Apostel selbst offensichtlich nicht rechnet. Doch selbst dann, wenn nur seine Mitarbeiter die eigentliche Mission vorangetrieben haben, stünden die dortigen Gemeinden unter Aufsicht des Petrus, ähnlich wie sich Paulus auch um die ihm persönlich unbekannten Christen von Kolossä und Laodizea gekümmert hat (vgl. Kol 1,7; 4,13.16). Allerdings wissen wir zu wenig, um wirklich zu entscheiden, wo genau die Empfänger des 1. Petrusbriefes zu Hause waren. Etwas klarer ist vielleicht die Zielgruppe auszumachen.

Christen in der Fremde

Der Apostel nennt die Empfänger des Briefes „auserwählte Fremdlinge, die verstreut wohnen" (1. Petr 1,1). Diese Anrede erinnert stark an die „zwölf Stämme in der Zerstreuung", an die der Jakobusbrief gerichtet war (Jak 1,1). Doch während Letzterer ausschließlich Juden anspricht,[24] muss Petrus auch Heidenchristen im Blick gehabt haben. Anders lässt es sich nicht erklären, wie seine Leser „die vergangene Zeit zugebracht" haben sollen „nach heidnischem Willen", wozu auch „ein Leben ... in ... greulichem Götzendienst" gehörte (1. Petr 4,3). Der von Petrus angeschriebene Leserkreis muss also zumindest einen starken heidenchristlichen Anteil gehabt haben.

Was aber meint der Apostel dann, wenn er von der „Zerstreuung" schreibt? Offensichtlich keine Vereinzelung, so als ob es in den angeschriebenen Gegenden keine Gemeinden, sondern nur einzelne Gläubige gegeben habe. 1. Petr 5,1f., wo „Älteste" erwähnt werden, die die „Herde Gottes" weiden sollen, setzt nämlich voraus, dass es strukturierte Gemeinden gab.

Die Formulierung „verstreut wohnen" aus 1. Petr 1,1 ist also vom kurz zuvor gebrauchten Begriff des „Fremdlings" her zu verstehen. Denn das an dieser Stelle verwandte Wort, *parepidemos*, bezeichnet einen Menschen, der sich auf der Durchreise befindet und deshalb nur kurz an einem Ort verweilt. Er ist also im wahrsten Sinne des Wortes ein Fremder: Er gehört nicht hierher, besitzt hier auch nichts und hat entsprechend wenig Rechte.

Und damit sind wir bei einem Grundthema des Briefes. Petrus bezeichnet die Christen als „Fremdlinge und Pilger" (1. Petr 2,11), die in Aufbruchsstimmung, „umgürtet" an den „Lenden des Gemüts" (1. Petr 1,13), der himmlischen Herrlichkeit entgegengehen. In dieser Welt gehören sie nicht dazu, was die anderen „befremdet" (1. Petr 4,4) und zu Anfeindungen anstachelt.

Der Apostel rechnet sich übrigens selbst auch zu den Fremden in der Welt, das macht seine Absenderangabe deutlich. „Babylon" steht nicht in erster Linie für die gottfeindliche Welthauptstadt und es ist auch kein Deckname, denn der wäre zu leicht durchschaubar (zudem ist nicht klar, warum Petrus seinen Lesern gegenüber einen Decknamen hätte benutzen sollen). Der Vergleichspunkt ist vielmehr das Exil des alttestamentlichen Gottesvolkes.

So wie Israel einst fern vom gelobten Land ausharren musste, so warten nun die Christen in einer fremden Welt auf ihren wiederkommenden Herrn.[25]

Und damit sind wir beim Thema des Briefes und bei dem, was er uns heute noch zu sagen hat.

Pilgerschaft und Gottvertrauen

Wie kaum ein anderes Thema hat der Gedanke von Christen als „Fremde" in der Welt die Wirkungsgeschichte des 1. Petrusbriefes beherrscht. Die iroschottischen Mönche ermutigte er zur *peregrinatio*, der Pilgerschaft, die sie immer wieder aus vertrauten Orten in eine ungewisse Zukunft aufbrechen ließ. Große Namen sind damit verbunden, Columban und Patrick, aber auch Bonifatius, der „Apostel der Deutschen".

Schon vorher hatte der Kirchenvater Augustin († 430) mit seiner *Civitas Dei*, im Deutschen bekannt als „Der Gottesstaat", einen Entwurf der Weltgeschichte vorgelegt, der diesen Gedanken durch die Jahrhunderte zurückverfolgte. Die zu Gott gehören, sind immer Fremde. Sie gliedern sich ein in die Gesellschaft, aber sie ordnen sich ihr nicht unter; sie tun Gutes, aber sie sind auf Erden nie zu Hause.

So lässt sich die Linie durch die Geschichte weiterziehen. Das Thema hat Dichter beeinflusst von Paul Gerhardt mit seinem „Ich bin ein Gast auf Erden" (EG 529) über Gerhard Tersteegens „Kommt, Kinder, laßt uns gehen, der Abend kommt herbei" (EG 393) bis hin zu John Bunyan mit seinem *Pilgrim's Progress*, der „Pilgerreise zur ewigen Seligkeit". Neben diesen bekannten Persönlichkeiten gab und gibt es die vielen ungenannten, die sich von Petrus und seiner Vorstellung der christlichen Pilgerschaft haben anstoßen lassen.

Die besondere Herausforderung besteht dabei darin, dass der Apostel in kein Extrem verfällt. Er predigt nicht den Umsturz oder die Revolution, er rät auch nicht zum Rückzug aus der Welt hinter die sicheren Mauern eines christlichen Ghettos. In der Welt sollen die Christen anders sein, in einer Welt, die ihnen dafür nicht nur die Anerkennung verwehrt, sondern sogar Steine in den Weg legt. Sie sollen anders sein, wie ihr Herr anders ist: „Als gehorsame Kinder" sollen sie sich nicht ihren Begierden hingeben, sondern wie Jesus selbst heilig sein in ihrem ganzen Wandel (1. Petr 1,14f.). Sie sollen einander „beständig lieb [haben] aus reinem Herzen" (1. Petr 1,22). „Alle Bosheit und allen Betrug und Heuchelei und Neid und alle üble Nachrede" sollen sie ablegen (1. Petr 2,1) und „ein rechtschaffenes Leben unter den Heiden" führen (1. Petr 2,12). Wie Christus sollen sie „allesamt gleichgesinnt, mitleidig, brüderlich, barmherzig, demütig" sein, „nicht Böses mit Bösem oder Scheltwort mit Scheltwort" vergelten, sondern segnen (1. Petr 3,8f.).

Schon diese wenigen Stellen machen klar, worin die Andersartigkeit der Gemeinde nach Ansicht des Apostels bestehen sollte: In einer Welt voller Hass lebt sie die Liebe, nicht nur untereinander, sondern auch nach außen. Darin ist sie missionarisch, darin zeigt sie „gute Werke", die dazu führen, dass andere „Gott preisen" (1. Petr 2,11f.), darin folgt sie ihrem Herrn nach. Zum Lebenszeugnis kommt das gesprochene Bekenntnis. Christen sollen „allezeit bereit [sein] zur Verantwortung vor jedermann, der von euch Rechenschaft fordert über die Hoffnung, die in euch ist, und das mit Sanftmut und Gottesfurcht" (1. Petr 3,15f.). Aber auch dies wird nicht etwa einer offen interessierten, sondern einer ablehnend bis feindlich sich verhaltenden Zuhörerschaft gesagt.

In all dem wird Petrus nicht müde, seinen Lesern Jesus Christus selbst vor Augen zu malen. Er hat „einmal für die Sünden gelitten, der Gerechte für die Ungerechten, damit er euch zu Gott führe" (1. Petr 3,18). Wir sollen uns „mit demselben Sinn" wappnen (1. Petr 4,1), ihn als „Vorbild" nehmen, „daß ihr sollt nachfolgen seinen Fußtapfen" (1. Petr 2,21). Zum Leiden „um guter Taten willen" sind wir „berufen", so wie auch Christus berufen war, „der unsre Sünde selbst hinaufgetragen hat an seinem Leibe auf das Holz, damit wir, der Sünde abgestorben, der Gerechtigkeit leben" (1. Petr 2,20.24).

Hier wird etwas deutlich, das wie ein roter Faden den Brief durchzieht: das Thema der Berufung. Christus war berufen, das Kreuz war kein Unfall, kein Justizirrtum, sondern die freie Tat eines souveränen Gottes (vgl. 1. Petr 1,20; 2,4-8.21-25; 3,18-22). In ihm erfüllt sich das Heil, das schon die alttestamentlichen Propheten zu sehen gehofft haben, aber nicht sahen (vgl. 1. Petr 1,10-12).

Durch ihn sind auch die Christen „auserwählt", „ausersehen ... durch die Heiligung des Geistes zum Gehorsam und zur Besprengung mit dem Blut Jesu Christi", „wiedergeboren ... zu einer lebendigen Hoffnung durch die Auferstehung Jesu Christi von den Toten" (1. Petr 1,1-3).

Deutlich zeichnet uns der Brief nicht zuletzt die Heilsgüter vor Augen, das „unvergängliche und unbefleckte und unverwelkliche Erbe, das aufbewahrt wird im Himmel" (1. Petr 1,4), und erinnert an die „unaussprechliche und herrliche Freude" (1. Petr 1,8), wenn wir dereinst dort sein werden. Die Auferstehung ist nicht nur ein frommer Glaube, sondern ein tatsächliches Geschehen (vgl. 1. Petr 1,21), ebenso sicher ist das zukünftige Heil. In diesem Zusammenhang schärft Petrus seinen Lesern ein, dass des Herrn Wort in Ewigkeit bleibt. „Das aber ist das Wort, welches unter euch verkündigt ist." (1. Petr 1,25)

Aus all dem leitet der Apostel ein geradezu gewaltiges Gottvertrauen ab. Trotz aller Widrigkeiten (oder besser: gerade in ihnen) zeigt sich, dass Gott die Welt in seiner Hand hält. Er erfüllt seine Verheißungen. Er gibt den Demütigen Gnade (1. Petr 5,5), weswegen sich auch die Christen unter seine Hand beugen sollen, „damit er euch erhöhe zu seiner Zeit" (1.Petr 5,6). „Alle eure Sorge werft auf ihn; denn er sorgt für euch. [...] Der Gott aller Gnade aber, der euch berufen hat zu seiner ewigen Herrlichkeit in Christus Jesus, der wird euch, die ihr eine kleine Zeit leidet, aufrichten, stärken, kräftigen, gründen. Ihm sei die Macht von Ewigkeit zu Ewigkeit! Amen." (1. Petr 5,7.10f.)

Vielleicht liegt gerade in diesem unerschütterlichen Gottvertrauen die größte Herausforderung für heutige Bibelleser. Denn es fällt schwer, auch nur eine kleine Zeit zu leiden, wenn einem der Glaube daran fehlt, dass Gott es nicht nur gut meint, sondern mit meinem Leben und der Welt auch zu seinem Ziel kommen wird. Doch kann uns der 1. Petrusbrief gerade darin Mut machen: Gott hat diese Welt nicht verlassen, im Gegenteil. Sein Wort gilt, auch wenn Himmel und Erde vergehen.

Anmerkungen

[1] Vgl. den Abschnitt „Das aramäische Matthäusevangelium" in Band 1, S. 111ff.

[2] Vgl. Eusebius: Kirchengeschichte 2,14,6.

[3] Vgl. den Abschnitt über Markus in Band 1, S. 104f.

[4] Es kann kein Zweifel daran bestehen, dass mit dem in 1. Petr 5,13 erwähnten „Babylon" die Hauptstadt des Römischen Reiches gemeint ist. Zum einen entspricht das dem zeitgenössischen Sprachgebrauch, der sich nicht nur in jüdischen, sondern auch in heidnischen Kreisen nachweisen lässt (vgl. hierzu Thiede: Art. Erster Petrusbrief; in: Das Große Bibellexikon, S. 1810f.), zum anderen ist ein Aufenthalt des Apostels Petrus (und von Markus und Silas) im mesopotamischen Babylon nirgendwo belegt – in Rom dagegen schon.

[5] Zum Leben des Apostels Paulus nach dem von der Apostelgeschichte abgedeckten Zeitraum vgl. den Abschnitt über die Briefe an Timotheus und Titus im zweiten Band dieser Einführung, vor allem die S. 231ff.

[6] Der von Kümmel: Einleitung in das Neue Testament, S. 372, referierte Deutungsversuch, wonach „*Leidenszeuge*' schwerlich den Augenzeugen des Leidens Christi [bezeichnet], sondern einen Christen, der wie die angeredeten Christen ‚Christusleiden' erfahren hat und bezeugen kann oder der wie sie ‚Zeuge für die Leiden Christi' ist" (Hervorhebungen dort), ist ebenso wenig überzeugend wie die Behauptung Vielhauers: Geschichte der urchristlichen Literatur, S. 586, hier sei „nicht die Augenzeugenschaft der Passion Jesu, sondern das Nacherleben seiner Leiden gemeint". Denn in jedem Fall wird damit aus Christus, der gerade als konkret Leidender im Brief als Vorbild hingestellt wird (vgl. 1. Petr 2,21; 4,1), plötzlich eine abstrakte Größe, nämlich eine Art „Urbild" des Leidens. Eine solche Abstraktion ist allerdings für den Vorbildgedanken wenig hilfreich, weil man sich von einem tatsächlich Leidenden eher etwas abschauen kann als von einem Idealbild. Zudem fragt man sich, warum man so kompliziert denken soll, wo doch die einfachere Interpretation durchaus sinnvoll scheint. Schließlich ist Petrus ja tatsächlich Augenzeuge der Leiden Christi geworden, wobei dessen Leidensbereitschaft den impulsiv zurückschlagenden Apostel (vgl. Joh 18,10f.) sicher nicht wenig beeindruckt hat. Die Frage, ob der Brief „echt" ist, ist damit freilich noch nicht entschieden. Denn auch ein Späterer könnte auf die Augenzeugenschaft des Petrus verwiesen haben, um seiner Fälschung einen authentischeren Anstrich zu geben.

[7] Angesichts dieser Verbindungslinien, die selbst die Herausgeber der Lutherbibel in ihren Parallelstellenangaben ziehen, ist die in verschiedenen Einleitungen zu findende Behauptung völlig unverständlich, der erste Petrusbrief enthalte „keine Stelle, die auf eine persönliche Bekanntschaft des Verfassers mit dem historischen Jesus hinweist" (Vielhauer: Geschichte der urchristlichen Literatur, S. 586, vgl. Schnelle: Einleitung in das Neue Testament, S. 457, und Schweizer: Theologische Einleitung ins Neue Testament, S. 106f.).

[8] Vgl. den Brief Polykarps von Smyrna an die Philipper (1,3; 8,1; 10,1). Polykarp war nach Aussage seines Schülers Irenäus von Lyon der Schüler des Apostels Johannes. Ob sogar in noch älteren Schriften wie der *Didache*, dem Barnabasbrief oder dem „Hirt des Hermas" Anspielungen auf den ersten Petrusbrief vorliegen, ist

umstritten (vgl. die ausführliche Diskussion bei Guthrie: *New Testament Introduction*, S. 771ff.).

[9] Vgl. Eusebius: Kirchengeschichte 3,39,17.

[10] Eusebius: Kirchengeschichte 3,3,1.

[11] Der vierte, gelegentlich vorgebrachte Einwand, Petrus habe sich nicht „Mitältester" (1. Petr 5,1) nennen können (vgl. Schnelle: Einleitung in das Neue Testament, S. 457), ist subjektiv und soll deshalb hier nicht weiter aufgegriffen werden. Da das Schreiben nichts über die Strukturen der angeschriebenen Gemeinden verrät (in 1. Petr 5,1 ist nur von „Ältesten" die Rede), kann man zudem schwerlich beurteilen, ob hier eine erst gegen Ende des Jahrhunderts voll entwickelte Ämterhierarchie zugrunde liegt. Doch selbst dann wäre der Ausdruck „Mitältester" für einen Apostel fehl am Platz, denn damit hätte man die gegenwärtigen Gemeindevorsteher schlichtweg auf eine Stufe mit den ersten Jüngern Jesu gehoben. Als Ausdruck der Demut, mit dem sich ein Apostel trotz aller ihm gebührenden Autorität als einer von vielen zu erkennen gibt, lässt er sich dagegen recht gut verstehen.

[12] Schweizer: Theologische Einleitung ins Neue Testament, S. 107, spekuliert sogar, dass es sich ursprünglich um einen unter dem Namen Paulus verbreiteten Brief gehandelt habe, in dem der Verfassername später geändert worden sei, „vielleicht weil die Abkürzung PLS als PTS verlesen wurde". Eine entsprechende Lesart in den Handschriften oder irgendein Hinweis in der altkirchlichen Literatur, woraus hervorginge, dass man sich an diesem Punkt unsicher war, existiert freilich nicht.

[13] Kümmel: Einleitung in das Neue Testament, S. 374, nennt den 1. Petrusbrief „ohne Zweifel eine pseudonyme Schrift", ähnlich sehen es Vielhauer: Geschichte der urchristlichen Literatur, S. 587, und Schnelle: Einleitung in das Neue Testament, S. 458. Abwägend ist nur Feldmeier: Der erste Petrusbrief; in: Niebuhr (Hg.): Grundinformation Neues Testament, S. 328, der die Schrift ebenfalls für pseudonym hält, allerdings zugibt, dass „keines dieser Argumente so eindeutig und zwingend ist, wie immer wieder vorgegeben wird".

[14] In diesem Zusammenhang ist auch die Benutzung der Septuaginta zu sehen. Die Behauptung, ein palästinischer Jude müsse das Alte Testament in jedem Fall aus dem Urtext selbst ins Griechische übertragen, selbst wenn seine Leser eine allgemein anerkannte und sogar in Palästina verbreitete griechische Übersetzung benutzen, geht an der Sache vorbei. Vielmehr ist es gerade zu erwarten, dass sich der Autor auf die Leser einstellt und eben die Bibelausgabe verwendet, die sie gewöhnt sind.

[15] Es sind dies die Briefe Ignatius' von Antiochia († vor 117) an die Römer (IgnRöm 10,1), die Philadelphier (IgnPhld 11,2) und die Smyrnäer (IgnSm 12,1). Die Schreiben sind abgedruckt bei Berger/Nord: Das Neue Testament und frühchristliche Schriften, S. 796ff., 801ff. und 806ff. Vgl. zum Befund Schnelle: Einleitung in das Neue Testament, S. 458, Anm. 70, sowie ausführlich Robinson: Wann entstand das Neue Testament?, S. 178f.

[16] Bekannt sind etwa die Petrus-Akten, das Petrus-Evangelium, das Kerygma Petri, ein Brief des Petrus an Philippus sowie verschiedene Petrus-Apokalypsen. Einige dieser Texte, die aus der Zeit zwischen dem Ende des ersten und dem dritten Jahrhundert stammen, sind abgedruckt bei Berger/Nord: Das Neue Testament und frühchristliche Schriften.

[17] Für diese Problematik gibt es bei den Kritikern keine befriedigenden Erklärungen. Vielhauer: Geschichte der urchristlichen Literatur, S. 587, erkennt sie zwar, beantwortet aber zwei Seiten später nur die Frage, warum der Autor nicht Paulus, sondern Petrus als Pseudonym gewählt habe: „Soviel ist sicher, daß Petrus ihm als höhere apostolische Autorität gilt ... Aber nicht wegen seiner theologischen Bedeutung, sondern als kirchliche Größe: Petrus ist der Repräsentant des kirchlichen Rom." Wie dies aus dem vorliegenden Brief herausgearbeitet werden soll, erklärt Vielhauer freilich nicht. Ähnlich dünn ist der Deutungsversuch Schweizers: Theologische Einleitung ins Neue Testament, S. 107, wonach „in einer Zeit, in der paulinische Theologie zu verblassen drohte, sie gerade im Namen des Urapostels neu verkündet werden sollte." Kümmel: Einleitung in das Neue Testament, S. 374, stellt dagegen nur mehr oder weniger trotzig fest: „Daß wir das Motiv der Pseudonymität nicht erkennen können, spricht nicht gegen ihr Vorhandensein."

[18] Tacitus: Annalen 15,44 (zitiert nach Barrett/Thornton (Hgg.): Texte zur Umwelt des Neuen Testaments, Nr. 11).

[19] Der Einwand Vielhauers: Geschichte der urchristlichen Literatur, S. 588, wonach „die temperierte Art, in der der 1 Petr von der Verfolgung spricht, schwerlich chronologische Präzisierungen [gestattet]; der pseudonyme Autor durfte ja nicht allzu deutlich werden", enthält das unausgesprochene Eingeständnis, dass der 1. Petrusbrief keineswegs erst nach den Lebzeiten des Apostels entstanden sein kann. Denn offenbar gibt sein „pseudonymer Autor" die Verhältnisse des Roms der sechziger Jahre ja recht gut wieder.

[20] 1. Klemensbrief 5,1-5.

[21] Zu dieser Frage siehe unten, S. 178 ff.

[22] Bezeichnend ist der Einwand Feldmeiers: Der erste Petrusbrief; in: Niebuhr (Hg.): Grundinformation Neues Testament, S. 328, der die apostolische Verfasserschaft unter anderem mit der Begründung ablehnt, das dort angeblich vorausgesetzte „behördliche Vorgehen gegen die Christen allein aufgrund der Zugehörigkeit zum Christentum" sei „vor der neronischen Verfolgung schwer denkbar". Ist jedoch die neronische Verfolgung gemeint, dann lässt sich der Brief kaum als Pseudoepigraphie erklären. Schließlich hat der Apostel zu diesem Zeitpunkt noch gelebt.

[23] Sueton: Nero 16. Noch deutlicher wird der christliche Geschichtsschreiber Sulpicius Severus in seiner Chronik (2,29): Nach der ersten mit dem Brand Roms verbundenen Verfolgung „wurden Gesetze zum Verbot dieser Religion erlassen, und es wurde durch Edikte öffentlich für ungesetzlich erklärt, ein Christ zu sein" (beide Texte sind zitiert nach Barrett/Thornton (Hgg.): Texte zur Umwelt des Neuen Testaments, Nr. 12f.).

[24] Siehe unten, S. 133 ff.

[25] Diese Verbindung, die schon Zahn: Einleitung in das Neue Testament 2, S. 17, gezogen hat, zeigt, dass mit „Babylon" nicht unbedingt „ein apokalyptischer Deckname für die Welthauptstadt" gemeint sein muss, „der offenbar nach der Zerstörung Jerusalems 70 n. Chr. aufgekommen ist" (Vielhauer: Geschichte der urchristlichen Literatur, S. 587). Von der Gottfeindlichkeit des Staates oder Roms ist im 1. Petrusbrief (im Gegensatz zur Offenbarung) nirgendwo die Rede, das Thema des Exils zieht sich dagegen durch das ganze Schreiben.

Der zweite Petrusbrief

Ein Brief, bei dem sich die Geister scheiden

Der 2. Petrusbrief zählt sicher nicht zu den meistgelesenen Schriften der Bibel, wahrscheinlich nicht einmal des Neuen Testaments. Umso erstaunlicher ist es, dass er zu ihren umstrittensten gehört. Für nicht wenige Ausleger steht er am äußersten Rand der neutestamentlichen Botschaft, und das nicht nur zeitlich, sondern auch theologisch. Weit ins zweite nachchristliche Jahrhundert datiert, sieht man in dem Schreiben „nicht nur ... den spätesten, sondern auch ... den fraglichsten Brief im Neuen Testament", der „nicht ganz zu Unrecht" ein Schattendasein führe.[26]

Weil er nicht vom biblischen, sondern von einem hellenistischen Menschen- und Heilsverständnis geprägt sei und zudem die urchristliche Zukunftserwartung verlasse, zeige sich bei ihm „das Problem der ‚inneren Kanonsgrenze' in besonderer Schärfe", was „zur Besinnung auf den normativen Charakter dieser Theologie zwingt".[27] Denn das Schreiben enthalte „theologische Anschauungen ..., die in ihrer Ungebrochenheit und Verabsolutierung sowohl mit dem Zentrum der neutestamentlichen Aussagen als auch mit evangelischen Grundpositionen unübersehbar konkurrieren."[28] Oder um es ganz deutlich zu sagen: Nicht wenige würden diesen kurzen Brief gern ganz aus der Bibel verbannen.

Hier wird schweres Geschütz aufgefahren, und das kann nicht nur damit zu tun haben, dass man den 2. Petrusbrief weithin für ein pseudonymes Schreiben hält. Denn schließlich gelten in manchen Kreisen alle neutestamentlichen Verfassernamen als literarische Fiktion (abgesehen von ein paar Paulusbriefen), was die entsprechenden Ausleger jedoch nicht davon abhält, in diesen Schriften apostolische Zeugnisse zu entdecken. Im 2. Petrusbrief ist aber anscheinend noch nicht einmal das der Fall.

Der Stärke der Angriffe steht eine unsichere Verteidigung gegenüber. Wer den Brief für „echt" hält, tut dies offenbar zumindest mit leichten Bauchschmerzen. So setzt sich ein Ausleger für die Apostolizität des 2. Petrusbriefes nur mit dem Verweis auf seine vor allen Überlegungen getroffene Grundentscheidung ein, „dem

Selbstanspruch der neutestamentlichen Schriften mit Vertrauensvorschuß zu begegnen. Das ist auch beim 2. Brief des Petrus durchzuhalten."[29] Andere bekennen, dass „nicht alle Probleme gelöst werden konnten", dennoch „scheint es besser, [den Brief] für das zu halten, was er zu sein vorgibt, nämlich ein authentisches Schreiben des Apostels Petrus"[30].

Der Streit ist übrigens keineswegs modern. Schon in der alten Kirche war der Brief nicht bei allen anerkannt. Origenes von Alexandria († 253/54) schrieb, Petrus „hat nur einen allgemein anerkannten Brief hinterlassen. Er mag noch einen zweiten hinterlassen haben, doch wird derselbe bezweifelt."[31] Trotzdem zitierte er auch aus dem 2. Petrusbrief an mehreren Stellen und hielt ihn offensichtlich für einen Bestandteil der Heiligen Schrift. Vermutlich tat dies auch sein Lehrer Klemens von Alexandria († um 215), der nach Aussage des Eusebius nicht nur die Paulusbriefe, sondern auch alle anderen Briefe kommentierte.[32]

Der Streit um die Authentizität des 2. Petrusbriefs war damit freilich noch lange nicht ausgeräumt. Eusebius, der in seiner Kirchengeschichte drei Arten von Schriften unterscheidet – anerkannt, umstritten, unecht – ordnet das Schreiben in die zweite Rubrik ein:

> *„Bezüglich des sogenannten zweiten Petrusbriefes wurden wir zwar belehrt, daß er nicht zur Bibel gehöre; doch erschien er vielen als lehrreich, so daß sie ihn den anderen Schriften gleichschätzten."*[33]

Das fasst den Stand der Dinge in der alten Kirche recht gut zusammen: Keine Schrift des Neuen Testaments war so lange so umstritten wie der 2. Petrusbrief, keine ist so schlecht bezeugt. Vergleicht man ihn jedoch auf der anderen Seite mit Werken, die nicht zum Kanon gehören wie der „Barnabasbrief" oder die „Petrus-Akten", ragt er weit über sie hinaus.[34] Von ihnen kommt keines auch nur in die Nähe der Autorität, die der 2. Petrusbrief schon in den ersten Jahrhunderten hatte. Das zeigt das Dilemma dieses Schreibens: Der 2. Petrusbrief ist zu gut bezeugt, um verworfen zu werden, aber zu schlecht angesehen, um zweifellos unter die apostolischen Bücher gerechnet zu werden.

Die altkirchlichen Bedenken hatten in der Reformationszeit ein

Nachspiel. Luther sah im 2. Petrusbrief eine Schrift, die „lange nach S. Pauls Episteln geschrieben sei", aber dennoch „nichts deste minder des Apostels sei". Wie das möglich sein kann, wo doch beide Apostel annähernd zur gleichen Zeit den Märtyrertod starben, erklärte der Reformator freilich nicht. Sein Schweizer Gegenüber Calvin war sich noch unsicherer. Er schwankte lange, ob er den Brief als apostolisch anerkennen könne, und hielt ihn schließlich für das Werk eines Petrusschülers, der ihn im Auftrag seines Meisters verfasst habe.[35]

Wer also heute die Authentizität dieses Briefes anzweifelt, kann sich im Gegensatz zu anderen Schriften auch auf die alte Kirche und die Reformatoren berufen. Das macht es umso interessanter, sich mit der Frage zu befassen, wer denn nun diesen Brief geschrieben hat.

Ist Symeon ein Pseudonym?

Die Angaben im Brief selbst

Wie schon der kurze Überblick gezeigt hat, ist der 2. Petrusbrief ein komplexer Fall, der vielschichtige Probleme aufwirft. Deshalb ist es kaum möglich, wie bisher üblich die Argumente gegen die apostolische Verfasserschaft aufzuführen, um sie dann im Einzelnen zu bearbeiten. Vielmehr müssen die verschiedenen Aspekte abgewogen und Schritt für Schritt zu einem Gesamtbild zusammengestellt werden.

Weil wir zudem außer dem 1. Petrusbrief keinen Vergleich haben, ist es prinzipiell nicht möglich, die „Echtheit" des 2. Petrusbriefes zu beweisen. Allerdings kann sie widerlegt werden, nämlich dann, wenn irgendetwas ausschließt, dass das Werk zu Lebzeiten des Apostels (also bis rund 64/65) entstanden sein *kann*. Falls es jedoch gelingt, alle in dieser Hinsicht auftretenden Probleme zufrieden stellend zu lösen, müssen wir dem Urteil der Kirchenväter vertrauen, die das Schreiben schließlich als Bestandteil der apostolischen Überlieferung und damit als Werk des Petrus ansahen.

Beginnen wir also mit den Angaben im 2. Petrusbrief selbst, der seine Leser nicht im Unklaren darüber lässt, von wem er geschrieben sein will. So nennt er nicht nur zu Beginn seinen vorgeblichen Verfasser, „Simon Petrus, ein Knecht und Apostel Jesu Christi" (2. Petr 1,1), es finden sich auch im Brief selbst deutliche persönliche Bezüge. Am augenfälligsten ist dabei die Erinnerung an Petrus' Erlebnis auf dem Berg der Verklärung (vgl. 2. Petr 1,16-18), der im Brief „heiliger Berg" genannt wird. Die Stimme vom Himmel, die dort zu hören war, wird sogar fast wörtlich zitiert (vgl. Mt 17,5).

Darüber hinaus erwähnt der Autor eine Weissagung über seinen Tod, die er von Jesus Christus erhalten haben will (vgl. 2. Petr 1,14). Unter Umständen könnte hier ein Bezug zu der in Joh 21,18f. ausgesprochenen Prophetie bestehen. Sicher ist dies allerdings nicht, denn dazu sind beide Texte zu unterschiedlich. Auf jeden Fall will der Autor des 2. Petrusbriefes jedoch den Eindruck erwecken, dass er die von ihm aufgeschriebene Erkenntnis von Jesus persönlich hat.

Im 2. Petrusbrief wird damit viel stärker als im 1. der Anspruch des Verfassers betont, ein Augenzeuge des Lebens Jesu zu sein. Aber auch die Beziehung des Autors zu den Lesern wird etwas deutlicher. Das Schreiben ist schon der „zweite Brief", den die Empfänger von ihm erhalten haben (2. Petr 3,1). Vielleicht ist es als eine Art geistliches Testament gedacht, mit dessen Hilfe die Leser die Lehre des Autors „allezeit auch nach meinem Hinscheiden im Gedächtnis behalten" können (2. Petr 1,15). Das setzt ein ebenso vertrautes Verhältnis voraus, wie es offenbar auch mit „unserem lieben Bruder Paulus" besteht (2. Petr 3,15).

Vergleicht man nun diesen Befund mit dem 1. Petrusbrief, so fällt vor allem der Unterschied in der Absenderangabe auf. Hieß es im ersten Brief noch „Petrus, ein Apostel Jesu Christi" (1. Petr 1,1), formuliert der zweite deutlich länger und erinnert mit seinem „Knecht Jesu Christi" an die Briefe der Herrenbrüder Jakobus und Judas. In diese Richtung geht auch die seltsame Namensnennung. „Symeon Petrus", wie es wörtlich heißt, ist eine Mischung aus dem aramäischen Namen „Symeon" und dem griechischen „Petrus". Die aramäische Form taucht im Neuen Testament nur noch ein einziges Mal auf, und zwar in der Rede des Jakobus vor der Apostelversammlung in Jerusalem (vgl. Apg 15,14). Die Kombination „Symeon Petrus" ist dagegen einzigartig.

Häufig, aber bis auf wenige Ausnahmen in der Apostelgeschichte nur in den Evangelien, findet man dagegen die griechische Form „Simon", oft auch in der Verbindung „Simon Petrus". In der Regel wird der Apostel aber schlicht „Petrus" genannt.

Paulus macht hier indessen eine Ausnahme. Außer in zwei Versen (vgl. Gal 2,7f.) bezeichnet er Petrus mit der aramäischen Form dieses Titels, „Kephas" (vgl. 1. Kor 1,12; 3,22; 9,5; 15,5; Gal 1,18; 2,9.11.14). Das ist insofern interessant, als er im 1. Korintherbrief eine griechische Gemeinde anspricht, der Petrus bekannt war. Man kann daraus schließen, dass der Apostel also auch in den hellenistisch geprägten paulinischen Gemeinden nicht unter seinem griechischen Namen „Petrus", sondern unter dem aramäischen „Kephas" bekannt war.

In der Frage, ob der 2. Petrusbrief ein Schreiben des Apostels ist, gibt uns somit schon sein erstes Wort Rätsel auf. Stellt sich hier „Symeon Petrus" seinen Lesern mit seinem ihnen vertrauten, aber sonst wenig gebrauchten alten aramäischen Namen vor? Oder benutzte ein Späterer gerade dies als Stilmittel, um seiner Fälschung einen besonders altertümlichen Zug zu verleihen, der ihre Glaubwürdigkeit unterstreichen sollte?

Diese Fragen sind nicht leicht zu beantworten, weil man letztlich nur Vermutungen anstellen kann. Normalerweise nimmt sich ein Fälscher ein echtes Stück und versucht es so genau wie möglich zu kopieren, um seinem Werk einen authentischen Anstrich zu verleihen. Ein gefälschter Van Gogh wird also in der Regel alle für diesen Maler charakteristischen Merkmale aufweisen. Denn je mehr er aussieht, als hätte sein vermeintlicher Schöpfer einen völlig neuen Stil ausprobiert, desto mehr Verdacht erregt er.

Bei fingierten Briefen ist das nicht anders. Insofern sollte man vermuten, dass ein unter dem Pseudonym des Apostels Petrus auftretender Späterer sich, soweit es nur irgend ging, am zu seiner Zeit überall als echt anerkannten 1. Petrusbrief orientiert hat (dieses Schreiben muss er gekannt haben, schließlich verweist 2. Petr 3,1 auf einen früheren Brief). Im Briefkopf tat er das aber gerade nicht, sondern bezeichnet sich mit dem sonst nicht gebrauchten „Symeon Petrus". Will man nicht behaupten, dass hier ein Fälscher ganz besonders originell auftreten wollte, um die in solchen Fällen vermutete übliche Vorgehensweise zu durchbrechen, spricht das eher für die Echtheit des Briefes als gegen sie.

Sprache und Stil

Mit einem Punkt allein ist natürlich noch nichts bewiesen. Auffällig ist jedoch, dass das, was sich bereits im Briefkopf zeigte, auch Sprache und Stil des Schreibens durchzieht. Nicht nur, dass sich im 2. Petrusbrief sehr viele Worte finden, die nirgendwo sonst im Neuen Testament gebraucht werden, auch stilistisch ist der Brief sehr eigenständig. Sein Autor steht dem Schreiber des 1. Petrusbriefes zwar nahe, schreibt aber so anders, dass man die Unterschiede selbst in deutschen Bibelübersetzungen entdecken kann. Der an Paulus erinnernde Tonfall ist verschwunden, statt dessen enthält der Brief eine lange Polemik (vgl. 2. Petr 2,1-22), die mit dem Judasbrief sehr viel näher verwandt ist als mit dem 1. Petrusbrief. Statt des gepflegten Griechischs des ersten Briefes begegnet uns im zweiten zudem „der recht schwülstige Stil der asianischen Rhetorik"[36]. Beide Schreiben können also kaum aus derselben Feder geflossen sein.

Damit stehen wir nun vor einem Dilemma. Wenn Petrus selbst den 1. Petrusbrief geschrieben hat, dann kann der 2. nicht von ihm sein. Umgekehrt fällt es auch schwer, sich einen Fälscher vorzustellen, der den 1. Petrusbrief zwar kannte, aber noch nicht einmal den Versuch unternahm, seine Sprache und seinen Stil auch nur ansatzweise nachzuahmen. Völlig unverständlich wäre dann, wie ein solch unbeholfenes Werk es zu der – für eine nur kaum kaschierte Fälschung – doch recht respektablen Anerkennung in der alten Kirche bringen konnte. Denn trotz aller Zweifel hielten die Kirchenväter den Brief schließlich für „echt". Das ließe sich nur erklären, wenn er mit einer wirklich überzeugenden Legende eingeführt worden wäre. Davon fehlt allerdings jede Spur.

Plausibler ist daher, von einer wie auch immer gearteten Verfasserschaft des Apostels Petrus auszugehen. Ungeachtet der Probleme sind hier verschiedene Lösungsmöglichkeiten denkbar: Zum einen könnte einer der Briefe (oder beide) im Auftrag des Petrus von einem anderen verfasst worden sein. Der Apostel könnte also den 2. Petrusbrief selbst geschrieben haben, während Silvanus der eigentliche Autor des 1. Briefes war, den Petrus in seiner Endfassung autorisierte.

Möglich ist auch, dass es gerade umgekehrt war, der Apostel also den 1. Petrusbrief eigenhändig schrieb, während er den 2.

einem Sekretär überließ.[37] Da Silvanus in 1. Petr 5,12 ausdrücklich eine Rolle beim Verfassen des Briefes zugesprochen wird, ist es näher liegend, Ersteres zu vermuten. Der 1. Petrusbrief wäre dann ein Werk, das ein „treuer Bruder" im Auftrag seines Apostels geschrieben hätte, der 2. ein eigenhändiges Schreiben. Ob dies so möglich ist, muss die weitere Untersuchung klären.

Apostel und Propheten

Neben einigen kleineren wirft der 2. Petrusbrief vor allem drei größere Probleme auf, mit denen wir uns im Folgenden beschäftigen müssen. Jedes von ihnen wiegt so schwer, dass das Schreiben unmöglich von dem Apostel selbst stammen kann, wenn auch nur eine unserer Schwierigkeiten nicht befriedigend gelöst werden kann. In diesem Fall könnte der Brief noch nicht einmal von einer Person stammen, die von Petrus beauftragt worden wäre. Denn sie alle weisen auf eine Zeit lange nach dem Tod der Apostel.

Beginnen wir also mit dem ersten Problemkreis. In 2. Petr 3,1f. lesen wir:

> *„Dies ist nun der zweite Brief, den ich euch schreibe, ihr Lieben, in welchem ich euren lauteren Sinn erwecke und euch erinnere, daß ihr gedenkt an die Worte, die zuvor gesagt sind von den heiligen Propheten, und an das Gebot des Herrn und Heilands, das verkündet ist durch eure Apostel."*

Hier werden nach Ansicht vieler Ausleger Propheten und Apostel in einer Weise nebeneinander gestellt, die an spätere Zeiten denken lässt. Der Autor, so scheint es, blickt aus einer späteren Epoche auf die Zeit der Apostel zurück und sieht die erste Generation der Gemeinde parallel zu den Propheten des Alten Testaments. Dann könnte der Brief unmöglich im apostolischen Zeitalter entstanden sein.

Dann wäre seinem tatsächlichen Verfasser allerdings ein kaum vorstellbarer Fehltritt passiert. Da schlüpft er in die Maske des längst verstorbenen Petrus, achtet sorgsam darauf, dass er eine Erinnerung an die angeblich miterlebte Verklärung einbaut (vgl. 2. Petr 1,16-18), stellt dann einen fingierten persönlichen Kontakt mit seinen fiktiven Adressaten her, indem er sie an einen ersten Brief erinnert – nur um dann gleich danach in seiner eigenen Zeit so verhaftet zu sein, dass er von den Aposteln als den Vertretern einer längst vergangenen Epoche redet und dabei gar nicht merkt, dass er selbst eben noch so getan hat, als wäre er einer von ihnen?

Mit „euren Aposteln" muss daher etwas anderes gemeint sein als der Apostelkreis als Ganzes. So könnte Petrus (wenn der Brief von ihm ist) hier auf Mitapostel verweisen, die „das Gebot des Herrn und Heilands" unter den Lesern mündlich gepredigt haben. Da wir nicht wissen, wohin der Brief geschickt wurde, und mit Ausnahme von Paulus und Petrus nichts über die Missionstätigkeit der Apostel in Erfahrung bringen können, ist es müßig, darüber zu spekulieren, welche Apostel hier gemeint sein könnten und warum Petrus sich selbst nicht darunter zählt.

Denkbar ist freilich auch, dass Petrus „Apostel" hier nicht im exklusiven Sinn gebraucht, sondern schlichtweg „Abgesandte" meint (das ist die ursprüngliche Bedeutung des griechischen *apostolos*). Zwar benutzt das Neue Testament den Begriff nahezu ausschließlich für die zwölf Jünger Jesu und Paulus, allerdings gibt es drei Ausnahmen. In Apg 14,14 wird auch der Paulusbegleiter Barnabas „Apostel" genannt; aus 2. Kor 11,5.13 können wir schließen, dass die Irrlehrer in Korinth sich selbst so bezeichneten, und nach Hebr 3,1 ist sogar Jesus „Apostel". Auch wenn dies wenige Ausnahmen sind, zeigen sie doch, dass der Titel „Apostel" in der ersten Zeit nicht so eng definiert war, wie es in späteren Jahrhunderten üblich wurde.

In jedem Fall ist es freilich unnötig, hinter der Rede von „Propheten und Aposteln" einen Rückblick aus einer späteren Zeit zu vermuten. Schon in 1. Petr 1,10-12 werden die alttestamentlichen Propheten in ähnlicher Weise in eine Reihe gestellt mit denen, „die euch das Evangelium verkündigt haben", wie in 2. Petr 3,2. Auch wenn der Titel „Apostel" dort nicht auftaucht, sind es doch wohl dieselben Personen, die gemeint sind – jedenfalls dann, wenn der 2. Petrusbrief an denselben Leserkreis gerichtet ist wie der 1. Und damit sind wir bei einer zweiten Schwierigkeit.

Die entschlafenen Väter

2. Petr 3,2 ist nicht die einzige Stelle, die Gedanken an eine nach-apostolische Datierung des Briefes aufkommen lässt. Eine weitere findet sich in den darauf folgenden Versen, in denen es heißt:

> *„Ihr sollt vor allem wissen, daß in den letzten Tagen Spötter kommen werden, die ihren Spott treiben, ihren eigenen Begierden nachgehen und sagen: Wo bleibt die Verheißung seines Kommens? Denn nachdem die Väter entschlafen sind, bleibt es alles, wie es von Anfang der Schöpfung gewesen ist. Denn sie wollen nichts davon wissen, daß der Himmel vorzeiten auch war, dazu die Erde, die aus Wasser und durch Wasser Bestand hatte durch Gottes Wort; dennoch wurde damals die Welt dadurch in der Sintflut vernichtet. So werden auch der Himmel, der jetzt ist, und die Erde durch dasselbe Wort aufgespart für das Feuer, bewahrt für den Tag des Gerichts und der Verdammnis der gottlosen Menschen." (2. Petr 3,3-7)*

Ähnlich wie weiter oben bei der Erwähnung der Apostel könnte auch hier einem Späteren ein Fehler unterlaufen sein, der sein Talent als Fälscher völlig in Frage stellen würde.[38] Die vom heutigen Standpunkt aus nächstliegende Deutung wäre tatsächlich, in den „Vätern" die erste Generation von Christen zu sehen, die nun gestorben ist, ohne dass sich die Verheißung von der Wiederkunft Jesu erfüllt hätte.[39]

Petrus selbst starb unter Nero wohl um 64/65, zu einem Zeitpunkt also, als zumindest der Apostel Johannes, wahrscheinlich aber auch Paulus noch lebte. Sicher gestorben waren zu diesem Zeitpunkt nur der Apostel Jakobus sowie der Herrenbruder gleichen Namens. Von den anderen bedeutenden Vertretern der frühen Christenheit wissen wir nichts – was jedoch eher dafür spricht, dass sie noch am Leben waren. Sollte unser Abschnitt also tatsächlich mit den „Vätern" die ersten christlichen Zeugen meinen, passt er kaum in die Zeit des Petrus. Die Frage ist freilich, ob es auch eine Auslegung gibt, nach der die Verse auch schon zu Lebzeiten des Apostels verständlich sind. Erst wenn das nicht möglich ist, muss man von einem späteren Abfassungszeitpunkt ausgehen.

Betrachtet man nun den neutestamentlichen Sprachgebrauch, so fällt auf, dass unter den „Vätern" an keiner Stelle die erste Generation der Christen verstanden wird. Das ist zugegebenermaßen kein durchschlagendes Argument, weil einerseits das Neue Testament ja von Angehörigen eben dieser Generation verfasst worden ist und andererseits der 2. Petrusbrief eine Ausnahme darstellen könnte. Aber es ist ein Hinweis. Sieht man nämlich von den Versen ab, wo mit „Vater" eindeutig der leibliche Vater gemeint ist, bezeichnet das Wort immer schon lange verstorbene Vorfahren. Die „Väter" waren es, die die Verheißungen bekamen (vgl. Röm 9,5; 11,28; 15,8); sie mussten nach Ägypten ziehen, um Brot zu kaufen (vgl. Apg 7,12); sie zogen durchs Schilfmeer und aßen Manna in der Wüste (vgl. 1. Kor 10,1; Joh 6,31ff.) und kamen schließlich ins gelobte Land (vgl. Apg 7,45). Das zeitlich gesehen Letzte, was die Väter taten, war, die Propheten zu verfolgen (vgl. Mt 23,30; Lk 6,23; Apg 7,52) – aber auch das lag bei der Entstehung des Neuen Testaments schon mehrere Jahrhunderte zurück.

2. Petr 3,3ff. passt ins Bild, denn auch hier ist von den Vätern im Zusammenhang mit der Schöpfung und der Sintflut die Rede, nicht von den Ereignissen rund um das irdische Wirken Jesu. Jene „Spötter" leugnen nämlich, dass es ein Gericht Gottes über die Welt geben wird bzw. je gegeben hat. „Sie wollen nichts wissen" von der Sintflut und dem damit verbundenen Untergang der alten Welt. Stattdessen behaupten sie, „nachdem die Väter entschlafen sind, *bleibt* es alles, wie es *von Anfang der Schöpfung* gewesen ist". Im nächsten Vers stellt der Autor jedoch klar, dass es eben nicht von „Anfang der Schöpfung" bis heute gleichgeblieben ist, sondern dass es dazwischen die Sintflut gab und mit ihr einen Vorschatten des künftigen Gerichts.

Da die „Väter" damit vor der Sintflut „entschlafen" sein müssen, können mit ihnen kaum die Angehörigen der ersten christlichen Generation gemeint sein. Es muss sich vielmehr um die am weitesten entfernten Vorfahren handeln, die ersten Menschen nach Erschaffung der Welt. Gleichzeitig schließt die Bezeichnung jedoch auch alle anderen Vorfahren bis zur Abfassung des Briefes mit ein. Denn die Welt hat sich nach Ansicht der „Spötter" ja nicht verändert, es gibt kein Eingreifen Gottes, keine Flut und damit auch kein Endgericht.

Im Kontext wird deutlich, dass der Schwerpunkt auf der Leugnung des Gerichts liegt, nicht auf der der Wiederkunft Jesu.

Vom zweiten Kommen Christi ist nämlich nirgendwo die Rede, weshalb man es auch nicht in den Text hineintragen sollte (auch wenn die Wiederkunft Jesu und der „Jüngste Tag" dogmatisch zusammengehören). Der Autor spricht vielmehr ganz im Stil alttestamentlicher Propheten vom „Kommen des Tages Gottes" (2. Petr 3,12; vgl. 3,10). Ebenso wenig brauchen die „Spötter" für ihre Missachtungen einen neutestamentlichen Hintergrund. Schon Hesekiel sprach von Menschen, die sagen: „Es dauert so lange, und es wird nichts aus der Weissagung." (Hes 12,22; vgl. Hab 2,3)

2. Petr 3,3ff. lässt sich damit ohne weiteres zu Lebzeiten des Apostels Petrus erklären. Überspitzt gesagt hätte der Text schon viel früher entstanden sein können. Stünde er nicht im Neuen Testament, sondern im Alten, würde ihn vermutlich niemand auf die Wiederkunft Jesu interpretieren, weil er mit keiner Silbe auf das Wirken Christi anspielt.[40]

Und damit sind wir bei der letzten und weitaus größten Schwierigkeit, mit der wir uns auseinander setzen müssen.

Paulusbriefe und andere Schriften

Kurz vor Abschluss seines Briefes schreibt der Autor etwas, das den Auslegern besonders zu denken gibt. Dort heißt es nämlich:

> *„Darum, meine Lieben, während ihr darauf [auf das Kommen des Tages Gottes; T. W.] wartet, seid bemüht, daß ihr vor ihm unbefleckt und untadelig im Frieden befunden werdet, und die Geduld unseres Herrn erachtet für eure Rettung, wie auch unser lieber Bruder Paulus nach der Weisheit, die ihm gegeben ist, euch geschrieben hat. Davon redet er in allen Briefen, in denen einige Dinge schwer zu verstehen sind, welche die Unwissenden und Leichtfertigen verdrehen, wie auch die anderen Schriften, zu ihrer eigenen Verdammnis." (2. Petr 3,14-16)*

Aus dieser Stelle kann man verschiedene Dinge herauslesen. Einmal kennt Petrus Paulus und schätzt ihn als „lieben Bruder". Nach allem, was wir über das Verhältnis der beiden zueinander wissen, ist das kein Grund, die Authentizität des 2. Petrusbriefes zu bestreiten.[41] Gerade die Bezeichnung „Bruder" passt gut ins apostolische Zeitalter. So hat der Herrenbruder Jakobus den Heidenapostel in Jerusalem empfangen (vgl. Apg 21,20), so hat auch Paulus von Mitarbeitern wie Apollos (vgl. 1. Kor 16,12), Titus (vgl. 2. Kor 2,13), Timotheus (vgl. 1. Thess 3,2), Tychikus (vgl. Eph 6,21), Epaphroditus (vgl. Phil 2,25) und anderen gesprochen.

Schwierig wird es an anderer Stelle: Denn der Abschnitt scheint eine Sammlung von Paulusbriefen vorauszusetzen, schließlich redet sein Autor von „allen Briefen" des Apostels. Doch sollte man nicht voreilig sein. Die Paulusbriefe, von denen hier die Rede ist, müssen nämlich zunächst einmal nur dem Autor des 2. Petrusbriefes vorgelegen haben, denn er teilt seinen Lesern mit, was Paulus in ihnen sagt. Die Empfänger des 2. Petrusbriefes kennen daher vermutlich nur den an sie geschriebenen (vgl. 2. Petr 3,15), sonst hätte es sein Autor nicht nötig ihnen zu versichern, dass Paulus „in allen Briefen" so redet wie in dem an sie gerichteten. Eine in den meisten Gemeinden bekannte Sammlung von Paulusbriefen liegt deshalb wohl gerade nicht vor. Vielmehr scheint nur der Autor des 2. Petrusbriefes mehrere Paulusbriefe zu kennen, seine Leser dagegen nicht.

Schwieriger zu klären ist es, ob die Tatsache, dass die „Unwissenden und Leichtfertigen" die Botschaft der Paulusbriefe „verdrehen", eine Sammlung voraussetzt. Das könnte natürlich sein, muss aber nicht. Denkbar ist auch, dass der Autor des 2. Petrusbriefes hier an ein überall auftretendes Phänomen erinnert. In vielen oder allen von Paulus angeschriebenen Gemeinden gab es Menschen, die seine Botschaft falsch interpretierten. Die „Unwissenden und Leichtfertigen" wären dann keine fest umrissene Gruppe von Irrlehrern, sondern schlichtweg Menschen, die in den Paulusbriefen nur das lesen, was sie gerne hören möchten.

Da die Leser des 2. Petrusbriefes offensichtlich nicht über eine Sammlung von Paulusbriefen verfügen, auch nicht über eine durch die „Unwissenden und Leichtfertigen" vermittelte, ist dieses Verständnis das wahrscheinlichere. Damit aber spricht zunächst nichts gegen ein Abfassungsdatum des 2. Petrusbriefes in der apostolischen Zeit.

Doch auch wenn man der eben dargelegten Argumentation nicht folgen möchte, muss man den Brief nicht gleich im zweiten Jahrhundert geschrieben sein lassen. Denn dass Paulusbriefe ausgetauscht wurden und der Apostel selbst dazu ermutigte, macht schon Kol 4,16 deutlich. Wann dies im größeren Stil geschah, liegt leider völlig im Dunkeln. Allerdings waren die Briefe bereits gegen Ende des ersten Jahrhunderts überall verbreitet. Insofern reichen die ersten Anfänge zu Briefsammlungen bereits in die Tage des Apostels selbst zurück.

Gerade Petrus könnte überdies schon recht früh einen Einblick in verschiedene Paulusbriefe gehabt haben. Der 1. Petrusbrief steht dem Römer- und dem in Rom verfassten Epheserbrief sehr nahe, es ist gut möglich, dass der von Rom aus schreibende Apostel beide gekannt hat. Der bei der Abfassung beteiligte Silvanus war zudem als langjähriger Paulusbegleiter selbst Mitverfasser zweier seiner Briefe. Der dort ebenfalls erwähnte Markus schließlich lässt in Kol 4,10 und Phlm 24 Grüße ausrichten. Sollte der 2. Petrusbrief „echt" und nach dem 1. geschrieben worden sein, dürften dem Apostel Petrus also mit Sicherheit mehrere Paulusbriefe bekannt gewesen sein.

Unglücklicherweise lässt sich jedoch der Abschnitt, auf den der Verfasser des Briefes anspielt, „die Geduld unseres Herrn erachtet für eure Rettung" (2. Petr 3,15), keinem bekannten Paulusbrief sicher zuordnen, sonst wüssten wir, an welche Gemeinde der 2. Petrusbrief gerichtet ist. Der einzige Vers, der der hier geäußerten Aufforderung am nächsten kommt, findet sich ausgerechnet im Römerbrief – und auch ihn kann man nur mit einiger Fantasie für die Vorlage halten:

„Verachtest du den Reichtum seiner Güte, Geduld und Langmut? Weißt du nicht, daß dich Gottes Güte zur Buße leitet?" (Röm 2,4)

Falls der 2. Petrusbrief in Rom entstanden ist (was der Fall wäre, wenn er nach dem dort verfassten 1. ebenfalls von Petrus geschrieben worden ist, da Petrus die Stadt bis zu seinem Tod nicht mehr verlassen hat), könnte dieser Abschnitt jedoch kaum gemeint sein. Schließlich ist von einem Brief die Rede, den die Adressaten des

2. Petrusbriefes erhalten haben, nicht jedoch die Gemeinde, in der dessen Autor zu Hause ist.

Damit bezieht sich der Verfasser des 2. Petrusbriefes entweder auf einen verloren gegangenen Paulusbrief, oder er gibt das entsprechende Schreiben nur ungefähr nach seiner Erinnerung wieder, weil er es nicht vorliegen hatte. Gerade Letzteres würde jedoch bedeuten, dass es zur Zeit des 2. Petrusbriefes noch keine Paulusbriefsammlung gab, denn wenn es eine solche gegeben hätte, müsste sein Autor Paulus nicht aus dem Gedächtnis zitieren. Oder sollte auch hier der Fälscher wieder so nachlässig gewesen sein, dass er sich (mit seiner dogmatisch wenig umstrittenen Aussage von der Geduld Gottes) auf einen angeblich verlorenen Paulusbrief bezog, statt einen vorhandenen und überall verbreiteten zu zitieren?

Damit sind wir bei einem weiteren Punkt, dem wahrscheinlich kritischsten in der Frage nach der „Echtheit" des 2. Petrusbriefes. Sein Autor spricht nämlich davon, dass die „Unwissenden und Leichtfertigen" nicht nur die Paulusbriefe verdrehen, sondern auch „die anderen Schriften" (2. Petr 3,16). Im übrigen Neuen Testament sind nun mit der „Schrift", aber auch mit den „Schriften" ausnahmslos die Bücher des Alten Testaments gemeint, also die heiligen Schriften der Juden und ersten Christen. Rechnet demnach der Verfasser des 2. Petrusbriefes dazu auch die Werke des Apostels Paulus?

Unglücklicherweise wissen wir nicht genau, wann die Paulusbriefe neben den Büchern des Alten Testaments als Heilige Schrift angesehen wurden. Allerdings können wir mit einiger Sicherheit davon ausgehen, dass der Apostel Petrus (bei allem Respekt, den er vor seinem Mitapostel hatte) dessen Werke nicht auf eine Stufe mit denen eines Mose oder Jesaja stellte. Andererseits war zu dieser Zeit vieles noch im Fluss. Selbst beim Alten Testament war es noch nicht eindeutig klar, welche Bücher nun dazugehörten und welche nicht, wie man bis heute am Unterschied zwischen den an der griechischen Septuaginta orientierten römisch-katholischen und den an der hebräischen Bibel ausgerichteten evangelischen Bibelausgaben sieht. Darüber hinaus zitiert der mit dem 2. Petrusbrief eng verwandte Judasbrief sogar aus zwei apokryphen Büchern, die noch nicht einmal zum Text der Septuaginta gehört haben.[42] Er nennt sie zwar nicht Heilige Schrift, aber doch prophetisch (vgl. Jud 14).

Insofern sollte man auch hier nicht vorschnell urteilen. Sicher ist es außerordentlich unwahrscheinlich, dass Petrus in den Paulusbriefen heilige Schriften im Sinne des Alten Testaments gesehen hat, ganz und gar unmöglich ist es freilich nicht. Zudem ist es noch nicht einmal ausgemacht, dass mit den „anderen Schriften" in 2. Petr 3,16 überhaupt die des Alten Testaments gemeint sind. Denn wie im Deutschen ist auch im Griechischen das Wort „Schrift" nicht der Bibel vorbehalten, sondern kann sich durchaus auch auf andere, außerbiblische Schriften beziehen. Wenn also nirgendwo sonst im Neuen Testament ein nichtbiblisches Buch als „Schrift" bezeichnet wird, kann es sich dabei um einen bloßen Zufall handeln.

Eindeutig ist in 2. Petr 3,16 nur, dass es sich bei den „anderen Schriften" um religiöse Bücher handeln muss, also um solche, die in den jüdischen oder christlichen Gottesdiensten gelesen wurden. Hierzu gehörten in den von Paulus gegründeten Gemeinden (und vielleicht auch darüber hinaus) auch die Briefe des Apostels, die nach Paulus' eigenen Anweisungen öffentlich verlesen werden sollen (vgl. Kol 4,16; 1. Thess 5,27). Damit aber hatten sich die „Unwissenden und Leichtfertigen" auch mit ihnen und nicht nur mit den Büchern des Alten Testaments auseinander zu setzen. Insofern ist es auch in diesem Fall nicht nötig, für den 2. Petrusbrief ein Abfassungsdatum in der nachapostolischen Zeit anzunehmen. Denn wie die anderen lässt sich diese Stelle ebenso gut zu Lebzeiten des Apostels Petrus verstehen.

Es gibt in unserem Abschnitt vielleicht sogar einen Hinweis, der sich besser in die apostolische Zeit einordnen lässt als in eine spätere: Der Verfasser nennt in den Paulusbriefen „einige Dinge schwer zu verstehen" (2. Petr 3,16). Auch wenn das eine Aussage ist, die heutige Bibelleser sicher unterschreiben können, wird Petrus damit gegenüber Paulus doch etwas herabgesetzt. Was der große Theologe ausführt, versteht der Apostelfürst nur schwer. Für die tatsächliche Beziehung der beiden Apostel ist das sehr gut nachvollziehbar. Paulus war ausgebildeter Theologe und ein tiefer Denker, Petrus war dagegen ein Praktiker ohne weiter gehende schriftgelehrte Schulung.

Interessant wird es, wenn man sich besagte Stelle als Werk eines Späteren vorstellt. Der schriebe ja gerade unter dem Pseudonym des Petrus, um sich dessen Autorität für seine eigenen Gedanken zu „leihen". Ist es wahrscheinlich, dass er gleichzeitig „seinen" Apostel gegenüber Paulus so abwertet und seine Theologie als in jeder Hinsicht „einfacher" als die des anderen Apostels hinstellt?

„Frühkatholische" Elemente

Nachdem die wirklich großen Schwierigkeiten gelöst sind, können wir uns den kleineren zuwenden. In diesen Bereich gehören zunächst die Probleme, die einem dogmatischen Vorverständnis des Auslegers entspringen. Ordnet man nämlich den 2. Petrusbrief in die Entwicklung der neutestamentlichen Theologie ein, wie sie sich manche Theologen vorstellen, dann scheint er nicht so recht in die frühe Zeit zu passen. Hierbei geht es um weit mehr als um Datierungsfragen. An den theologischen Vorbehalten macht sich fest, warum manche Ausleger das Schreiben am liebsten ganz aus dem Neuen Testament streichen würden. In ihren Augen ist nicht nur sein Verfasser nachapostolisch, sondern auch seine Botschaft. Ein Ausleger schreibt:

> *„Angesichts [der] Schwerverständlichkeit und Vielfältigkeit der ‚Schriften' vertritt darum 2 Pt die These, daß keine Schriftweissagung eine eigenmächtige Deutung erlaubt, weil vom Heiligen Geist getriebene Menschen gesprochen haben (1,20 f); da nicht jeder Christ den Geist hat, ist Auslegung der Schrift dem kirchlichen Lehramt vorbehalten. Damit befinden wir uns zweifellos weit jenseits der Zeit des Petrus und im ‚Frühkatholizismus'."* [43]

Hier tauchen verschiedene aus der ökumenischen Diskussion bekannte Begriffe auf, die die Aussage pointieren. Nicht nur „Frühkatholizismus", auch „kirchliches Lehramt" klingt nach römisch-katholischer Kirche. Die inhaltliche Aussage geht in dieselbe Richtung. Nach katholischem Verständnis bleibt die letztgültige Deutung der Schrift tatsächlich dem kirchlichen Lehramt vorbehalten, also den Bischöfen mit dem Papst an der Spitze.

Demgegenüber hält unser Ausleger das evangelische Schriftprinzip hoch. Ein kirchliches Lehramt, das endgültige Entscheidungen treffen dürfte, gibt es im evangelischen Bereich nicht. Vielmehr steht jeder Christ vor Gott in der Verantwortung, die Schrift selbst auszulegen. Das entsprechende Stichwort stammt übrigens aus dem 1. Petrusbrief: „Priestertum aller Gläubigen" (vgl. 1. Petr 2,9). Weil jeder Christ den Heiligen Geist hat, ist auch jeder prinzipiell in der Lage, die Bibel zu deuten.

Doch hier geht es eigentlich nicht um ökumenische Fragestellungen, sondern um Bibelauslegung. Interessant ist nun zweierlei: Zum einen wird behauptet, dass das „evangelische" Prinzip älter sei als das „katholische". Ersteres sei nämlich von den Aposteln vertreten worden, Letzteres habe sich erst im „Frühkatholizismus" entwickelt. Diese gedachte Entwicklung dient nun zum andern dazu, den 2. Petrusbrief nicht nur geschichtlich einzuordnen, sondern aus dem Neuen Testament praktisch zu verabschieden. Denn wenn wir uns mit ihm „weit jenseits der Zeit des Petrus" und damit der Apostel befinden, sowohl zeitlich als auch inhaltlich, dann gehört er nicht in die Bibel hinein.[44]

Dieser Argumentation ist nicht leicht zu begegnen, weil sie historische Sachverhalte und dogmatische Erwägungen mischt. Tatsache ist, dass sich die Kirche im ersten Jahrhundert immer mehr von einer Bewegung hin zu einer fest gefügten Organisation entwickelte. In der Auseinandersetzung mit verschiedenen Irrlehren betonte man die Heilige Schrift und die von den Aposteln begründete gottesdienstliche Tradition, in der Frage der Gemeindestruktur wurde das Bischofsamt immer wichtiger. Damit war eine gewisse Erstarrung verbunden, die typisch ist für Aufbrüche, wenn sie in die Jahre kommen.

Die Frage ist nun, wo in dieser Entwicklung man den 2. Petrusbrief einordnen sollte. Oder vielmehr muss zuerst gefragt werden, ob man das überhaupt kann. Denn wie so viele Schwerpunktverschiebungen verlief auch diese nicht gradlinig. Die Gemeinden betonten nicht auf breiter Front um das Jahr 80 das Bischofsamt, um dann 90 die Schrift und um 100 die Tradition in den Mittelpunkt zu rücken. Vielmehr waren einzelne Gemeinden in Teilbereichen der Entwicklung Vorreiter, in anderen dagegen Schlusslicht. Mancherorts bildete sich schnell beispielsweise die Autorität des Bischofs heraus, anderswo war sie bis zuletzt umstritten. Dort unterstrich man vielleicht die Tradition und war damit dem Rest in gewisser Weise voraus.

Insofern ist es prinzipiell nur sehr schwer möglich, ein Schreiben wie den 2. Petrusbrief allein aufgrund von dogmatischen Erwägungen zeitlich einzuordnen. Selbst wenn es tätsächlich ausgesprochen „frühkatholisch" sein sollte, müsste es deswegen nicht spät sein, sondern könnte schlichtweg darin seiner Zeit voraus sein, so wie auch heute manche Texte aus dem 19. Jahrhundert seltsam „modern" klingen.

Betrachten wir also auf diesem Hintergrund die Verse, die all diese Überlegungen ausgelöst haben:

> *„Um so fester haben wir das prophetische Wort, und ihr tut gut daran, daß ihr darauf achtet als auf ein Licht, das da scheint an einem dunklen Ort, bis der Tag anbreche und der Morgenstern aufgehe in euren Herzen. Und das sollt ihr vor allem wissen, daß keine Weissagung in der Schrift eine Sache eigener Auslegung ist. Denn es ist noch nie eine Weissagung aus menschlichem Willen hervorgebracht worden, sondern getrieben von dem heiligen Geist haben Menschen im Namen Gottes geredet." (2. Petr 1,19-21)*

Der Autor hat eben gerade an den Berg der Verklärung erinnert und damit an seine (vorgebliche oder tatsächliche) Augenzeugenschaft: „Wir haben seine Herrlichkeit selber gesehen" (2. Petr 1,16), „wir waren mit ihm auf dem heiligen Berge" (2. Petr 1,18). Die Gewissheit des Heils, die er selbst aus diesem Erleben schöpft, können die Empfänger des Briefes daraus freilich nicht bekommen. Da sie keine Augenzeugen sind, können sie sich zunächst einmal nicht sicher sein, ob es sich bei der vom Verfasser gepredigten Botschaft von Jesus nicht doch um „ausgeklügelte Fabeln" (2. Petr 1,16) handelt.

Hier setzt der Autor an und erinnert seine Leser an das, was in ihrem Leben „fest" ist: das „prophetische Wort", die „Schrift", das Alte Testament. Diese „Weissagung" ist deshalb fest, weil sie nicht „aus menschlichem Willen hervorgebracht" wurde, sondern ein Werk des Heiligen Geistes ist. In ihr äußern sich „Menschen im Namen Gottes" und damit Gott selbst.

Weil aber Gott selbst in der Bibel redet, kann „keine Weissagung in der Schrift eine Sache eigener Auslegung" sein. Es geht nicht darum, was ein Mensch hineindeutet oder wie er als Mensch eine bestimmte Stelle versteht. Entscheidend ist, was Gott sagen will. So wie die Propheten nicht in erster Linie als menschliche Mahner und Warner gesehen werden wollen, sondern „getrieben" waren „vom heiligen Geist" und ihre Botschaft deshalb Gottes Botschaft ist, so muss auch die Auslegung dieser Botschaft von Gott her kommen.

Der Gegensatz, um den es geht, ist also der zwischen Menschen und Gott oder besser zwischen Menschen, die eine „eigene Auslegung" betreiben, und denen, die vom Heiligen Geist „getrieben" sind. Die Problematik, ob hier ein Einzelner handelt oder eine Gemeinde, wird genauso wenig angeschnitten wie die Amtsfrage. Beides hat auch nichts miteinander zu tun. Ob eine Auslegung „geistgewirkt" oder „rein menschlich" ist, entscheidet sich weder an der Anzahl derer, die sie vertreten, noch am Rang, den sie innerhalb der Gemeinde einnehmen. Erst wenn man eins von beiden zum Kriterium für „geistgewirkte" Bibelauslegung macht, wird beides miteinander verquickt.

Der Verfasser des 2. Petrusbriefes tut dies jedoch an keiner Stelle. Nirgendwo grenzt er den Kreis derer ein, die die Bibel auslegen dürften, Ämter erwähnt er nicht einmal. Wäre er aber tatsächlich so „frühkatholisch", wie man ihm unterstellt, hätte er es zumindest an einer Stelle untermauern können: Dort, wo er von den Paulusbriefen und anderen Schriften spricht, die manche „verdrehen" (2. Petr 3,16), hätte er darauf verweisen können, dass nur bestimmte Autoritäten berechtigt und befähigt seien, sie auszulegen.

Gerade das tut er jedoch nicht. Er hält seinen Gegnern nicht vor, dass sie kein Amt haben oder von den Gemeinden nicht anerkannt sind. Er nennt sie statt dessen „unwissend" und „leichtfertig", wirft ihnen also schlicht mangelnde Sorgfalt vor. Ihre grundsätzliche Berechtigung, die Schrift auszulegen, tastet der Autor dagegen nicht an. Er warnt statt dessen vor den Folgen. Weil ein „leichtfertiger" Umgang mit von Gott autorisierten Worten Konsequenzen hat, tun die „Unwissenden" dies „zu ihrer eigenen Verdammnis". Damit aber befindet sich der 2. Petrusbrief völlig im Einklang mit dem Rest des Neuen Testaments – und dies nicht

nur dogmatisch, sondern auch zeitlich. Es spricht also nichts dagegen, dass er tatsächlich von Petrus verfasst wurde.

Petrus und Judas

Kommen wir zum Abschluss noch auf ein Problem zu sprechen,
das seltsamerweise immer wieder als einer der entscheidenden
Punkte in der Argumentation der Kritiker auftaucht: das Verhältnis von 2. Petr 2,1-18 und 3,1-3 zum Judasbrief. Die entsprechenden Abschnitte sind einander so ähnlich, dass man davon
ausgehen muss, dass einer von beiden dem anderen als Vorlage
gedient haben muss. Auch wenn die Abhängigkeiten letztlich nicht
eindeutig geklärt werden können, geht man in der Regel davon
aus, dass der Verfasser des 2. Petrusbriefes Elemente des Judasbriefes übernommen und für seine Zwecke umgearbeitet hat.[45]

Nehmen wir einmal an, es war tatsächlich so, dass der Verfasser
des 2. Petrusbriefes den Judasbrief benutzt hat. Ein Argument
gegen die apostolische Verfasserschaft wäre das nur dann, wenn
zunächst belegt werden könnte, dass der Judasbrief erst gegen Ende
des ersten Jahrhunderts entstanden ist. Dann wäre natürlich auch
der 2. Petrusbrief nicht früher anzusetzen und könnte folglich nicht
von Petrus stammen. Die Spätdatierung des Judasbriefes ist freilich
alles andere als unangreifbar, insofern lässt sich hieraus kaum eine
Waffe gegen die „Echtheit" des 2. Petrusbriefes schmieden.

Interessant ist nun, dass die vermeintliche Abhängigkeit des 2.
Petrusbriefes vom Judasbrief auch in anderer Hinsicht als Argument auftaucht, indem etwa gesagt wird, „weder [Petrus] noch
ein anderer apostolischer Autor würde sich in solche Abhängigkeit
begeben haben"[46]. Doch woher will man das wissen? Kein Gerin-
gerer als Paulus, immerhin einer der eigenständigsten Denker der
ersten Christenheit, benutzt ganz offensichtlich in seinen Briefen
nicht von ihm selbst stammendes Material. Das bekannteste Beispiel ist vielleicht der in Phil 2,5-11 zitierte Hymnus. Hier gehen
nahezu alle Ausleger davon aus, dass es sich um ein urchristliches
Lied handelt, das von Paulus unter Umständen etwas bearbeitet
wurde. Warum sollte also nicht auch Petrus von anderen übernommen haben?

Fazit

Mit unseren Überlegungen zur Verfasserfrage sind wir damit am Ende. Es gäbe sicher noch einige kleinere Punkte zu erörtern, aber mit den hier genannten soll es genug sein. Denn so viel kristallisiert sich auch jetzt schon heraus: Ein wirklicher Beleg, warum der 2. Petrusbrief nicht zu Lebzeiten des Apostels geschrieben worden sein kann, existiert nicht. Im Gegenteil, manches an ihm lässt sich einfacher als Werk des Petrus erklären als die literarische Fiktion eines Späteren. Hierzu gehören sicherlich die Namensnennung im Briefkopf sowie der Bezug auf einen verlorenen Paulusbrief. Anderes, wie Sprache und Stil sowie die Einordnung der Paulusbriefe in die „Schriften", weist nicht über die apostolische Zeit hinaus. Und wieder anderes, wie der angebliche „frühkatholische" Zug und die vermeintliche Betonung der Wiederkunft Jesu, erweist sich bei näherem Hinsehen als schlichte Fehlinterpretation.

Insofern spricht nichts dagegen, in dem Brief ein Werk des Apostels zu sehen. Wenn Silvanus den 1. Petrusbrief verfasst hat, dann ist der 2. vermutlich ein eigenständiges Schreiben des Apostels. Und damit kommen wir zu der Frage, wann und wo Petrus zur Feder gegriffen hat.

Petrus an alle

Bewegten wir uns schon in der Verfasserfrage nur vorsichtig auf unsicherem Grund, stoßen wir nun endgültig an die Grenzen des Wissens vor. Über seine Empfänger verrät der 2. Petrusbrief nichts, jedenfalls nichts, was uns helfen würde, den angeschriebenen Personenkreis näher zu bestimmen. Der Apostel schreibt schlichtweg „an alle, die mit uns denselben teuren Glauben empfangen haben durch die Gerechtigkeit, die unser Gott gibt und der Heiland Jesus Christus" (2. Petr 1,1).

Liest sich dies zunächst wie ein an die Weltchristenheit gerichtetes Schreiben, macht der Brief doch deutlich, dass der Apostel klar umrissene Adressaten vor Augen hatte. Denn sein Schreiben ist bereits „der zweite Brief", den Petrus an sie richtet (2. Petr 3,1), zudem hat auch Paulus ihnen schon einmal geschrieben (vgl. 2. Petr 3,15). Der Apostel Petrus scheint obendrein unter den

Lesern des Briefes gewirkt zu haben, denn er erinnert sie daran, dass „wir euch kundgetan haben die Kraft und das Kommen unseres Herrn Jesus Christus" (2. Petr 1,16). Damit haben wir zwar einige Informationen über die Adressaten des Briefes, allerdings können wir sie kaum zu einem Gesamtbild zusammensetzen, da die Lücken immer noch größer sind als unser Wissen.

So besitzen wir praktisch keine Nachrichten über die Missionstätigkeit des Apostels Petrus. Der erwähnte Paulusbrief ist vermutlich verloren gegangen. Ein ähnliches Schicksal könnte auch den „ersten Brief" des Petrus ereilt haben. Obwohl es nahe liegt, in ihm den erhaltenen 1. Petrusbrief zu sehen, ist das keineswegs sicher. Denn während nach 2. Petr 1,16 der Adressatenkreis wohl von Petrus persönlich missioniert worden war, spricht der Apostel in seinem ersten Brief von denen, „die euch das Evangelium verkündigt haben" (1. Petr 1,12), zu denen er sich selbst offensichtlich nicht rechnet.

In dem in 2. Petr 3,1f. erwähnten ersten Schreiben hat Petrus zudem nach eigener Aussage „an die Worte, die zuvor gesagt sind von den heiligen Propheten, und an das Gebot des Herrn und Heilands, das verkündet ist durch eure Apostel" erinnert. Im 1. Petrusbrief finden sich jedoch keine Stellen, in denen dies ausdrücklich geschieht. Allerdings gibt es dort nicht wenige Bezüge zu Aussagen Jesu und der Propheten. Das bekannte Gottesknechtslied aus Jes 53 etwa wird in 1. Petr 2,22-25 eindeutig auf Jesus hin interpretiert. Fasst man das Erinnern an die Worte Jesu und der Propheten also nicht zu eng, könnte durchaus der 1. Petrusbrief gemeint sein.

In diesem Fall wäre die Frage nach den Adressaten schnell geklärt: Da sie bereits den 1. Petrusbrief erhielten, muss es sich um dieselben Gemeinden gehandelt haben, nämlich um die Christen im Norden und Westen der heutigen Türkei. Ist der in 2. Petr 3,1 erwähnte Brief dagegen verloren gegangen, haben wir keine Möglichkeit, den Empfängerkreis näher einzugrenzen.

Ähnlich verhält es sich mit dem Abfassungsdatum. Wenn in 2. Petr 3,1 auf den 1. Petrusbrief angespielt wird, dann kann der 2. erst danach geschrieben worden sein. Die Hinweise auf das „Hinscheiden" des Petrus in 2. Petr 1,14f. lassen in diesem Fall vermuten, dass der Apostel den Brief kurz vor seinem Martyrium verfasst hat. Zeitlich wären wir damit in der Mitte oder der zweiten Hälfte der sechziger Jahre des ersten Jahrhunderts. Da schon der 1. Petrusbrief wohl nach dem Brand Roms und kurz vor Ausbruch der neronischen Verfolgung datiert wird, muss der 2. in diesem Fall schon bald darauf, vielleicht nur wenige Wochen oder Monate später, entstanden sein. Als Abfassungsort käme damit nur Rom in Frage. Etwas problematisch ist an dieser Sicht allerdings, dass die Verfolgung, die in Rom zu diesem Zeitpunkt gewütet hat, im 2. Petrusbrief (im Gegensatz zum 1.) mit keiner Silbe erwähnt wird. Das wäre nicht undenkbar, aber dennoch sehr ungewöhnlich.

Doch auch hier könnte alles anders sein. Was sich in der deutschen Übersetzung so eindeutig liest, ist es im Griechischen keineswegs. Wenn Petrus in 2. Petr 1,15 von seinem „Hinscheiden" spricht, muss damit nicht sein Tod gemeint sein. Das dort verwendete Wort, *exodos*, heißt zunächst einmal nur „Weggang" oder „Auszug". Möglich ist also auch, dass Petrus das von ihm missionierte und betreute Gebiet seiner Leser verlässt (zum Beispiel, um sich nach Rom zu begeben) und ihnen zuvor in seinem Brief noch einmal mitteilt, was ihm wichtig ist. Ähnlich tat es auch Paulus, der sich von den Ältesten von Ephesus förmlich verabschiedete (vgl. Apg 20,18-35), weil er sein Missionsgebiet in den Westen des Reiches verlagern wollte (vgl. Röm 15,23f.). Wie Petrus, der von seinem „Hinscheiden" spricht, redet auch Paulus davon, dass die Epheser „sein Angesicht nicht mehr sehen" werden (Apg 20,25), weil der Apostel nicht vorhat, in ihre Gegend zurückzukehren. Was sich also liest wie ein Testament, kann in Wirklichkeit die Abschiedsrede von einem sein, der es mit dem Abschiednehmen ernst meint.

Auch die Offenbarung, die Petrus nach 2. Petr 1,14 von Jesus bezüglich seines Todes erhalten hat, ist mehrdeutig. Dass der Apostel „bald" sterben muss – was die Datierung des Briefes in die Zeit unmittelbar vor seinem Tod begründet –, ist nur eine Übersetzungsmöglichkeit. Das hier verwandte Wort *tachine* beschreibt Schnelligkeit (unser Tachometer ist damit verwandt) in Bezug auf Zeit. Grundsätzlich gibt es damit zwei Deutungsmöglichkeiten: „bald (eintretend)" oder „plötzlich (herankommend)". Im Neuen Testament taucht das Wort übrigens nur noch an einer anderen Stelle auf, und auch die findet sich im 2. Petrusbrief. In 2. Petr 2,1 wird das Verderben, das die falschen Lehrer über sich selbst herbeiführen werden, mit *tachine* näher umschrieben. Aber auch hier kann es sich um ein „schnelles" (Lutherübersetzung, Elberfelder Bibel) oder ein „baldiges" Verderben (Einheitsübersetzung) handeln.

Sollte Jesus Petrus freilich prophezeit haben, er werde „plötzlich sterben" und nicht „bald", dann fehlt uns jegliche Basis für eine zeitliche Einordnung des Schreibens. Denn eine solche Weissagung wäre Grund genug für Petrus, seine Angelegenheiten rechtzeitig zu ordnen, selbst wenn es bis zu seinem Tod noch einige Jahrzehnte dauern sollte. Der Brief könnte dann recht früh entstanden sein. Dagegen spricht allerdings, dass Petrus schon mehrere Paulusbriefe zu Gesicht bekommen hat (vgl. 2. Petr 3,16). Nach allem, was wir von Petrus wissen, war dies erst bei seinem zweiten Romaufenthalt möglich. Doch wie gesagt, wir wissen nicht viel. Die Datierung des Briefes muss daher offen bleiben.

Falsche Lehrer

Auch wenn offen bleiben muss, wann und an wen der 2. Petrusbrief geschrieben wurde, der Grund für seine Entstehung lässt sich gut ausmachen. Kurz vor seinem Weggang bzw. seinem Tod möchte der Apostel seine Leser „erwecken" und „erinnern" an das, was sie in Christus sind und haben (2. Petr 1,13). Dies erscheint umso dringlicher, als sich in den angeschriebenen Gemeinden „falsche Lehrer" einzuschleichen drohen, „die verderbliche Irrlehren einführen und verleugnen den Herrn, der sie erkauft hat" (2. Petr 2,1). Letzteres deutet wie die Bemerkungen in 2. Petr 2,20f. darauf hin, dass es sich bei den Irrlehrern um Christen handelt, also um Menschen, die „den Weg der Gerechtigkeit ... kennen und sich abkehren von dem heiligen Gebot, das ihnen gegeben ist".

Worin ihre falsche Lehre bestand, ist nicht wirklich ersichtlich. Petrus redet von „ausgeklügelten Fabeln" (2. Petr 1,16) und „erdichteten Worten" (2. Petr 2,3), nennt aber keine Inhalte. Erkennbar ist nur, dass die Irrlehrer nicht an das Gericht Gottes glaubten. Sie sind „Spötter" (2. Petr 3,3), „frech und eigensinnig, schrecken sie nicht davor zurück, himmlische Mächte zu lästern"

(2. Petr 2,10), ja „sie lästern das, wovon sie nichts verstehen" (2. Petr 3,12). Umso mehr betont der Apostel das Gericht Gottes, das nicht nur über die falschen Lehrer hereinbrechen wird (vgl. 2. Petr 2,1.3), sondern auch schon über die sündigen Engel, die vorsintflutliche Welt und Sodom hereingebrochen ist (vgl. 2. Petr 2,4-7).

Deutlich wird auch, dass die „verderbliche Lehre" eine öffentlich sichtbare unmoralische Komponente gehabt haben muss. Weil die falschen Lehrer unter dem Deckmantel des christlichen Glaubens „ihren Ausschweifungen" folgen, „wird der Weg der Wahrheit verlästert" (2. Petr 2,2). Worin diese Verfehlungen bestehen, listet Petrus auch auf: Schlemmereien, „Ehebruch", „Habsucht", „Unzucht" (2. Petr 2,13f.18). Hinter all dem steht das Versprechen der „Freiheit", die als Möglichkeit zum Ausleben der eigenen Lüste und Begierden verstanden wird (2. Petr 2,19).

Auch wenn es schwierig ist, diese „verderblichen Irrlehren" irgendeinem aus dem ersten Jahrhundert bekannten System zuzuordnen (dafür wissen wir einfach zu wenig über sie), fällt doch eine Parallele auf. Auch in der von Paulus gegründeten Gemeinde von Korinth gab es eine Strömung, deren Vertreter unter christlicher Freiheit ein Leben nach dem Lustprinzip verstanden. In Korinth gehörte dazu der Besuch bei Prostituierten (vgl. 1. Kor 6,12-20) sowie die Umgestaltung des Gemeindemahls zu einem Gelage (vgl. 1. Kor 11,20f.). Auffallend ist auch der recht unbekümmerte Umgang dieser Christen mit anderen religiösen Mächten, was sich in der bedenkenlosen Teilnahme an heidnischen Götzenopfermahlzeiten zeigte (vgl. 1. Kor 10,14-22). Die Auferstehung der Toten dagegen leugneten sie (vgl. 1. Kor 15,12).

Auch wenn es bemerkenswerte Parallelen zu den „falschen Lehrern" des 2. Petrusbriefes gibt, kann es sich bei beiden jedoch kaum um dieselbe Gruppe handeln (ebenso wenig wie bei den mit den „falschen Lehrern" des 2. Petrusbriefes eng verwandten Irrlehrern des Judasbriefes). So fehlt die für die korinthischen Irrlehrer typische Berufung auf den Geist (ebenso im Judasbrief) im 2. Petrusbrief. Doch auch wenn es Petrus, Paulus und Judas kaum mit denselben Menschen zu tun hatten, zeigt sich in ihren Briefen eine gemeinsame Unterströmung in den ersten Gemeinden, die die Botschaft von Jesus als Freibrief für ein lustbetontes Leben nahm.

Petrus, Paulus und wir

So heftig er von mancher Seite bekämpft wird, so aktuell erscheint der 2. Petrusbrief wiederum anderen. Wohl kaum ein Schreiben des Neuen Testaments hat so klare Freunde und Gegner. Und in der Tat scheint vieles in dem Brief in unsere Zeit hineingeschrieben zu sein. Die „verderbliche Irrlehre", die das Gericht Gottes leugnet und aus der „Guten Nachricht" ein Wohlstands-Evangelium für die „Spaßgesellschaft" macht, ist auch uns nicht fremd. Der Brief ist hier so aktuell, weil er einen Zug in uns Menschen anspricht, der leider auch nach zweitausend Jahren Christentum nicht verloren gegangen ist und wohl nie verloren gehen wird. Petrus warnt eindringlich davor, Freiheit in diesem Sinn als Freiheit zum Ausleben niederster Instinkte zu verstehen. Es ist ein Leben „im Irrtum". Statt die erhoffte Freiheit zu erlangen, wird man zum „Knecht des Verderbens", „überwunden" von den eigenen Begierden (vgl. 2. Petr 2,18f.).

Dem begegnet der Apostel nicht nur mit seinen eindringlichen Erinnerungen an das Gericht Gottes. Er stellt auch Christus ins entsprechende Licht. „Herrlichkeit" und „Kraft" sind die Stichworte, die in diesem Zusammenhang mehrmals vorkommen (vgl. 2. Petr 1,3.16.17). Er erinnert an das, was wir in Jesus schon haben und sind: In ihm haben wir „alles, was zum Leben und zur Frömmigkeit dient" (2. Petr 1,3), durch ihn „sind uns die teuren und allergrößten Verheißungen geschenkt", damit wir „dadurch Anteil" bekommen „an der göttlichen Natur" (2. Petr 1,4).

Das alles sind keine „ausgeklügelten Fabeln", sondern Heilstatsachen. Petrus verweist auf den Abschnitt der Heilsgeschichte, den er selbst miterlebt hat, den „heiligen Berg", auf dem Jesus von seinem Vater im Himmel die Sohnschaft bestätigt bekam (vgl. 2. Petr 2,16-18). Und er gliedert dies ein in die große Geschichte Gottes mit den Menschen, aufgeschrieben im Alten Testament, dem „prophetischen Wort", der „Weissagung in der Schrift" (vgl. 2. Petr 1,19f.). Durch sie spricht Gott, denn in ihr äußern sich „vom heiligen Geist getriebene Menschen" (2. Petr 1,21).

So kurz er sein mag, gibt der 2. Petrusbrief damit doch wichtige Hinweise zum richtigen Umgang mit der Bibel. Was dort zu lesen ist, ist keine „Sache eigener Auslegung", sondern Rede „im Namen Gottes". Es ist das „Licht, das da scheine an einem dunklen

Ort, bis der Tag anbreche und der Morgenstern aufgehe" (2. Petr 1,19f.). Und indem Petrus auch auf die Briefe des Apostels Paulus verweist, zeigt er gleichzeitig, wohin die Reise in späteren Zeiten gehen wird. Zu dem Alten Testament tritt das Neue hinzu, das die gleiche Autorität beansprucht.

Anmerkungen

[26] Die Zitate finden sich bei Schweizer: Theologische Einleitung ins Neue Testament, S. 114, und Feldmeier: Der zweite Petrusbrief; in: Niebuhr (Hg.): Grundinformation Neues Testament, S. 337.

[27] Kümmel: Einleitung in das Neue Testament, S. 383.

[28] So der Kommentar von Schrage, zitiert nach Schnelle: Einleitung in das Neue Testament, S. 493.

[29] Hörster: Einleitung und Bibelkunde zum Neuen Testament, S. 179.

[30] Carson/Moo/Morris: *An Introduction to the New Testament*, S. 437.

[31] Zitiert nach Eusebius: Kirchengeschichte 6,25,8.

[32] Vgl. Eusebius: Kirchengeschichte 6,14,1. Klemens' Kommentare sind leider nicht mehr erhalten, so dass nicht mit letzter Sicherheit gesagt werden kann, ob er auch den 2. Petrusbrief dazurechnete.

[33] Eusebius: Kirchengeschichte 3,3,1.

[34] Vgl. zu diesen und ähnlichen Werken Eusebius: Kirchengeschichte 3,25,1-7.

[35] Vgl. Zahn: Einleitung in das Neue Testament 2, S. 104, Anm. 1, dort finden sich auch die Lutherzitate.

[36] Keener: Kommentar zum Umfeld des Neuen Testaments 3, S. 143. Vielhauer: Geschichte der urchristlichen Literatur, S. 596f., urteilt harscher: „Der Autor möchte gern literarisch schreiben. Er gebraucht Vokabeln der gehobenen Sprache ... Aber mit der Syntax hat er Schwierigkeiten. Seine Satzgebilde sind oft wortreich, überfüllt und undurchsichtig und machen den Widerspruch zwischen stilistischem Anspruch und Vermögen des Verfassers sichtbar."

[37] Dies vermutet Robinson: Wann entstand das Neue Testament?, S. 203ff., der wegen der Ähnlichkeiten Judas als eigentlichen Briefschreiber vorschlägt.

[38] Vgl. Schnelle: Einleitung in das Neue Testament, S. 485: „In 2 Petr 3,4 durchbricht der Verfasser die von ihm selbst geschaffene Autorenfiktion: Die Väter sind bereits entschlafen, so daß nun Zweifel an der Parusie aufkommen. Zu diesen (gestorbenen) Vätern gehört Petrus selbst!" Ist das denkbar bei einem Verfasser, dem man gleichzeitig unterstellt, er habe kurz zuvor eine seine eigene Zeit nicht treffende Polemik gegen Irrlehrer eingebaut (vgl. 2. Petr 2,1-22), „damit die spezielle Zielrichtung nicht allzu verräterisch gegenwartsnahe wirkt" (Vielhauer: Geschichte der urchristlichen Literatur, S. 597)?

[39] Das geben auch die deutschen Bibelausgaben vor, die den Abschnitt zum Beispiel mit „Gewißheit über das Kommen des Herrn" (Lutherübersetzung) oder

noch deutlicher mit „Gewißheit und Erwartung der Wiederkunft Christi"
(Elberfelder Bibel) überschreiben.

[40] Das zeigt, wie sehr die Behauptung an der Wirklichkeit vorbeigeht: Haupt-
zweck des Briefes sei es, „der Leugnung der christlichen Parusieerwartung entgegenzutreten" (Kümmel: Einleitung in das Neue Testament, S. 381, vgl. Vielhauer:
Geschichte der urchristlichen Literatur, S. 597, Schweizer: Theologische Einleitung ins Neue Testament, S. 113, und Feldmeier: Der zweite Petrusbrief; in: Niebuhr
(Hg.): Grundinformation Neues Testament, S. 335). Aus diesem Grund ist es auch
nicht nötig, in den angesprochenen „Vätern" bereits verstorbene Angehörige der
ersten Generation von Christen zu sehen, die Petrus überlebt hätte (vgl. Thiede:
Art. Zweiter Petrusbrief; in: Das Große Bibellexikon, S. 1814).

[41] Unverständlich ist\daher, wie ein Ausleger bereits aufgrund der Bezeichnung
des Paulus als „lieben Bruder" „Verdacht" schöpfen kann, „die Verfasserschaft könne fingert sein", und als Begründung anführt, Paulus „redet in seinen Briefen von
[Petrus] so nicht" (Michaelis: Einleitung in das Neue Testament, S. 289). Wie
Paulus in seinen Briefen von Petrus redet, spielt doch zunächst einmal keine Rolle,
es sei denn, in ihnen kommt ein Verhältnis zwischen beiden Aposteln zum Ausdruck, das es ganz unmöglich erscheinen lässt, dass Petrus Paulus einen „lieben
Bruder" nennt. Paulus erwähnt Petrus in seinen Briefen freilich nur an fünf Stellen,
wobei es bei vier von ihnen um einen sachlichen Zusammenhang geht. In 1. Kor
1,12 und 3,22 wird eine Gemeindegruppierung erwähnt, die sich auf Petrus beruft,
in 1. Kor 9,5 wird er mit anderen als einer von denen genannt, die ihre Frauen mit
auf Missionsreisen nehmen, in 1. Kor 15,5 taucht er schließlich in der Liste der
Auferstehungszeugen auf. Selbst wenn beide Apostel durch ein besonders inniges
Verhältnis verbunden gewesen wären, würde man kaum erwarten, dass Paulus an
diesen Punkten vom „lieben Petrus" oder dem „lieben Bruder Petrus" spricht. Bei
der fünften Stelle ist das erst recht nicht zu vermuten. Hier schildert der Apostel
einen Zusammenstoß mit Petrus in der Anfangszeit seiner Mission (vgl. Gal 1,18-
2,14). Zwischen dem Galater- und dem 2. Petrusbrief liegen allerdings mindestens
zehn Jahre, insofern sagt der in der Zwischenzeit geklärte Konflikt kaum etwas
über das spätere Verhältnis der beiden Apostel aus.

[42] Siehe unten, S. 154 ff.

[43] Kümmel: Einleitung in das Neue Testament, S. 381 (Hervorhebung dort).

[44] Denkt man das Ganze zu Ende, bekommt es für evangelische Christen eine
pikante Note. Luther konnte sich noch gegen Papst und Konzilien auf die Schrift
berufen. Hatten die aber vielleicht nur die falschen theologischen Berater? Denn
wenn Kümmel Recht hat, könnte der 2. Petrusbrief den Schriftbeleg liefern, dass
das von der Reformation hochgehaltene Schriftprinzip (immerhin einer der zentra-
len Punkte dieser Bewegung) „unbiblisch" ist, weil zumindest eine neutestamentliche Schrift das „kirchliche Lehramt" höher setzt.

[45] Näheres wird im Zusammenhang mit dem Judasbrief erläutert, siehe unten ab
S. 156.

[46] Michaelis: Einleitung in das Neue Testament, S. 289, vgl. Schnelle: Einleitung
in das Neue Testament, S. 485.

Die Johannesbriefe

Zwei Briefe und ein ...?

Unter dem Namen des Apostels Johannes sind neben dem Evangelium und der Offenbarung drei Schreiben im Neuen Testament überliefert, die unterschiedlicher kaum sein könnten. Die letzten beiden sind eindeutig Briefe. Sie sind nicht nur (wie in der Antike üblich) recht kurz gehalten, sondern nennen auch am Anfang Absender und Empfänger, grüßen mit einem Segenswunsch und enden mit abschließenden Bemerkungen und weiteren Grüßen.

Wer den 3. Johannesbrief liest, hat zudem den Eindruck, in jeder Hinsicht einen Privatbrief in Händen zu halten. Gerichtet ist das Schreiben an einen sonst unbekannten Gajus (vgl. 3. Joh 1), der mit einem ebenfalls unbekannten Diotrephes (vgl. 3. Joh 9) Schwierigkeiten zu haben schien. Empfohlen wird ferner ein gewisser Demetrius (vgl. 3. Joh 12), über den wir genauso wenig in Erfahrung bringen können wie über die beiden erstgenannten oder die Situation, in der das Schreiben verfasst wurde. Mit anderen Worten: Hier hat man wirklich das Gefühl, die Post eines anderen zu lesen.

Auch beim 2. Johannesbrief werden die Empfänger namentlich nicht genannt. Dieses Schreiben ist ebenfalls so kurz, dass man nur wenig über die Umstände erfahren kann, in denen es entstanden ist. Damit nährt sich der leise Verdacht, der 2. und 3. Johannesbrief seien mehr oder weniger nur der Vollständigkeit halber ins Neue Testament aufgenommen worden, nicht etwa weil in ihnen wichtige Probleme geklärt würden.

Ganz anders ist das beim 1. Johannesbrief: Er sticht unter den neutestamentlichen Briefen so sehr heraus wie das gleichnamige Evangelium unter den Berichten von Jesus. Auffällig ist zunächst einmal die Form: Briefanfang und -schluss fehlen, stattdessen beginnt das Schreiben mit einem ähnlichen Prolog wie das Johannesevangelium (vgl. 1. Joh 1,1-3) und endet mit einer kurzen Ermahnung (vgl. 1. Joh 5,21). Der Text dazwischen liest sich eher wie eine Predigt als wie ein Brief. Hieße es nicht immer wieder „Ich schreibe euch" (vgl. 1. Joh 2,1.7.8.12 u. ö.), könnte man ihn für einen mündlichen Vortrag halten, zumal konkrete Hinweise auf die Situation des Absenders und der Empfänger nicht zu finden sind.

Die Forschung war daher um Worte nicht verlegen, dieses Phänomen zu beschreiben. So wurde der 1. Johannesbrief „Traktat" genannt, „ein Manifest für alle Christen", eine „briefartige Homilie" oder „ein aus besonderem Anlaß entstandenes Gelegenheitsschreiben"[47].

Doch wie auch immer man diese Schrift charakterisieren möchte, sie wurde seit ihrer ersten Erwähnung als Brief verstanden. Das hat insofern seine Berechtigung, als vieles in ihr tatsächlich briefartig ist. So richtet sich der Verfasser keineswegs an die ganze Christenheit, sondern an einen mit ihm persönlich verbundenen Leserkreis. Ihn nennt er seine „Kinder" (vgl. 1. Joh 2,1.12.18) und seine „Lieben" (vgl. 1. Joh 2,7), mit denen er Gemeinschaft haben möchte (vgl. 1. Joh 1,3). Nicht zuletzt setzen schließlich auch die im Brief angesprochenen Themen, vor allem im Umgang mit den Irrlehrern, die „von uns ausgegangen" sind (vgl. 1. Joh 2,19), voraus, dass der Verfasser über die Leser des Schreibens und ihre Probleme Bescheid wusste.

Dennoch ist der Eindruck nicht falsch, dass der Autor mehr im Blick hatte als seine unmittelbaren ersten Leser. Nicht ohne Grund gehört der 1. Johannesbrief zu einem der meistgelesenen Dokumente der Christenheit. In nahezu zeitloser Weise kombiniert das Schreiben tief gehende Gedanken mit praktischen Schlussfolgerungen. Und dies tut es mit Worten, die klar verständlich sind, aber nichts von der Tiefe nehmen, die sich hinter ihnen verbirgt. Wie beim Evangelium nach Johannes hat man auch bei dem 1. Johannesbrief selbst nach mehrmaligem Durchlesen nicht den Eindruck, die darin dargelegte Weisheit wirklich durchdrungen zu haben.

Johannes und seine „Schule"

Innerer Befund und altkirchliche Bezeugung

Auf den ersten Blick scheint es leicht, den Verfasser der drei Johannesbriefe zu benennen. Schon beim Lesen der deutschen

Übersetzungen fallen viele Ähnlichkeiten zwischen dem Johannesevangelium und dem 1. Johannesbrief auf. Sprache, Stil und theologische Aussagen sind nahezu identisch. Der 2. und der 3. Johannesbrief sind zwar nur sehr kurz und von ihrer Form her etwas anders, aber auch hier lässt sich in gewisser Weise die gleiche Handschrift erkennen, etwa wenn in 2. Joh 7 mit ähnlichen Worten wie in 1. Joh 2,19 und 4,2 vor Irrlehrern gewarnt wird oder in 3. Joh 11 derselbe Maßstab ans Christsein angelegt wird wie in 1. Joh 3,10 und 4,4. In der Tat gehören die Übereinstimmungen in Sprache und Stil zu den engsten im Neuen Testament, nicht einmal die Paulusbriefe sind einander so ähnlich.

Hinzu kommen Hinweise in den Briefen selbst, die auf den Apostel Johannes als Verfasser schließen lassen. Wenn der Autor zum Beispiel zu Anfang des ersten Briefes von dem redet, „was wir gehört haben, was wir gesehen haben mit unseren Augen, was wir betrachtet haben und unsere Hände betastet haben" (1. Joh 1,1), liest sich das wie die Aussage eines Augenzeugen des Lebens Jesu. Ähnlich ist vermutlich 1. Joh 4,14 zu verstehen, wo es heißt:

> *„Wir haben gesehen und bezeugen, daß der Vater den Sohn gesandt hat als Heiland der Welt."*

Zum Apostel Johannes passt auch der generelle Ton des 1. Johannesbriefes, mit dem der Verfasser eine Art Vaterrolle gegenüber seinen Empfängern einnimmt. Diese Rolle zeigt sich nicht nur in der Anrede „Kinder", die ein gewisses Vertrauensverhältnis voraussetzt,[48] sondern auch in der Autorität, mit der der Schreiber auftritt. Seine Stellung unter den Adressaten ist unumstritten, und er erwartet, dass seinen Anweisungen Folge geleistet wird. An keiner Stelle argumentiert er oder ringt um die Überzeugung der Leser, vielmehr geht er davon aus, wie ein hoch geachteter Mentor behandelt zu werden (vgl. 1. Joh 2,8.15.28; 3,6.9 u. ö.). Das zeigt sich nicht zuletzt im Umgang mit seinen Gegnern. Obwohl sie wahrscheinlich aus den eigenen Reihen kommen (vgl. 1. Joh 2,19), spricht ihnen der Autor mit einer Bestimmtheit das Christsein ab, die keinen Widerspruch duldet. Entsprechend nennt er sie „Lügner" (vgl. 1. Joh 2,4.22; 4,10), „Verführer" (vgl. 1. Joh 2,26), ja sogar „Antichristen" (vgl. 1. Joh 2,18.22).

Etwas anders gelagert ist der Fall beim 2. und 3. Johannesbrief. Bedingt durch ihre jeweils andere Thematik sind die Übereinstimmungen zwischen diesen Schreiben auf der einen und dem Evangelium und dem 1. Johannesbrief auf der anderen Seite nicht so groß wie unter den letztgenannten. Hinzu kommt, dass beide Briefe auch formal anders gestaltet sind, nämlich als wirkliche Briefe. Wie bereits erwähnt, lässt sich dennoch auch hier eine den beiden anderen Schriften sehr nahe stehende Sprache erkennen. Ebenso weist die Absenderangabe (vgl. 2. Joh 1; 3. Joh 1) in Richtung des Apostels, der nach Zeugnissen der Alten Kirche den Ehrentitel „der Älteste" trug.[49]

So verwundert es nicht, dass zumindest der 1. Johannesbrief von frühester Zeit an als ein Werk des Apostels Johannes gelesen wurde. Vermutlich hat ihn schon Papias um die Wende zum 2. Jahrhundert als solchen gekannt,[50] Polykarp von Smyrna († zwischen 155 und 168) scheint in einem seiner Briefe aus ihm zu zitieren[51]. Irenäus von Lyon († um 202) ging ganz selbstverständlich davon aus, dass es sich bei dem Brief um ein unbestrittenes Zeugnis des Apostels handelt,[52] ebenso Origenes († 253/4), der jedoch auch mitteilt, die Verfasserschaft der beiden anderen Briefe sei unsicher.[53]

Tatsächlich sind die beiden anderen Schreiben weitaus weniger gut bezeugt. Im römischen Kanon Muratori (um 170/180) ist nur von zwei Johannesbriefen die Rede, womit wohl die ersten beiden gemeint sind. Zumindest den 2. Johannesbrief kennt auch Irenäus als ein Werk des Apostels.[54] Zweifel über die Echtheit der beiden letzten Briefe hielten sich jedoch bis in die Zeit des Eusebius († 339), der sie in seiner Kirchengeschichte (im Gegensatz zum 1. Johannesbrief) zu den umstrittenen Schriften rechnet.[55]

Um diesen Sachverhalt einordnen zu können, muss man freilich bedenken, dass die beiden letzten Johannesbriefe die kürzesten Schriften des Neuen Testaments sind. Dogmatisch geben sie wenig her, nichts davon geht zudem über das hinaus, was schon im Evangelium und im 1. Johannesbrief gesagt wurde. Aus diesem Grund kann man nicht erwarten, dass sie von den Kirchenvätern viel zitiert worden sind, selbst dann nicht, wenn sie für authentisch gehalten wurden. Etwaige Zweifel an der Verfasserschaft der beiden Briefe müssen daher vor allem aufgrund von sprachlichen und stilistischen Kriterien geklärt werden. Und die zeigen eindeutig eine sehr enge Verwandtschaft mit dem 1. Johannesbrief.

Gab es eine „johanneische Schule"?

Doch auch wenn zunächst alles darauf hinzudeuten scheint, dass alle vier Johannes zugeschriebenen Bücher von demselben Autor stammen, wurden in neuerer Zeit Zweifel laut. Nicht wenige Ausleger gehen statt von einem Verfasser von einer „johanneischen Schule" bzw. einem „johanneischen Kreis" aus, der die verschiedenen Schriften verfasst haben soll.

Ansatzpunkt für diese Auffassung ist das in den johanneischen Schriften häufig vorkommende „Wir". Wie das (nach Ansicht der Kritiker) als „Nachtragskapitel" zu verstehende letzte Kapitel des Johannesevangeliums deutlich mache, verberge sich hinter diesem „Plural communicis"[56] eine ganze Schar von Menschen (vgl. Joh 21,24).[57] Dieser „johanneische Kreis" habe nicht nur das Evangelium herausgegeben, sondern sich auch durch seine gemeinsame Tradition, Sprache und Theologie von den übrigen Christen unterschieden. Dass es sich bei dieser Gruppe, die sich die „Freunde" (vgl. 3. Joh 15) genannt und untereinander als „Kinder" angesprochen habe, um keine Einzelgemeinde, sondern eine übergemeindlich tätige „Schule" gehandelt haben müsse, schließt man aus 2. Joh 4. Gründerfigur und Autorität des „johanneischen Kreises" sei der im 2. und 3. Johannesbrief erwähnte „Presbyter" („Älteste") gewesen, eine Gestalt aus der zweiten christlichen Generation.[58]

Problematisch ist freilich, dass sich schon Joh 21 sprachlich und stilistisch nicht vom Rest des Evangeliums unterscheidet und auch die drei Briefe diesem sehr ähnlich sind. Daher ist man auf andere Kriterien angewiesen, um die unterschiedliche Verfasserschaft zu begründen. Hierbei beruft man sich auf kaum merkliche Differenzen in der Theologie, die allerdings bei demselben Verfasser angeblich nur schwer vorstellbare unterschiedliche Sichtweisen offenbaren. So sei etwa der 1. Johannesbrief insgesamt „kirchlicher" als das Evangelium. Während dort mit „niemand hat Gott je gesehen" (Joh 1,18) vor allem die Jenseitigkeit Gottes herausgestellt werden solle, werde derselbe Gedanke in 1. Joh 4,10 ethisch auf die Bruderliebe hin umgebogen. Ähnlich verhalte es sich mit Joh 5,24, wonach der Gläubige „vom Tode zum Leben hindurchgedrungen" sei. Auch dieser Gedanke werde in 1. Joh 3,14 im Sinne der Bruderliebe umgedeutet. Insgesamt zeige sich damit im 1. Johannesbrief die Tendenz, die Aussagen des Evangeliums für den kirchlichen Alltag neu zu interpretieren. Das setze jedoch einen größeren zeitlichen Abstand voraus.[59]

Ist nach dieser Hypothese das Evangelium älter als der 1. Johannesbrief, ist es nach anderer Ansicht gerade jünger.[60] Aber auch in diesem Fall müsse von unterschiedlichen Verfassern ausgegangen werden. Denn es bestünden erhebliche Unterschiede zwischen beiden Schriften. Nur im Brief werde Jesus als „Paraklet" („Fürsprecher") bezeichnet (vgl. 1. Joh 2,1), im Evangelium dagegen nicht. Während das Evangelium verkündige, dass mit Jesus das ewige Leben schon begonnen habe, liege der Schwerpunkt des Briefes eher auf dem zukünftigen Heil (vgl. 1. Joh 2,28; 3,3). Die Aussage über die „Salbung" (vgl. 1. Joh 2,20.27) schließlich komme nirgendwo sonst im Neuen Testament vor.

Auch in der Vorgehensweise unterschieden sich der Evangelist und der Briefautor deutlich voneinander. So argumentiere das Evangelium ganz auf dem Hintergrund des Alten Testaments und zitiere fast zwanzigmal daraus. Im Brief finde sich dagegen, abgesehen von der Erwähnung Kains in 1. Joh 3,12, kein einziger Verweis. Evangelium und Brief müssten zudem in völlig unterschiedlichen Situationen entstanden sein: Der Brief wende sich mit aller Kraft gegen eine aus der eigenen Gemeinde kommende Irrlehre, das Evangelium dagegen lasse keinen dahinter liegenden Konflikt erkennen.[61]

Aufgrund formaler Unterschiede werden schließlich der 2. und 3. Johannesbrief einem weiteren Verfasser zugewiesen. Hier habe man es mit authentischen Dokumenten des „Ältesten" zu tun. Diesen Ehrentitel der Gründerfigur hätten freilich weder der Evangelist noch der Schreiber des 1. Johannesbriefes für sich in Anspruch genommen, weshalb man ihre Schriften jeweils einem anderen zuweisen müsse.

Daraus ergibt sich eine Reihenfolge: Da der „Älteste" der ursprüngliche Traditionsträger und die Gründerfigur des „johanneischen Kreises" sei, müssten auch die beiden von ihm verfassten Schreiben am Anfang des johanneischen Schrifttums stehen. Ihnen folge der 1. Johannesbrief, in dem die Lehre der „Schule" gegen eine in 2. Joh 7 erstmals erwähnte Irrlehre verteidigt werde. Den Abschluss bilde das Johannesevangelium, das deutlich nach dem Konflikt entstanden sei, aber die zurückliegenden Auseinandersetzungen theologisch reflektiere.[62]

Allerdings ist diese Rekonstruktion in der Kritik nicht unumstritten. Andere vermuten, der Verfasser der drei Johannesbriefe sei derselbe wie der, der das Johannesevangelium überarbeitet und mit einem „Nachtragskapitel" versehen habe. In diesem Fall wären die Briefe zeitlich wieder nach dem Evangelium anzusetzen.[63]

Die trotz aller Interpretation nicht zu leugnenden Gemeinsamkeiten zwischen den vier fraglichen Schriften gehen nach Ansicht der Kritiker auf eine gemeinsame („Schul"-)Tradition zurück, in der sich nicht nur eine eigenständige Theologie, sondern auch eine allen gemeinsame Ausdrucksweise, ein „Soziolekt"[64], herausgebildet habe.

Eine „Schule" oder ein Johannes?

Wie bei vielen Hypothesen ist auch bei der oben ausgeführten vor allem die Methode interessant, mit der sie aufgestellt wurde. Offenbar wurden alle Johannes zugeschriebenen Werke auf eine Weise miteinander verglichen, die völlig verkennt, dass es sich um unterschiedliche Literaturgattungen handelt.[65] Deutlich wird dies vor allem an der Aussage, das Evangelium zitiere häufig das Alte Testament, der 1. Johannesbrief dagegen nicht. Die Beobachtung ist richtig, die daraus gezogene Schlussfolgerung, die Schriften müssten von verschiedenen Verfassern stammen, jedoch nicht. Es ist so, wie wenn man eine dogmatische Abhandlung mit einer Rundfunkansprache vergleicht. Die Abhandlung wird vermutlich gespickt sein mit Bibelstellen, die das Thema von allen Seiten beleuchten, die Rundfunkansprache wird unter Umständen die Heilige Schrift nicht einmal erwähnen. Können dennoch beide von demselben Autor sein?

Natürlich können sie das, denn die Unterschiede müssen nicht auf unterschiedliche Verfasser zurückgehen. Vielmehr können sie schlichtweg in den unterschiedlichen Anlässen begründet sein. So ist es auch mit dem Evangelium und dem 1. Johannesbrief. Man mag Johannes eine große Freiheit im Umgang mit der Überlieferung von Jesus unterstellen, sein Werk bleibt dennoch ein Evangelium und ist damit gebunden an die Person Jesu. Das heißt aber doch auch, dass er die Verkündigung Jesu so darstellen muss, wie sie gewesen ist. Und wenn Jesus dabei immer wieder Bezug auf das Alte Testament nahm, dann muss Johannes als Evangelist diesem Sachverhalt Rechnung tragen.

Entsprechend liest sich das vierte Evangelium: Die meisten alttestamentlichen Zitate tauchen nicht etwa in den kommentierenden Bemerkungen des Evangelisten auf, sondern als Wiedergabe von Worten Jesu bzw. anderer handelnder Personen. Anders ist das beim 1. Johannesbrief: In diesem Schreiben äußert sich nur sein Autor, er ist also nicht verpflichtet, dabei Bezug auf das Alte Testament zu nehmen – und wenn er an eine heidenchristliche Zielgruppe schreibt, wird er von dieser Möglichkeit vielleicht gar keinen Gebrauch machen.

Ähnlich verhält es sich mit dem Konflikt um die im 1. Johannesbrief genannten Irrlehrer. Wenn von ihm im Evangelium nichts zu spüren ist, bedeutet das noch lange nicht, dass es aus einer anderen Zeit oder gar von anderer Hand stammen muss. Es heißt vielmehr nur, dass der Verfasser seiner Chronistenpflicht nachgekommen ist, die Geschehnisse so genau wie möglich niederzuschreiben. Und dazu gehört eben auch, dass er einen Konflikt verschweigt, den Jesus nicht hatte. Die Alternative wäre, den Streit in die Zeit Jesu zurückzuprojizieren und ein entsprechendes Jesus-Wort zu erfinden, das man dann den zeitgenössischen Gegnern vorhalten könnte. Nimmt man also den Einwand der Kritiker ernst, könnte der Verfasser seine „Echtheit" nur beweisen, indem er seine Glaubwürdigkeit opfert.

Noch problematischer ist die Aussage über die angeblichen theologischen Unterschiede zwischen beiden Schriften. Würde man der Argumentation der Kritiker folgen, käme das einem Verbot des Denkens und der Weiterentwicklung gleich. Jesus hat den Heiligen Geist nicht nur als „Parakleten", sondern ausdrücklich als *anderen* Parakleten" (vgl. Joh 14,16) bezeichnet. Aus dem Zusammenhang der Abschiedsreden ist ersichtlich, dass er sich selbst dabei für den ersten Parakleten hält. Wenig später identifiziert er sich zudem mit dem Heiligen Geist, indem er sagt: „Ich komme zu euch" (Joh 14,18). Jesus, der erste Paraklet, kommt also in Gestalt des „anderen Parakleten", des Geistes, zu den Jüngern zurück. Ist es auf diesem Hintergrund wirklich undenkbar, dass der Evangelist Christus als „Parakleten" bezeichnen könnte? Die Vorstellung von Jesus als Fürsprecher findet man zudem nicht allein im 1. Johannesbrief, auch der Apostel Paulus redet davon (vgl. Röm 8,34) ebenso tut es der Hebräerbrief (vgl. Hebr 7,25). Sollte es sich also bei dem fürbittenden Jesus gar um christliches Allgemeingut handeln?

Und soll es unmöglich sein, dass der Evangelist in einem Brief von der „Salbung" spricht, nicht jedoch in seinem Evangelium? Die Vorstellung selbst ist doch aus dem vierten Evangelium bekannt: Dort ist vom Heiligen Geist die Rede, der die Gläubigen in alle Wahrheit führen werde (vgl. Joh 16,13). Ist es wirklich unmöglich, dass ein Jünger, der diese Worte Jesu gehört hat, später von einer „Salbung" spricht, die eben diese Aufgabe erfüllt (vgl. 1. Joh 2,27) – zumal „Salbung" ein aus dem Alten Testament geläufiges Bild für die Erfüllung mit dem Heiligen Geist ist (vgl. etwa Jes 61,1)?

Hinzu kommen die Zweifel an der doch sehr spekulativen Rekonstruktion von Geschichte, wie sie von den Kritikern entworfen wird. Wie soll man etwa eine „Schule" einordnen, die zwar angeblich zwei der bedeutendsten Schriften des Neuen Testaments hervorgebracht hat, aber von keinem anderen neutestamentlichen Schriftsteller oder Kirchenvater der Erwähnung wert befunden wurde? Diese sprechen vielmehr vom Apostel Johannes und beschreiben ihn als eine der prägenden Gestalten des Urchristentums, die bis in die Zeit Trajans (Kaiser von 89-117) hinein wirksam gewesen sei.[66] Sollte er sich zurückgezogen und zugeschaut haben, wie ein ansonsten unbekannter „Ältester" der zweiten Generation zusammen mit einem Schülerkreis unter seiner Autorität Schriften herausgegeben hat?

Und wieso wurden diese Schriften von frühester Zeit an ausschließlich unter dem Namen des Apostels Johannes überliefert, wo doch der Verfasser nicht einmal bei den Briefen aus dem Text erschlossen werden kann? Wie soll man sich schließlich die „johanneische Schule" vorstellen? Was für eine Gemeinschaft soll das gewesen sein, die ihre Mitglieder in Sprache und Stil so austauschbar werden ließ, dass sich ihre Schriften mehr ähneln als das Lukasevangelium und die Apostelgeschichte, die doch unbestritten aus derselben Feder stammen?

Die Rede von einer „johanneischen Schule" entpuppt sich damit als der zweifelhafte Versuch, durch Vermutungen Licht in ein Dunkel zu bringen, das man durch die Missachtung der altkirchlichen Quellen überhaupt erst erzeugt hat.

Der Hintergrund der Briefe

Die Frontstellung des 1. Johannesbriefes

Will man Briefe wie die des Johannes zeitgeschichtlich einordnen, ist man auf Hinweise im Text angewiesen. Interessant sind dabei vor allem die Gegner, gegen die sich der Apostel wendet, denn hier besteht die Chance, dass sie auch anderswo Spuren hinterlassen haben. Dies ist umso wahrscheinlicher, als der Autor des 1. Johannesbriefes die von ihm bekämpften Irrlehrer für besonders gefährlich hält. Johannes bezeichnet sie als „Antichristen", sieht also in der von ihnen vertretenen Irrlehre eine verführerische Parallele zur christlichen Offenbarung: So wie die Christen vom Geist Jesu erfüllt auf ihren wiederkommenden Herrn warten, sind die vom „Geist des Antichristen" geleiteten „Antichristen" (vgl. 1. Joh 4,3) Vorboten des kommenden „Antichristus" (vgl. 1. Joh 2,18).[67]

Das Verlockende an der Lehre der Gegner bestand demnach wohl vor allem darin, dass sie auf den ersten Blick der christlichen Lehre zum Verwechseln ähnlich schien. Verstärkt wird dieser Eindruck dadurch, dass die „Antichristen" offensichtlich christliche Wurzeln hatten, ja vielleicht sogar ursprünglich (oder noch) in der christlichen Gemeinde zu Hause waren (vgl. 1. Joh 2,19). Was jedoch machte ihren antichristlichen Charakter aus?

Nach dem, was wir aus dem Brief erfahren, leugneten sie, „daß Jesus der Christus ist" (1. Joh 2,22). Das liest sich zunächst wie ein Rückfall ins Judentum, das Jesus nicht als Erlöser anerkennt. So kann es freilich nicht gemeint sein, denn dann könnte man Christentum und „Antichristentum" relativ leicht unterscheiden, weil die einen an Jesus glauben und die anderen nicht. Durch verschiedene andere Formulierungen wird zudem deutlich, dass sich die Irrlehre nicht auf die Stellung Jesu, sondern vielmehr auf seine Person bezogen haben muss. Die „Antichristen" leugnen nämlich, „daß Jesus Christus in das Fleisch gekommen ist" (vgl. 1. Joh 4,2) bzw. „daß Jesus Gottes Sohn ist" (1. Joh 4,15). Das kann man eigentlich nur in Bezug auf die Menschwerdung Gottes verstehen: Die hier angesprochene Irrlehre bestritt demnach, dass Gott in Jesus Mensch geworden und Jesus daher mit dem Christus identisch ist.

Das erinnert an eine in den ersten Jahrhunderten auftretende Irrlehre, die nach dem griechischen Wort *dokeo* („scheinen") Doketismus genannt wird. Ihren philosophischen Ausgangspunkt nahm diese Anschauung im klassischen griechischen Denken, nach dem Geist und Materie von völlig unterschiedlicher Qualität sind. Das Eigentliche ist hiernach der Geist bzw. die Seele; die irdischen Dinge wurden dagegen so sehr abgewertet, dass man im Gefolge des Philosophen Platon († 348/7 v. Chr.) vom Körper als dem „Gefängnis der Seele" redete. Entsprechend rein geistig war das Gottesbild: Der Gedanke, dass Gott Mensch und damit Teil der fleischlichen Realität dieser Welt werden könnte, ist auf einem solchen Hintergrund nicht besonders attraktiv.[68]

Der Doketismus bemühte sich nun, dieses intellektuelle Problem zu überwinden, indem er behauptete, Jesus habe nur einen „Scheinleib" gehabt. Wie auch immer man sich das vorstellen mag, wichtig ist, dass damit Gott nur (scheinbar) menschliche Gestalt angenommen hätte, jedoch nicht selbst Mensch geworden wäre.

Dass es sich bei dieser Auffassung nicht nur um ein intellektuelles Entgegenkommen handelte, sondern um eine handfeste Irrlehre, wird aus dem 1. Johannesbrief deutlich. Denn nach Ansicht des Apostels ist mit einem anderen Jesus-Bild auch ein anderes Gottesbild verbunden: „Wer den Sohn leugnet, der hat auch den Vater nicht; wer den Sohn bekennt, der hat auch den Vater." (1. Joh 2,23)

Der Gott des Doketismus ist nämlich prinzipiell unnahbar und so weit von der Welt geschieden, dass er nicht Mensch werden kann. Damit steht freilich die Erlösung auf dem Spiel. Am Kreuz wäre dann bestenfalls ein Mensch gestorben, Gott hätte also die Welt nicht mit sich selbst versöhnt, weil nur „das Blut Jesu, seines

Sohnes, uns rein [macht] von aller Sünde" (1. Joh 1,7). Die Irrlehrer müssen deshalb nicht nur eine andere Erlösungslehre vertreten haben (über die wir aus dem Brief nichts erfahren), sondern auch ein anderes Sündenverständnis. Für den Apostel ist das schlichtweg „Lüge" und ein Leugnen der Sünde (vgl. 1. Joh 1,8-10).

Der Ansatz des Doketismus ist indessen nicht die einzige Möglichkeit, das intellektuelle Problem der Menschwerdung Gottes zu „lösen", und vielleicht haben die „Antichristen" des Briefes diese Lehre auch nicht verfochten. Eine andere Auffassung vertrat zum Beispiel Kerinth, mit dem es der Apostel Johannes nach altkirchlichen Angaben zumindest einmal persönlich zu tun gehabt hat.[69] Nach Aussage des Irenäus von Lyon († um 202) lehrte Kerinth, Jesus, der natürliche Sohn von Joseph und Maria, sei bei seiner Taufe mit dem „oberen Christus" erfüllt worden. Dieser habe ihn befähigt, einen bis dahin unbekannten Gott zu verkündigen und Wunder zu tun. Vor der Passion von Jesus habe der Christus ihn rechtzeitig wieder verlassen, so dass am Kreuz nur der Mensch Jesus von Nazareth gestorben und Gott vom Leiden unberührt geblieben sei.[70]

Kerinth erweist sich damit als Vertreter eines Systems, das ab dem zweiten Jahrhundert der Kirche zu schaffen machte und unter dem Namen „Gnosis" bekannt wurde. Die Gnostiker trieben die griechische Trennung von Geist und Materie auf die Spitze, indem sie die Materie generell für böse erklärten. Die Welt kann daher nicht vom obersten Gott geschaffen worden sein, sondern nur von einem von ihm abgefallenen untergeordneten Wesen, das meist *Demiurg* („Schöpfer") genannt wurde.

Die Erschaffung der sichtbaren Welt wird dabei als Teil des Aufstands gegen den obersten Gott verstanden, denn mit ihr seien die göttlichen Lichtfunken als menschliche Seelen in der Materie eingefangen worden. Sich befreien und wieder zum obersten Gott aufsteigen können die Seelen nur, wenn sie die entsprechenden Rituale und Losungsworte kennen, die sie brauchen, um nach ihrem Tod die irdische Sphäre zu verlassen. Hier setzte die Geheimlehre der Erkenntnis (griech. *gnosis*) an, die vorgab, die nötigen Kenntnisse zu vermitteln.

Da es sich bei der Gnosis um ein esoterisches bzw. okkultes

Wissen handelte (je nachdem, ob man den griechischen oder den lateinischen Begriff für „Geheimlehre" verwenden möchte), spielte sich vieles im Verborgenen ab. Entsprechend uneinheitlich war das Bild, so dass man von *der* Gnosis genauso wenig sprechen kann wie heute von *der* Esoterik.[71] Nicht unterschätzen sollte man freilich, dass jedes gnostische System auch weitreichende ethische Folgen hatte. Da die Materie und damit auch der Körper als böse angesehen wurden, verfielen nicht wenige Gnostiker in eines von zwei Extremen: Entweder wurde versucht, durch eine strenge Askese den Leib in gewisser Weise abzutöten, oder man lebte im Gegenteil gerade besonders sinnenfreudig, weil der Leib ja ohnehin zur irdischen Sphäre gehörte.[72]

Betrachtet man auf diesem Hintergrund den 1. Johannesbrief, tut sich ein Problem auf: Das eben in groben Zügen skizzierte gnostische Denken ist um einiges jünger als das Neue Testament. Die eigentliche Auseinandersetzung mit der Gnosis geschah erst im zweiten Jahrhundert und wurde von Menschen wie Irenäus von Lyon geführt. Die Gnosis, mit der es Johannes und vielleicht auch andere im Neuen Testament (vgl. etwa 1. Tim 6,20) zu tun gehabt hatten, konnte bestenfalls ein Vorläufer davon gewesen sein. Da es sich allerdings um eine Geheimlehre handelte, ist es unmöglich, herauszufinden, welche Vorstellungen sich bereits im ersten Jahrhundert herausgebildet hatten, zumal keine gnostischen Texte aus dieser Zeit erhalten sind.

Gewisse Züge finden sich jedoch anscheinend auch im 1. Johannesbrief. Auffallend sind neben den theologischen vor allem die ethischen Probleme, die mit der dort angesprochenen Irrlehre verbunden sind. So scheinen die „Antichristen" stark von ihrer eigenen Sündlosigkeit überzeugt gewesen zu sein; Johannes weist jedenfalls die zurück, die sagen, „wir haben keine Sünde" bzw. „wir haben nicht gesündigt" (1. Joh 1,8.10). Damit verbunden scheint eine Missachtung der Gebote gewesen zu sein, vor allem des Gebots der Bruderliebe (vgl. 1. Joh 2,4.9; 3,10). Für Johannes wird dies entsprechend zum Prüfstein für echtes Christsein (1. Joh 4,16):

„Gott ist die Liebe; und wer in der Liebe bleibt, der bleibt in Gott und Gott in ihm."

Der Vorwurf, die „Antichristen" „hassten die Brüder" (vgl. 1. Joh 3,15), kann ebenfalls mit dem gnostischen System zu tun haben. Als Vertreter einer Geheimlehre hielten sich die Gnostiker für etwas Besonderes und sahen entsprechend auf die „Nichteingeweihten" herab.

Schwierig zu deuten ist, warum der Apostel in 1. Joh 5,6 betont, Jesus sei „nicht im Wasser allein, sondern im Wasser und im Blut" gekommen. Mit dem „Wasser" könnte die Taufe Jesu gemeint sein, mit dem „Blut" sein Sühnetod am Kreuz. Johannes würde damit unterstreichen, dass der Tod Christi für die Erlösung unbedingt nötig gewesen ist. Eventuell könnte dies als eine Zurückweisung der Lehre Kerinths verstanden werden, der glaubte, der Christus sei bei der Taufe auf Jesus gekommen und habe ihn kurz vor seiner Hinrichtung wieder verlassen. Genaueres lässt sich freilich nicht in Erfahrung bringen.

Noch schwieriger zu klären ist die Frage, wer die Empfänger des 1. Johannesbriefes gewesen sein könnten. Über sie erfahren wir aus dem Brief nichts, nicht einmal, ob das Schreiben nur an eine Gemeinde oder als Rundschreiben an verschiedene gerichtet war. Dass der Brief das Alte Testament nicht zitiert, könnte zwar als Hinweis auf eine heidenchristliche Leserschaft gewertet werden, worauf auch die abschließende Warnung vor dem Götzendienst hindeuten könnte (vgl. 1. Joh 5,21). Gerade bei Letzterem handelt es sich vielleicht aber um eine weitere Charakterisierung der Lehre der „Antichristen". Ebenso wenig aussagekräftig ist die Feststellung, dass Johannes keinen Gebrauch vom Alten Testament macht. Zum einen könnte dies schlichtweg seine Art sein, denn in den beiden anderen Briefen wird es ebenfalls nicht zitiert. Zum anderen verzichtet der Apostel Paulus selbst bei vorwiegend heidenchristlichen Adressaten nicht auf Schriftbelege aus dem Alten Testament. Mit dem Gebrauch oder Nichtgebrauch dieses Buches lässt sich also nichts beweisen.

Die Herrin und ihre Kinder

Noch komplizierter ist die Lage beim 2. Johannesbrief. Hier existiert zwar eine Empfängerangabe, allerdings eine, die in Bezug auf die Adressaten wenig aussagt: „an die auserwählte Herrin und ihre

Kinder" (2. Joh 1). Unwahrscheinlich ist, dass es sich hierbei um eine einzelne Frau handelt, die in 2. Joh 13 von ihren Nichten und Neffen gegrüßt wird. Zwar war „Herrin" eine in der Antike gebräuchliche Höflichkeitsanrede, allerdings nur in Verbindung mit einem Namen. Ein Name taucht jedoch im ganzen Brief nicht auf. Stattdessen redet Johannes die Empfänger im Plural an (vgl. 2. Joh 8.10.12), was bei einer Einzelperson keinen Sinn ergäbe. Insofern ist es nicht verwunderlich, dass in der Regel angenommen wird, mit der „Herrin" sei eine Gemeinde gemeint. Hierfür spricht auch, dass in 2. Joh 13 von ihrer „Schwester" die Rede ist, womit dann eine andere Gemeinde gemeint wäre, nämlich die, in der sich Johannes gerade aufhielt.

Doch diese Deutung ist nicht ohne Probleme. Zwar trägt die Kirche als „Braut Christi" im Neuen Testament weibliche Züge (vgl. 2. Kor 11,2ff.; Eph 5,29f.), allerdings ist der Ausdruck „auserwählte Herrin" für eine einzelne Gemeinde einzigartig. Daher könnte auch die Christenheit als Ganzes im Blick sein, die als Braut des Herrn „Herrin" genannt wird. Diese Annahme würde das sprachliche Problem am besten lösen, womit freilich im selben Atemzug ein technisches aufgeworfen würde: Wie soll man sich ein Rundschreiben sozusagen „an alle" praktisch vorstellen? Zudem lässt sich der nach 2. Joh 12 ausstehende Besuch des Apostels bei der „Herrin" mit dieser Ansicht ebenso wenig vereinen wie die Grüße ihrer „Schwester" in 2. Joh 13. So bleibt die Deutung, mit „Herrin" sei eine einzelne Gemeinde gemeint, trotz der genannten Schwierigkeiten die plausibelste Erklärung.

Damit kommen wir zum Grund des Schreibens. Es gibt eine kurze Warnung vor Irrlehrern, die wohl dieselben sind wie im 1. Johannesbrief (vgl. 2. Joh 7), sowie die Mahnung, sich von ihnen fern zu halten (vgl. 2. Joh 9-11). In diesem Zusammenhang gehört die keinen Widerspruch duldende Anweisung, die Irrlehrer weder aufzunehmen noch zu grüßen (vgl. 2. Joh 10).[73]

Diese doch sehr vagen Hinweise können freilich kaum der Anlass gewesen sein, der den Apostel zur Feder greifen ließ. Dafür fällt insbesondere die Beschreibung der Irrlehrer zu dürftig aus. Insofern scheint der Hauptgrund für die Abfassung des Briefes in der Ankündigung eines Besuches zu bestehen. Johannes macht am Schluss seines Schreibens deutlich, dass er der Gemeinde viel zu sagen hat, dies allerdings nicht schriftlich, sondern mündlich tun möchte.

Da wir keine Quellen haben, die uns Auskunft geben könnten, sind wir für das Weitere auf Vermutungen angewiesen. Begeben wir uns also auf das Feld der Spekulation: Auffallend ist, dass sich der 2. Johannesbrief thematisch wie eine sehr knappe Zusammenfassung des 1. Johannesbriefes liest. Könnte er also so etwas wie ein Anschreiben gewesen sein, mit dem der Apostel den Besuch in einer von ihm betreuten Gemeinde ankündigte? Der 1. Johannesbrief könnte dann als Niederschrift der bei diesem Anlass gehaltenen Predigt oder Predigtreihe verstanden werden. Vielleicht wurde er auf Drängen einer besuchten Gemeinde zusammengestellt. Vorstellbar ist auch, dass eine Gemeinde, die Johannes nicht besuchen konnte, seine Ausführungen wenigstens zu lesen haben wollte. Doch dies sind, wie gesagt, Vermutungen. Ohne weitere Quellen kommen wir nicht weiter.

An Gajus, den Lieben

Was wir beim 2. Johannesbrief nicht in Erfahrung bringen können, haben wir beim 3. umso reichlicher, freilich ohne dass es uns helfen würde: Namen. Während der 2. Brief keinen von ihnen nennt, lesen wir im 3. gleich drei, allerdings lässt sich keiner davon einer bekannten Persönlichkeit zuordnen.[74] Empfänger des Briefes ist Gajus, den Johannes den „Lieben" nennt (vgl. 3. Joh 1.2.5.11). Da der Apostel den Adressaten in 3. Joh 4 zudem als „sein Kind" bezeichnet, kann man vermuten, dass Gajus sich bei Johannes bekehrt hat.

Dieser Gajus war offensichtlich gastfreundlich und hatte ihm unbekannte „Brüder" mit dem Nötigsten versorgt, so dass sie ihren Dienst tun konnten (vgl. 3. Joh 5-8). Dabei war es augenscheinlich zum Konflikt mit einem gewissen Diotrephes gekommen. Diotrephes nahm sich entweder besonders wichtig oder strebte eine Leitungsposition in der Gemeinde an. Der Apostel charakterisiert ihn jedenfalls mit der Aussage: „der unter ihnen der Erste sein will" (3. Joh 9). Für den Dienst der Leute um Johannes war Diotrephes allerdings mehr als nur ein Ärgernis. Offensichtlich verleumdete er sie nicht nur, sondern verweigerte ihnen die Gastfreundschaft und „hindert auch die, die es tun wollen, und stößt sie aus der Gemeinde" (3. Joh 10). Bei seinem bevorstehenden Besuch will der Apostel ihn deshalb zur Rede stellen.

Welche Rolle ein ebenfalls in dem Schreiben erwähnter Demetrius (vgl. 3. Joh 12) in der ganzen Sache spielt, geht aus dem Brief ebenso wenig hervor wie die Antwort auf die Frage, ob es sich bei dem in 3. Joh 9 genannten Schreiben um den 2. Johannesbrief handelt. Möglich wäre dies. Der Apostel hätte dann den 2. Brief an die ganze Gemeinde geschrieben und wäre dort auf Widerstand gestoßen. Daraufhin wendet er sich nun mit Gajus an einen ihm wohlgesonnenen Einzelnen.

Für diese Annahme spricht, dass beide Briefe den Besuch des Apostels ankündigen. Allerdings ist die Textbasis zu schmal, um wirklich eine abgewogene Entscheidung treffen zu können. Schließlich könnte sich Johannes auch auf einer Rundreise befunden und den verschiedenen Stationen jeweils mit kurzen Briefen sein Kommen angekündigt haben. Gajus wäre in diesem Fall ebenso wenig ein „Kind" der „auserwählten Herrin" wie Diotrephes.

Der „Älteste" gegen den „Bischof"?

So kurz der 3. Johannesbrief sein mag, er spielt für manche eine Schlüsselrolle in ihrer Rekonstruktion der Geschichte des Urchristentums. In der Regel wird das Schreiben dabei als ein Dokument verstanden, das den Übergang vom geistgeleiteten Christentum zur „Amtskirche" markiert. Der „Älteste" vertritt nach dieser Deutung eine Gruppe von Wanderpredigern, die, wie in der Frühzeit der Kirche üblich, von Ort zu Ort zogen und das Evangelium verkündigten. In Diotrephes seien sie jedoch auf einen Widersacher gestoßen, der eine neue Organisationsform repräsentiert habe. Er sei sozusagen der erste wirkliche Bischof gewesen, der allein die Geschicke seiner Gemeinde regeln wollte und sich entsprechend gegen die Einmischung von außen zur Wehr gesetzt habe. Das habe er mit dem bei der Bekämpfung von Irrlehrern erprobten Mittel getan: Alle, die sich mit den Wanderpredigern eingelassen hätten, seien aus der Gemeinde ausgestoßen worden (vgl. 3. Joh 10). Auf lange Sicht habe sich das Modell des Diotrephes durchgesetzt, womit die neutestamentliche Periode ihr Ende gefunden und der „Frühkatholizismus" seinen Anfang genommen habe.[75]

Dieser Rekonstruktionsversuch ist mit einigen Schwierigkeiten verbunden. Zum einen war die Ämterstruktur im ersten Jahrhundert nicht so einheitlich, wie hier vorausgesetzt wird, das machen die neutestamentlichen Zeugnisse deutlich. Nimmt man daher eine einigermaßen gradlinige Entwicklung von der „charismatischen Gruppe" zur „institutionalisierten Kirche"[76] an, ist man gezwungen, die neutestamentlichen Schriften an diese erdachte Linie anzupassen. Folglich müssen vor allem die „Pastoralbriefe" entsprechend spät angesetzt werden, bei anderen Büchern werden zumindest „Überarbeitungen" unterstellt.[77]

Zum anderen aber wird man damit auch dem 3. Johannesbrief nicht in allen Punkten gerecht. Möglich ist die dargestellte Hypothese sowieso nur, wenn nicht der Apostel Johannes, sondern irgendein „Ältester" der Verfasser des Schreibens war. Ist es nämlich apostolischer Herkunft, dann widersetzt sich Diotrephes schlichtweg den Abgesandten des Johannes, was sicher seinem Aufstieg zum Bischof (zumindest in der rechtgläubigen Kirche) nicht förderlich gewesen ist.

Doch selbst wenn der Brief von einem Unbekannten sein sollte, muss Diotrephes kein Bischof sein. Zwar verfügte er über genügend Möglichkeiten, den Abgesandten des „Ältesten" das Leben schwer zu machen, allerdings kann die Macht kaum allein in seinen Händen gelegen haben. Der Brief spricht vielmehr davon, dass Diotrephes „unter ihnen der Erste sein will" (3. Joh 9). Ob nun mit „sie" die ganze Gemeinde oder der Leitungskreis gemeint ist, wird nicht deutlich. Klar ist jedoch, dass Diotrephes nicht der Erste ist, sondern dies nur gern wäre.

Nicht ganz eindeutig sind zudem die Bezüge in 3. Joh 10. Dass Diotrephes diejenigen aus der Gemeinde hinausstößt, die die „Brüder" bei sich aufnehmen, ist nur eine Verständnismöglichkeit. Genauso plausibel ist jedoch, dass analog zu 2. Joh 10 nur die durchziehenden „Brüder" wieder aus der Gemeinde hinausgestoßen wurden, weil Diotrephes die, die sie aufnehmen wollten, daran hinderte.[78]

Diese Interpretation klingt vor dem Hintergrund des ganzen Briefes sinnvoller. Denn Gajus scheint ja zu derselben Gemeinde gehört zu haben wie Diotrephes (vgl. 2. Joh 9, wo nur von „der Gemeinde" die Rede ist). Gajus aber hat die „Brüder" bei sich aufgenommen (vgl. 3. Joh 5f.) und ist daran weder von Diotrephes gehindert worden noch wurde er aus der Gemeinde ausgeschlossen. Diotrephes scheint für den „Ältesten" zudem eher ein Ärgernis gewesen zu sein als eine wirkliche Bedrohung. Er hält nicht nur an seinen Besuchsplänen fest, sondern warnt auch, dass er ihn zur Rede stellen werde (vgl. 3. Joh 10.14).[79] Seine Autorität in der Gemeinde scheint also nicht wirklich gefährdet zu sein. Der 3. Johannesbrief kann damit kaum als Beleg für den Übergang vom charismatischen zum „frühkatholischen" Christentum herhalten.

Eine Gleichung mit vielen Unbekannten

In Anbetracht der vielen Schwierigkeiten verwundert es nicht, dass eine zeitliche Einordnung der Johannesbriefe praktisch nicht möglich ist. Die Hinweise, die sich aus ihrem Text erschließen lassen, sind dafür zu vage. Den einzigen Anhaltspunkt liefern die im 1. und 2. Johannesbrief erwähnten Irrlehrer. Da sowohl der Doketismus wie auch die Gnosis erst im zweiten Jahrhundert ihre volle Blüte erreicht haben, wären die Briefe demnach entsprechend spät anzusetzen. Das gilt allerdings nur, wenn die erwähnten „Antichristen" schon ein relativ ausgereiftes doketisches oder gnostisches System vertreten haben. Das ist jedoch alles andere als sicher. Lagen freilich nur erste Ansätze von doketischem bzw. gnostischem Denken vor, können die Briefe auch sehr viel früher entstanden sein.

Das Gleiche gilt für ein weiteres Kriterium, nach dem die Schreiben in der Regel datiert werden. Hatte der „Älteste" tatsächlich als Wandermissionar einen Konflikt mit dem „Bischof" Diotrephes, muss der Brief gegen Ende des ersten Jahrhunderts entstanden sein. Das gilt natürlich nur, wenn das von den Kritikern entworfene Bild des Urchristentums und die dazugehörige Interpretation des 3. Johannesbriefes richtig sind. Da sind jedoch starke Zweifel angebracht.

In der Datierungsfrage ist damit alles offen. Wir wissen nicht, ob sich 3. Joh 9 auf den 2. Johannesbrief bezieht, und auch nicht, ob der 1. vor oder nach den beiden anderen entstanden ist. Sogar in der Frage, ob zuerst das Evangelium oder die Briefe geschrieben wurden, sind die Ausleger geteilter Meinung.[80] Die Frage nach dem Alter und damit nach der Reihenfolge der drei Johannesbriefe muss deshalb offen bleiben.

Etwas besser ist die Situation bei der Bestimmung des Abfassungsortes. Zwar geben die Briefe hierzu gar keine Hinweise, allerdings wissen wir aus altkirchlichen Quellen, dass der Apostel Johannes in Kleinasien und da vor allem in Ephesus gewirkt hat. Dort werden wohl auch die Briefe entstanden sein.

Von Christen und Antichristen

Die Briefe des Johannes bekämpfen eine Irrlehre, die schon damals als besonders modern und fortschrittlich galt und die an Aktualität bis heute nichts eingebüßt hat. Die Anschauungen des Doketismus und der Gnosis sind in den breiten Strom esoterischen und okkulten Gedankengutes eingeflossen, der das Christentum seit seiner Entstehung begleitet und herausfordert. In unterschiedlicher Gestalt richtet sich der Angriff immer wieder auf die Person Christi. Von der Lehre Kerinths bis zu den Gedanken Rudolf Steiners, des Begründers der Anthroposophie, nach denen sich die „kosmische Christus-Wesenheit" mit dem vom „Geist des Zarathustra" beherrschten Körper von Jesus von Nazareth erst bei dessen Taufe vereinigte, immer geht es um das eine: Gottheit und Menschheit werden getrennt, Jesus und Christus auseinander gerissen, in „Gottessohn" und „Menschensohn" unterschieden und dies alles im Dienst einer höheren Erkenntnis.

Der Apostel Johannes hat sich dem kraftvoll entgegengestellt. Gegenüber der Modernität der neuen Lehren betonte er das, „was von Anfang an war" (1. Joh 1,1). Und damit meinte er nicht eine alte Lehre, sondern ein historisches Ereignis. Gott ist Mensch geworden, „wir haben gesehen und bezeugen, daß der Vater den Sohn gesandt hat als Heiland der Welt" (1. Joh 4,14). Im Mittelpunkt des Christentums steht also nicht eine Philosophie, ein Lehrgebäude oder ein theologisches System, sondern eine Person und mit ihr das, „was wir gehört haben, was wir gesehen haben mit unseren Augen, was wir betrachtet haben und unsere Hände betastet haben" (1. Joh 1,1).

Im heutigen Kontext, in dem die Frage nach der historischen Wahrheit in der theologischen Diskussion eine ähnlich untergeordnete Stellung einzunehmen scheint wie in der griechischen Philosophie, ist es nötig, mit Johannes wieder daran zu erinnern: Es ist wirklich geschehen, Gott wurde Mensch und hat die Welt erlöst. Ohne dieses Ereignis wäre die Versöhnung nicht passiert, ohne das Kreuz wäre die Sünde geblieben, die Trennung von Gott und Mensch unüberwindlich (vgl. 1. Joh 2,2).

Johannes zieht damit eine deutliche Linie zwischen dem, was christlicher Glaube ist, und dem, was er nicht mehr ist. Vieles ist möglich, aber wer den Sohn verleugnet, kann sich auch nicht auf den Vater berufen (vgl. 1. Joh 2,23). Es gibt keinen Glauben an Gott an Jesus vorbei, jedenfalls nicht an den Gott der Bibel. Der Apostel verdammt jeden Versuch in dieser Richtung als „Antichristentum", als eine Religion, die eben gerade nicht von Gott geprägt ist, sondern vom „Geist des Antichristen" (vgl. 1. Joh 4,1-3).

Wenn man im „Antichristen" allerdings nur den endzeitlichen Gegenspieler Christi sieht (vgl. 1. Joh 2,18; Mt 24,24; 2. Thess 2,3; Offb 13), verkennt man die Gefahr, vor der Johannes warnt. Die „Antichristen" sind schon in der Welt (vgl. 1. Joh 2,18), ja sie sind vielleicht sogar mitten in der Gemeinde aktiv (vgl. 1. Joh 2,19). Erfolg haben sie, weil ihre Lehre so verführerisch christlich aussieht und weil sie auf Fragen eine Antwort vorzugeben meint, die doch längst beantwortet sein sollten. Eindringlich mahnt Johannes deshalb, die Geister zu prüfen (vgl. 1. Joh 4,1) und sich von den Irrlehrern fern zu halten (vgl. 2. Joh 10).

Wes Geistes Kind einer ist, macht der Apostel freilich nicht nur am Bekenntnis fest. Weitaus öfter betont er die Bruderliebe, an der sich zeigt, ob einer wirklich von der Liebe Gottes durchdrungen (vgl. 1. Joh 2,5-11) und damit Christus ähnlich geworden ist (vgl. 1. Joh 3,14-18.23). Liebe ist für Johannes *die* Eigenschaft Gottes (vgl. 1. Joh 4,9-10.16.19), mehr noch als Licht (vgl. 1. Joh 1,15) und Wahrheit (vgl. 1. Joh 5,20).

Darin liegt die Herausforderung für die Gemeinde bis heute. Auch wenn zur Liebe das ernste Wort gehört (vgl. 3. Joh 10), möchte Johannes keine theologischen Streithähne, die nur „mit der Zunge" lieben, nicht jedoch „mit der Tat und mit der Wahrheit" (1. Joh 3,18). Ebenso wenig kann sich eine nur auf gegenseitiger Zuneigung aufbauende Gemeinschaft auf ihn berufen, in der das Bekenntnis zu Jesus als Gottes Sohn und Christus nicht mehr im Mittelpunkt steht. Beides muss zusammengehalten werden, Lehre und Leben. Johannes erweist sich damit als treuer Diener seines Herrn, der zu seinem Vater im Himmel dafür gebetet hat, dass seine Nachfolger „vollkommen eins seien und die Welt erkenne, daß du mich gesandt hast und sie liebst, wie du mich liebst." (Joh 17,23)

Anmerkungen

[47] Der Begriff „Traktat" findet sich bei Vielhauer: Geschichte der urchristlichen Literatur, S. 462, der sich dabei auf Dibelius bezieht, „Manifest" bei Hörster: Einleitung und Bibelkunde zum Neuen Testament, S. 181, „Homilie" bei Schnelle: Einleitung in das Neue Testament, S. 524, und der Letztgenannte bei Michaelis: Einleitung in das Neue Testament, S. 291.

[48] Der Verfasser benutzt dabei zwei griechische Begriffe für Kind, *teknon* (u. a. in 1. Joh 2,1) und *paidion* (so in 1. Joh 2,18). Das erste Wort beschreibt von seiner Grundbedeutung her ein Abstammungsverhältnis, also Kind im Sinne von Nachkomme. Übertragen kann es daher auch ein „geistliches Kind" meinen, also einen Jünger in der Beziehung zu seinem Meister oder einen Christen im Verhältnis zu dem, der ihm das Evangelium verkündet hat. Auch wenn *teknon* in neutestamentlicher Zeit ebenfalls im übertragenen Sinn für Angehörige desselben Volkes oder für Gläubige allgemein verwendet werden konnte, bleibt der Eindruck bestehen, dass im 1. Johannesbrief damit ein besonderes Verhältnis der Empfänger zum Absender ausgesprochen werden soll, schließlich redet der Autor von „meinen Kindern". Noch auffälliger ist das bei *paidion*, womit in der Regel ein kleines Kind, etwa ein Neugeborenes, bezeichnet wurde (die alte Lutherübersetzung „Kindlein" trifft den Sachverhalt deshalb besser als die neue „Kind").

[49] Siehe im ersten Band, S. 86ff.

[50] Vgl. Eusebius: Kirchengeschichte 3,39,17. Da die Schriften des Papias nicht mehr erhalten sind, lässt sich die Angabe des Eusebius nicht mehr nachprüfen.

[51] Vgl. seinen Philipperbrief 7,1, wo mit ähnlichen Worten wie in 1. Joh 4,2 vor Irrlehrern gewarnt wird.

[52] Vgl. Irenäus: Gegen die Häresien 3,16,5.8.

[53] Vgl. Eusebius: Kirchengeschichte 6,25,10. Eine ähnliche Stellungnahme findet sich bei Dionysius († 264/5), der wie Origenes ebenfalls aus Alexandria stammt (vgl. a. a. O. 7,25,18-21).

[54] Vgl. Irenäus: Gegen die Häresien 3,16,3.8.

[55] Vgl. Eusebius: Kirchengeschichte 3,25,3.

[56] Schnelle: Einleitung in das Neue Testament, S. 496.

[57] Vgl. zu dieser Ansicht den entsprechenden Abschnitt im ersten Band, S. 179f.

[58] Vgl. Schnelle: Einleitung in das Neue Testament, S. 495ff.

[59] Vgl. hierzu Vielhauer: Geschichte der urchristlichen Literatur, S. 467ff., dort finden sich auch die genannten Beispiele.

[60] Vgl. Schnelle: Einleitung in das Neue Testament, S. 519ff.

[61] Vgl. zu diesem Abschnitt Schnelle: Einleitung in das Neue Testament, S. 517f.

[62] Diese Auffassung vertritt u. a. Schnelle: Einleitung in das Neue Testament, S. 500.

[63] Vgl. Schweizer: Theologische Einleitung in das Neue Testament, S. 148.

[64] Schnelle: Einleitung in das Neue Testament, S. 496.

[65] Als Einziger der genannten Kritiker erwähnt Vielhauer: Geschichte der urchristlichen Literatur, S. 467, diese Problematik überhaupt und kommt zu dem Schluss: „Die faktischen Befunde werden durch diese methodologischen Einsichten relativiert." Diese Erkenntnis führt jedoch nicht etwa zu einer veränderten Vorgehensweise. Da die „faktischen Befunde" nur „relativiert" werden, macht Vielhauer weiter wie gehabt und beruft sich dabei ausgerechnet auf Dibelius, der seine Arbeiten zu einem Zeitpunkt veröffentlichte, als die von Vielhauer erwähnten „methodologischen Einsichten" noch niemandem gekommen waren.

[66] Vgl. Eusebius: Kirchengeschichte 3,20,9; 3,23,4.

[67] Die griechische Vorsilbe *anti-* bedeutet ursprünglich nicht wie im Deutschen „gegen", sondern „anstelle von". Unter dem „Antichristen" ist daher eine Person zu verstehen, die sich an die Stelle von Christus setzt, also so angebetet werden möchte, wie es nur Christus gebührt. Die „Antichristen" der Johannesbriefe sind entsprechend Menschen, die eine Lehre vertreten, die anstelle des christlichen Glaubens umfassende Geltung in der Gemeinde für sich beansprucht. Weil es jedoch nur einen Christus geben kann, ist der „Antichristus" freilich nicht nur „Anstelle-Christus", sondern „Gegen-Christus", denn er stellt die Spitze der gegengöttlichen Mächte dar, die Christus die Weltherrschaft streitig machen.

[68] Wie sehr diese Vorstellung die heidnisch-griechische Welt geprägt hat, wird auch an der Aussage des Apostels Paulus deutlich, der „gekreuzigte Christus" sei für die „Griechen eine Torheit" (1. Kor 1,23). Entsprechend reagierten die philosophisch gebildeten Athener mit Geringschätzung (vgl. Apg 17,18) und Spott (vgl. Apg 17,32) auf die Predigt von Jesus bzw. von der „Auferstehung der Toten". Die leibliche Auferstehung war für die an eine unsterbliche Seele glaubenden Griechen ebenso undenkbar wie die Vorstellung, dass der unsichtbare, unsterbliche und alles erfüllende Gott Mensch wird, leidet und stirbt.

[69] Vgl. Eusebius: Kirchengeschichte 3,28,6. Von einem wirklichen Zusammentreffen kann allerdings nicht die Rede sein. Johannes soll, als Kerinth eine Badeanstalt in Ephesus betrat, diese stehenden Fußes verlassen haben, weil er sich nicht mit einem Irrlehrer unter einem Dach aufhalten wollte.

[70] Vgl. Irenäus: Gegen die Häresien 1,26,1.

[71] Irenäus charakterisierte diese Vielfalt mit den Worten: „So viel Lehrer, so viele Erlösungen!" (Gegen die Häresien 1,21,1)

[72] Letzteres habe, so behauptet zumindest Dionysius von Alexandria († 264/5),

auch Kerinth vertreten, dem es nur um die „Befriedigung des Magens und der noch tiefer liegenden Organe" gegangen sei (Eusebius: Kirchengeschichte 7,25,3). Ob das stimmt, sei dahingestellt. Schließlich handelt es sich um eine polemische Aussage, die den Gnostiker in Verruf bringen soll. Und gerade der Vorwurf eines ausschweifenden Lebenswandels scheint in dieser Hinsicht durch die Jahrhunderte hindurch zum Standard gehört zu haben.

[73] Dies ist ein weiterer Sachverhalt, der sich mit der Annahme einer „johanneischen Schule" nur sehr schwer vereinbaren lässt. So stellt Vielhauer: Geschichte der urchristlichen Literatur, S. 476, richtig fest: „Es erstaunt, daß der Presbyteros mit seinem Brief und dem angekündigten Besuch derart in eine fremde Gemeinde hineinregieren kann." Das erstaunt natürlich nur, wenn der „Älteste" eine Gestalt der zweiten christlichen Generation war. Handelte es sich um den Apostel Johannes, dürfte seine Autoriät unter den Christen kaum angezweifelt worden sein.

[74] Der Name Gajus kommt im Neuen Testament außer im 3. Johannesbrief noch mehrmals vor. Drei Personen werden damit bezeichnet: ein Mazedonier, der beim Aufruhr in Ephesus dabei war (vgl. Apg 19,29), ein Paulusbegleiter, der eventuell mit dem Mazedonier identisch ist (vgl. Apg. 20,4f.) sowie ein Korinther, der von Paulus getauft wurde (vgl. 1. Kor 1,14) und in dessen Haus der Apostel den Römerbrief schrieb (vgl. Röm 16,23). Der Gajus des 3. Johannesbriefes könnte natürlich einer der genannten gewesen sein, allerdings war Gajus ein häufiger Vorname, so dass diese Annahme nicht besonders wahrscheinlich ist. Der Name Diotrephes findet sich nur im 3. Johannesbrief, Demetrius heißt dagegen auch der Silberschmied, den der Konflikt in Ephesus angezettelt hatte (vgl. Apg 19,24.38). Mit ihm ist der Demetrius von 3. Joh 12 sicher nicht identisch.

[75] Diesen Rekonstruktionsversuch vertreten (mit jeweils eigenen Ausprägungen) Schnelle: Einleitung in das Neue Testament, S. 512f., Vielhauer: Geschichte der urchristlichen Literatur, S. 479f., und Schweizer: Theologische Einleitung ins Neue Testament, S. 150.

[76] Die Begriffe stammen von Schweizer: Theologische Einleitung ins Neue Testament, S. 150.

[77] Vgl. zu dieser Problematik den Abschnitt „Die ‚Pastoralbriefe', verstanden als Schriften der dritten Generation" im zweiten Band S. 240.

[78] Das Einfügen von Klammern in den Luthertext macht diese Lesart deutlicher: „Er selbst nimmt die Brüder nicht auf (und hindert auch die, die es tun wollen), und stößt sie hinaus."

[79] Vielhauer: Geschichte der urchristlichen Literatur, S. 478, sieht darin eine „merkwürdig flaue Reaktion", die gerade andeutete, wie sehr die Autorität des „Ältesten" untergraben sei. Wahrscheinlich ist hiermit jedoch kein privates Gespräch gemeint, sondern eine Gemeindeversammlung, in der die Werke des Diotrephes in Erinnerung gebracht werden sollen. Das aber kann man kaum eine „flaue Reaktion" nennen, schließlich handelt es sich dabei um die Eröffnung eines Verfahrens, an dessen Ende der Ausschluss aus der Gemeinde stehen kann (vgl. Mt 18,15-18; 1. Kor 5,1-5).

[80] In der Regel scheint man dabei dem Evangelium den Vorzug zu geben, wobei die Argumente unterschiedlich sind. Guthrie: *New Testament Introduction*, S. 883, geht davon aus, dass die Leser der Briefe das Evangelium bereits kannten, weil der

Brief nicht missionarisch sei. Carson/Moo/Morris: *An Introduction to the New Testament*, S. 451, nennen die deutlichere Zurückweisung gnostischen Gedankengutes im 2. Johannesbrief als Hauptgrund für diese Datierung. Dagegen sieht Schnelle: Einleitung in das Neue Testament, S. 521, die Briefe als ursprünglicher an, weil der in 1. Joh 2,19 angesprochene Konflikt erst in Joh 6,60-71 theologisch aufgearbeitet worden sei. Kümmel: Einleitung in das Neue Testament, S. 393, schließlich versucht (ohne Angabe von Gründen), eine mittlere Position zu vertreten, indem er behauptet, die Briefe seien „nicht sehr lange" nach dem Evangelium geschrieben worden. Wirklich überzeugen kann jedoch keins der aufgeführten Argumente.

Der Brief an die Hebräer

Ein Schreiben aus einer anderen Welt

Mit dem Brief an die Hebräer nähern wir uns dem „hinteren Rand" des Neuen Testaments und damit dem Bereich, der in der persönlichen Bibellese nicht unbedingt an erster Stelle steht. Für viele Christen ist der Hebräerbrief daher ein fremdes Buch, eine Schrift, die nicht nur wenig bekannt, sondern wie die Offenbarung des Johannes auch schlichtweg fremd ist.

Dass der Hebräerbrief in unseren Lutherbibeln (und damit auch in diesem Buch) so weit hinten zu finden ist, liegt übrigens an dem Reformator selbst. Martin Luther hatte nämlich bezüglich dieser Schrift seine Zweifel. In seinen „Vorreden zur Heiligen Schrift" von 1545 zählte er sie nicht zu den „rechten, gewissen Hauptbüchern des Neuen Testaments", weswegen man sie auch „den apostolischen Episteln nicht in allen Dingen gleich machen", wohl aber „seine Lehre mit allen Ehren aufnehmen" solle.

Luther stieß sich vor allem an dem „harten Knoten" von Hebr 6,4-6 und 10,26-29. Seiner Meinung nach wird dort klar gesagt, dass ein einmal vom Glauben an Christus abgefallener Mensch keine zweite Möglichkeit zur Umkehr habe. Das ist jedoch nach Luthers Ansicht „wider alle Evangelien und Episteln des Paulus"[81]. Als Konsequenz aus dieser Erkenntnis verwies der Reformator in seiner Bibelübersetzung den Brief an die Hebräer zusammen mit dem Jakobusbrief auf einen der hinteren Ränge. Die anderen deutschen Bibelausgaben haben dagegen die altkirchliche Reihenfolge beibehalten, weshalb dort der Hebräerbrief zwischen dem Schreiben an Philemon und dem 1. Petrusbrief zu finden ist. Die Verwirrung im Hauskreis, wo Lutherbibel, Elberfelder, „Gute Nachricht" und „Hoffnung für alle" nebeneinander existieren, ist damit perfekt.

Mit seiner Umstellung zerstörte Luther übrigens die seit der Alten Kirche übliche Einteilung der neutestamentlichen Briefe in Paulusbriefe und katholische Briefe. In letztere Gruppe fallen traditionell die Schreiben von Jakobus, Petrus, Johannes und Judas. „Katholisch" heißen sie übrigens nicht, weil sie für evangelische

Christen uninteressant wären, sondern weil sie keinen klar umrissenen Adressatenkreis haben und stattdessen an die „allgemeine" (griech. *katholike*) Christenheit gerichtet sind.

Heutige Leser stören sich vielleicht weniger an der Theologie oder der von Luther vermuteten nichtapostolischen Herkunft des Briefes als vielmehr an seiner Fremdheit. Wohl bei kaum einer anderen Schrift des Neuen Testaments fällt so sehr auf, dass die Welt, in die sie geschrieben wurde, nicht mehr die unsere ist. Der Brief an die Hebräer „atmet" das Alte Testament wie kaum ein anderes Buch des Neuen Testaments und darin vor allem den uns am wenigsten vertrauten Teil: das Zeremonialgesetz. Wer beim Bibellesen die Kapitel der Mosebücher, die sich mit dem Bau der Stiftshütte und dem Dienst der Priester beschäftigen, gern auslässt, weil sie scheinbar so wenig mit uns heute zu tun haben, wird auch über den Hebräerbrief mit seinen tiefsinnigen Auslegungen im besten Fall nur staunen können, im schlimmsten Fall versteht er nicht viel.

So viel Fremdheit macht jedoch auch neugierig. Wenden wir uns nun also der Frage zu, was für eine Art Schreiben wir im Brief an die Hebräer vor uns haben, an wen es gerichtet ist und wer es geschrieben hat.

Ein Brief und doch kein Brief

In unseren Bibelausgaben ist die hier behandelte Schrift mit „Brief an die Hebräer" überschrieben. Was dann kommt, ist jedoch auf den ersten Blick kaum als Brief zu erkennen. Die etwa von den Paulusbriefen gewohnte Briefeinleitung, in der Absender und Empfänger genannt und ein Gruß ausgesprochen wird, fehlt völlig. Stattdessen beginnt der Brief an die Hebräer eher wie eine theologische Abhandlung oder eine Predigt:

> „Nachdem Gott vorzeiten vielfach und auf vielerlei Weise geredet hat zu den Vätern durch die Propheten, hat er in diesen letzten Tagen zu uns geredet durch den Sohn ..." (Hebr 1,1f.)

So fängt für gewöhnlich kein Brief an, auch in der Antike nicht. Anders verhält es sich dagegen mit dem Ende des Hebräerbriefes.

Das ist in gewisser Weise „klassisch" formuliert: Auf einige Ermahnungen und Ermutigungen (vgl. Hebr 13,1-19) folgen ein Segenswunsch (vgl. Hebr 13,20f.), ein persönlicher Hinweis (vgl. Hebr 13,23) und Grüße (vgl. Hebr 13,24). Den Abschluss bildet ein Segensgruß (vgl. Hebr 13,25). „Briefartiger" kann man kaum schreiben. Handelt es sich also doch um einen Brief?

Darüber gehen die Ansichten auseinander. Dass ein Brief kein Präskript hat, ist zwar für die Antike sehr ungewöhnlich, allerdings nicht für das Neue Testament. Auch der 1. Johannesbrief verzichtet darauf und ist dennoch ein Brief. Wenn der Absender den Empfängern bekannt war (weil der Brief von seinem Überbringer direkt vorgelesen wurde), konnte man also auf die Nennung seines Namens verzichten, ähnlich wie man heute in nicht formellen Briefen den ausführlichen Briefkopf mit Absender- und Empfängeradresse weglässt.

Dennoch bleibt das Fehlen eines Präskripts erstaunlich. Vielleicht waren stilistische Gründe ausschlaggebend. Denn hätte der Autor vor Hebr 1,1 noch eine übliche Briefeinleitung gesetzt, würde das ähnlich deplatziert wirken wie das Einfügen einer Betreffzeile vor einen Liebesbrief.[82]

Die Frage, ob der Brief an die Hebräer ein Brief ist oder nicht, ist damit freilich noch nicht geklärt. Schaut man in das Buch selbst, so liest es sich über weite Strecken nämlich kaum wie ein Brief. Vielmehr bezeichnet sich das Schreiben selbst als „Rede" (vgl. Hebr 2,5; 5,11; 6,1; 8,1; 9,5; 11,32). Das mag eine persönliche Vorliebe des Autors sein, allerdings passt es zu einer anderen Beobachtung: Im Gegensatz zu den Paulusbriefen, in denen ganz klar zwischen einem dogmatischen und einem ermahnenden Teil unterschieden werden kann, lässt sich im Hebräerbrief die Linie nicht so einfach ziehen. Der Autor baut nicht erst ein theologisches Lehrgebäude auf, um dann seine Leser auf die von ihnen zu ziehenden Konsequenzen hinzuweisen. Vielmehr ist beides eng miteinander verwoben. Auf einen lehrmäßigen Abschnitt, der sich oft mit der Auslegung eines Textes oder Gedankens aus dem Alten Testament beschäftigt, folgen jeweils Hinweise zur Umsetzung des Gehörten. Dabei ist es oft schwierig zu entscheiden, wo der eigentliche Schwerpunkt liegt. Möchte der Autor in erster Linie lehren oder will er vor allem eine Veränderung im Leben der Hörer erreichen?

Vom Stil her erinnert diese Vorgehensweise also eher an eine Predigt als an einen Brief. So vermuten einige, dass der Hebräerbrief ursprünglich kein Schreiben, sondern eine Rede war. Oder besser gesagt: mehrere Reden. Denn bei dieser Fülle an Stoff kann man kaum davon ausgehen, dass nur eine Predigt die Vorlage bildete. Vielmehr muss es sich um eine Predigtreihe gehandelt haben, die später (vermutlich von dem Prediger selbst) zu einem einheitlichen Schreiben verarbeitet worden ist.[83] Neben den in der Apostelgeschichte zusammengefassten Ansprachen hätten wir dann mit dem Brief an die Hebräer ein weiteres Beispiel für die urchristliche Predigtweise.

Ob das wirklich der Fall ist, lässt sich kaum eindeutig nachweisen. Andere Ausleger wollen sich deshalb in der Frage, ob es sich bei dem Buch um einen Brief oder eine Predigt handelt, nicht festlegen, sondern verwenden den Ausdruck, den der Autor selbst gebraucht hat, um sein Schreiben zu charakterisieren: „Wort der Ermahnung" (Hebr 13,22).[84]

Wie dem auch sei, unumstritten ist, dass der Hebräerbrief nicht wie ein Buch einfach für die Allgemeinheit geschrieben worden ist, sondern von dem Autor ganz bewusst für einen bestimmten Leserkreis entworfen wurde. Das geht nicht nur eindeutig aus den Hinweisen am Schluss des Schreibens hervor (vgl. Hebr 13,22-24), sondern ergibt sich auch zwangsläufig aus seinem Charakter. Egal, ob es sich nun um einen Brief oder eine Predigtreihe handelt, beide Male ist der Zuhörerkreis begrenzt und dem Autor näher bekannt. Der Verfasser wusste jedenfalls so gut über seine Leser Bescheid, dass er an mehreren Stellen konkret auf ihre Situation und Probleme eingehen konnte (vgl. etwa Hebr 5,11-6,2; 10,23-25.32-35).

Und damit tut sich die Frage auf, wer denn die Menschen waren, die der Autor des Schreibens teilweise mit recht harten Worten ermahnt.

Hebräer, die griechisch sprachen

Geht man nach der Überschrift, dann waren die Empfänger des Briefes „Hebräer". Diese Bezeichnung taucht an drei Stellen im Text des Neuen Testaments auf. In Apg 6,1 wird zwischen den

„Hebräern" und den „Hellenisten" (Lutherübersetzung: „hebräische" und „griechische Juden") unterschieden, in 2. Kor 11,22 und Phil 3,5 bezeichnet Paulus sich selbst (bzw. auch seine Gegner) als „Hebräer". Aus dem Zusammenhang geht an allen drei Stellen hervor, dass mit „Hebräer" nicht einfach nur Bewohner Palästinas oder Juden generell gemeint sind, sondern Nachkommen des alttestamentlichen Gottesvolkes, die Hebräisch (bzw. Aramäisch) als Muttersprache sprechen. Ein Jude aus der Diaspora, der das Alte Testament nur in der griechischen Übersetzung verstand und sich auch mit den aramäisch sprechenden Juden Palästinas kaum verständigen konnte, weil er von Haus aus Griechisch sprach, ist demnach kein „Hebräer" im Sinne von Apg 6,1, 2. Kor 11,22 und Phil 3,5.

In Bezug auf den Hebräerbrief haben wir damit ein Problem. Denn dieser Brief ist in Griechisch geschrieben, nicht in Aramäisch. Hinzu kommt, dass zunächst nichts darauf hindeutet, dass seine Leser in Palästina zu finden sind. Mit anderen Worten: Auf die vom Neuen Testament gelieferte Definition von „Hebräern" passen sie nicht. Wir müssen also aus dem Schreiben selbst auf seine Leser schließen.

Heidenchristliche Hebräer?

Bedenkt man nun, dass keine Briefeinleitung vorliegt, in der die Empfänger beim Namen genannt werden, und die Überschrift „An die Hebräer" wie bei allen anderen biblischen Büchern auch nicht zum „Urtext" gehört, sondern erst später hinzugefügt wurde, ist damit zunächst einmal alles offen. Die ersten Leser müssen also weder Juden noch Judenchristen gewesen sein.

Diese Annahme ist nicht so abwegig, wie sie auf den ersten Blick scheinen mag. Vor allem eine Stelle wird immer wieder als Beleg aufgeführt, wenn man begründen will, dass die Leser des Briefes in erster Linie Heidenchristen gewesen seien. In Hebr 6,1 sagt der Autor, er wolle bei seinen Lesern nicht noch einmal von vorne anfangen, also „mit der Umkehr von den toten Werken, mit dem Glauben an Gott". Gerade Letzteres macht manche hellhörig. Kann man von Judenchristen sagen, sie seien erst mit ihrer Taufe zum „Glauben an Gott" gekommen, wo sie doch schon als Juden an denselben Gott geglaubt haben? Ist das also nicht eher ein Hinweis darauf, dass es sich bei den Lesern um Christen mit einem heidnischen Hintergrund gehandelt haben muss?[85] Ähnliches könnte man auch bei anderen Stellen vermuten, etwa wenn in Hebr 3,12 vor dem Abfall „von dem lebendigen Gott" gewarnt wird.

Dass der Brief an die Hebräer ausführlich mit dem Alten Testament argumentiert, ist zunächst kein Gegenbeweis. Denn auch der Apostel Paulus tut dies in seinen Briefen, obwohl sie alle an überwiegend heidenchristliche Gemeinden geschrieben wurden. Darüber hinaus mutet etwa der Galaterbrief seinen recht jungen heidenchristlichen Empfängergemeinden ein hohes Maß an schriftgelehrter Argumentation zu, die in vielen Punkten dem Hebräerbrief um nichts nachsteht. Das Alte Testament war eben in der Anfangszeit die einzige Bibel der Christen, weshalb es nicht verwundern sollte, wenn mit ihm argumentiert wurde wie heute in unseren Gemeinden mit dem Neuen Testament.

Belegt wird damit freilich nur, dass die Leser des Hebräerbriefes Heidenchristen gewesen sein *können*, jedoch nicht, dass sie es zwingend gewesen sein *müssen*. Auch die genannten Stellen tun dies übrigens nicht. Denn die Warnung vor dem Abfall vom lebendigen Gott taucht in Hebr 3,12 nicht unvermittelt auf, sondern steht im Zusammenhang mit der Erinnerung an die Wüstenwanderung Israels, in der das alttestamentliche Bundesvolk seinem Gott untreu geworden ist.

Betrachten wir uns also die Geschichte einmal genauer: Als Israel in der Wüste Zweifel bekam, ob Mose wieder vom Sinai herabsteigen würde, nahm es den Gottesdienst selbst in die Hand und schuf sich mit dem „Goldenen Kalb" ein Stierbild (vgl. 2. Mose 32), vor dem es Opfer darbrachte. Für Religionswissenschaftler interessant ist nun die Frage, was da eigentlich geschah: Sollte das Stierbild Gott selbst symbolisieren oder nur seinen Thron darstellen, auf dem er unsichtbar saß? Mit anderen Worten: Lag ein Verstoß gegen das erste Gebot („Ich bin der HERR, dein Gott. Du sollst keine anderen Götter haben neben mir") vor oder eher einer gegen das zweite („Du sollst dir kein Bildnis machen")?

Einfach zu beantworten ist diese Frage nicht, denn die Antworten fielen auch damals schon unterschiedlich aus. Während Aaron, der das Bild angefertigt hatte, offensichtlich weiterhin am Gott

Israels festhielt (vgl. 2. Mose 32,5), ihn nur auf eine „neue" Weise anbeten wollte (wie später Jerobeam, vgl. 1. Kön 12,26-30), sieht Mose in dem Kalb einen „Gott von Gold" (2. Mose 32,31), später spricht der Apostel Paulus sogar von „Götzendienst" (2. Kor 10,7), also der Anbetung eines anderen Gottes.

Das zeigt jedoch, dass die Autoren der Bibel nicht fein zwischen dem „falschen Gottesdienst" für den „richtigen Gott" und der Hinwendung zu anderen Göttern unterschieden. Beides ist in ihren Augen (und in denen Gottes, vgl. 2. Mose 32,7-10) „Abfall" und damit „Unglaube". Und damit sind wir bei dem „bösen, ungläubigen Herz", von dem in Hebr 3,12 auch die Rede ist. Wenn die „Hebräer" in der Gefahr standen, sich (wieder) einer von alttestamentlichen Vorschriften geprägten Lebensweise zu- und damit von dem in Christus geschehenen Heil abzuwenden, verlassen auch sie den Weg, den Gott ihnen geboten hat (vgl. 2. Mose 32,8). Der Vorwurf des Unglaubens träfe sie also nach biblischen Maßstäben zu Recht, selbst wenn sie sich religionswissenschaftlich betrachtet keinem anderen Gott zuwenden, weil Christen und Juden denselben Gott anbeten.

Ähnliches gilt für Hebr 6,1. Auch hier ist es keineswegs zwingend anzunehmen, dass der Autor mit „Glauben an Gott" den Glauben an den *einen* Gott im Gegensatz zu heidnischen Gottesvorstellungen meint. Es geht vielmehr um den Glauben an Gott, so wie Christen ihn verstehen. Das wird aus dem Zusammenhang deutlich. Denn der Autor beginnt nicht allgemein, sondern redet über das, „was am Anfang über Christus zu lehren ist". Unter dieser Überschrift bekommen sowohl die „Umkehr von den toten Werken" wie auch der „Glaube an Gott" einen anderen Inhalt. Es geht hier nicht um die grundsätzliche Hinwendung zu dem einen Gott, sondern um die Art und Weise, wie er verehrt wird.

Ebenso kann etwa auch Paulus in Phil 3 mit seiner eigenen strengen jüdischen Vergangenheit abrechnen und die in ihr getanen frommen Leistungen nicht nur als „meine Gerechtigkeit" bezeichnen im Gegensatz zu der, „die durch den Glauben an Christus kommt" (Phil 3,9), sondern sogar als „Schaden" und „Dreck" (Phil 3,7f.). Auch dies ist keine generelle Charakterisierung des Judentums, sondern Menschen gegenüber gesagt, die sich *als Christen* dem Judentum näher zuwenden wollten, weil sie dachten, Jesu

Werk allein reiche nicht aus. In derselben Frontstellung argumentiert jedoch auch der Autor des Hebräerbriefes. Warum sollte er also nicht ähnlich drastisch reden wie der Apostel Paulus?

Die Empfänger des Briefes und ihre Probleme

Auch wenn Worte wie „Hebräer", „Jude" oder „Beschneidung" im Brief selbst nicht auftauchen (ebenso wenig wie „Heide"), spricht doch vieles dafür, hinter den „Hebräern" Judenchristen zu vermuten. Ein Hinweis ist sicher der Stellenwert, den das Alte Testament, seine Gesetze und Gebräuche nicht nur im Brief selbst, sondern auch im Denken seiner Leser einnehmen. Handelte es sich bei ihnen um Heidenchristen, dann hätten sie mit dem Abfall von Jesus auch dem Alten Testament den Rücken gekehrt, um wieder zu ihren alten heidnischen Gebräuchen zurückzukehren. Für die Leser des Hebräerbriefes scheint dagegen der Alte Bund eine durchaus verlockende Alternative zum Neuen darzustellen. Nicht von ungefähr fühlt sich der Autor des Briefes genötigt, die Überlegenheit des Neuen gegenüber dem Alten Testament immer wieder herauszustreichen: Jesus ist nicht nur größer als die Propheten (vgl. Hebr 1,1f.), die Engel (vgl. Hebr 1,5-2,9) und Mose (vgl. Hebr 3,1-6); als Hohepriester steht er zudem über Aaron und den Leviten (vgl. Hebr 4,14-5,10; 7), was große Auswirkungen auf die vom Alten Testament gebotenen Opfer und den damit verbundenen Kult hat (vgl. Hebr 9f.).

Ähnliche Auseinandersetzungen finden zwar auch in den Paulusbriefen statt (etwa in dem an die Galater), dort wird jedoch immer deutlich, dass in die jeweilige (überwiegend heidenchristliche) Gemeinde so genannte judaisierende Irrlehrer eingedrungen waren, also Menschen, die neben Christus eine am Alten Testament orientierte Gesetzesfrömmigkeit predigten. Sie leiteten also ihre Zuhörer nicht dazu an, sich von Christus weg- und dem Judentum zuzuwenden, sondern wollten aus den in ihren Augen unvollkommenen Heidenchristen „richtige" Judenchristen machen.

Von diesem Konflikt findet sich im Brief an die Hebräer keine Spur. Seine Leser stehen vielmehr in der Gefahr, Jesus ganz hinter sich zu lassen und sich ausschließlich dem von ihnen hoch geschätzten Alten Testament und seinen Ordnungen zuzuwenden.

Das lässt darauf schließen, dass es sich um Judenchristen handelte, die vom Christentum enttäuscht waren und sich nun überlegten, ob sie wieder ihre vorchristliche jüdische Lebensweise aufnehmen sollten.

In diese Richtung weist auch noch etwas anderes: Nachdem der Autor sich gleich zu Beginn des Briefes mit den Engeln beschäftigt hat, wendet er sich nun nicht etwa den Menschen allgemein, sondern den „Kindern Abrahams" zu, die er als „Brüder" von Jesus bezeichnet (Hebr 2,16f.). Aus dem ganzen Argumentationsgang wird zudem deutlich, dass auch die Leser sich zu diesen „Kindern Abrahams" rechnen müssen, ansonsten könnte es ihnen gleichgültig sein, ob sich Jesus der „Kinder Abrahams" annimmt oder nicht. „Kinder Abrahams" ist nun aber in der Bibel keine Bezeichnung für die Menschen allgemein, sondern für die Nachkommen des alttestamentlichen Gottesvolkes – und zwar immer zunächst für die leiblichen Nachkommen. Im geistlichen Sinn sind zwar auch die Heidenchristen „Kinder Abrahams" (vgl. etwa Röm 4,11), allerdings sind sie dies erst durch ihren Glauben an Jesus. Das kann jedoch in Hebr 2,16 nicht gemeint sein, denn dann bräuchte sich Jesus ihrer nicht anzunehmen.

Auf einen judenchristlichen Hintergrund lässt nicht zuletzt die Überschrift schließen. Denn obwohl sie nicht zum ursprünglichen Text des Buches gehört, macht sie doch deutlich, wie es von frühester Zeit an verstanden wurde, nämlich als Schreiben an „Hebräer", also an Christen aus dem Judentum (obwohl diese nicht dem entsprachen, was das Neue Testament sonst unter Hebräern versteht).

Doch auch wenn wir über den Hintergrund der Leser letztlich nur Vermutungen anstellen können, wissen wir über ihre Situation bei der Abfassung des Schreibens relativ gut Bescheid. Der Autor nennt sie „heilige Brüder, die ... teilhaben an der himmlischen Berufung" (Hebr 3,1), sie sind also Christen. Wie der Autor auch haben sie Jesus nicht persönlich gehört, sondern seine Predigt von anderen vernommen (vgl. Hebr 2,3).

Obwohl sie jedoch zunächst eifrig dabei gewesen sein müssen, davon zeugt ihr Einsatz für andere Christen (vgl. Hebr 6,10), sind sie nun „harthörig geworden" und haben es wieder „nötig, daß man [sie] die Anfangsgründe der göttlichen Worte lehre" (Hebr 5,11f.). Offenbar stehen die Leser als Ganzes in der Gefahr, dem christlichen Glauben den Rücken zu kehren (vgl. Hebr 3,12; 4,11; 6,4-9; 10,35). Vielleicht hat das damit zu tun, dass sie nun wegen ihres Glaubens Verfolgungen ausgesetzt sind. Schon in „früheren Tagen" hat es zwar einen „großen Kampf des Leidens" gegeben, in dem die Leser „zum Teil selbst" „Schmähungen und Bedrängnissen" ausgesetzt waren, wobei es zu Verhaftungen und dem „Raub eurer Güter" gekommen war (Hebr 10,32-34). Märtyrer hat es in dieser Zeit wohl noch nicht gegeben, worauf der Hinweis „Ihr habt noch nicht bis aufs Blut widerstanden im Kampf gegen die Sünde." (Hebr 12,4) schließen lässt.

Aktuell scheint der Autor allerdings mit dieser Möglichkeit zu rechnen. Auch jetzt gibt es wieder Gefangene und Misshandelte (vgl. Hebr 13,3), vielleicht sogar schon erste Märtyrer. Der Autor ermahnt jedenfalls seine Leser, das „Ende" ihrer Lehrer anzuschauen und ihnen im Glauben nachzufolgen (Hebr 13,7). Nur wenig später erinnert er an das Blut der Opfertiere und das blutige Leiden Jesu „vor dem Tor" (vgl. Hebr 13,11f.), um dann seine Leser aufzufordern: „So laßt uns nun zu ihm hinausgehen aus dem Lager und seine Schmach tragen." (Hebr 13,13)

Angesichts dieser Situation beginnen die Leser nun zu zweifeln. Nicht nur dass jüdische Vorstellungen und Rituale für sie wieder attraktiver werden, sie lassen sich auch „durch mancherlei und fremde Lehre umtreiben" (Hebr 13,9), manche von ihnen haben sogar die „Versammlungen" ganz verlassen (Hebr 10,25). Offenbar war es auch zu offenen Widersprüchen gegen die Verantwortlichen der Gemeinde gekommen (vgl. Hebr 13,17).

Das alles sind für uns wichtige Hinweise. Denn die Tatsache, dass im Hebräerbrief von „Versammlungen" in der Mehrzahl die Rede ist, lässt ebenso wie das Auftauchen von mehreren „Lehrern" (das griechische Wort heißt eigentlich „(Gemeinde-)Vorsteher") darauf schließen, dass sich die „Hebräer" nicht an einem Ort trafen, sondern in einer Stadt mit einem Hauskirchensystem wohnten. Auch wenn sich Näheres nicht feststellen lässt, könnte man vermuten, dass sich in dieser Stadt eine Hausgemeinde vom Rest der Christen losgesagt hat und nun versucht, in der heranziehenden Verfolgung den „sichereren" Weg als von den staatlichen Autoritäten unbehelligte jüdische Gemeinde zu gehen. Das macht umso neugieriger zu erfahren, um welche Stadt es sich handelt.

Wohin wurde der Brief gesandt?

Palästina und Jerusalem

Der Brief an die Hebräer gibt nur wenige, sehr vage Hinweise, aus denen man auf den Ort schließen könnte, wo die „Hebräer" zu Hause waren. Insofern kommen auch wir hier über Vermutungen nicht hinaus. Eine der möglichen Schlussfolgerungen lässt sich dabei bereits aus der Überschrift ziehen. Versteht man nämlich den Titel „An die Hebräer" in dem Sinn, wie ansonsten im Neuen Testament von „Hebräern" die Rede ist, dann können die Adressaten eigentlich nur palästinische Juden gewesen sein, auch wenn die Grundvoraussetzung, dass sie Aramäisch als Muttersprache hatten, bei unseren „Hebräern" nicht gegeben ist.

In diese Richtung lassen sich ebenso andere Hinweise deuten. So setzt sich der Brief sehr gründlich mit dem alttestamentlichen Kult auseinander (vgl. Hebr 7,1-9,18). Hierbei geht es vor allem um die Opfer und den Dienst der Priester. Wo aber – wenn nicht in Jerusalem – sollte diese Frage so wichtig sein, dass ihr der Autor seitenlange Ausführungen widmet? Denn nur dort waren die „Hebräer" tatsächlich in der Lage, wieder zum Tempelkult zurückzukehren. In jeder anderen Stadt wäre das aufgrund der räumlichen Entfernung nicht ohne weiteres möglich gewesen. Ein Jude aus Alexandria oder Rom brachte in der Regel keine Opfer, dazu war der Tempel einfach zu weit weg.

Wenn die Adressaten des Briefes in Jerusalem zu Hause waren, klären sich auch einige andere Fragen. Zum einen wird dann verständlich, warum der in den paulinischen Briefen immer wieder auftauchende Konflikt zwischen Juden- und Heidenchristen im Hebräerbrief nicht einmal erwähnt wird. In Jerusalem gab es ihn schlichtweg nicht, weil zur dortigen Gemeinde keine Heidenchristen gehörten. Auch die Leidenszeiten, die die „Hebräer" nach Aussage des Briefes immer wieder durchlitten haben, passen gut zur Jerusalemer Gemeinde, schließlich war sie von Anfang an Verfolgungen ausgesetzt.

So viel jedoch für eine palästinische Gemeinde spricht, so viel lässt sich auch dagegen anführen. Schwierig wird schon Hebr 2,3, wo von dem Heil die Rede ist, „das seinen Anfang nahm mit der Predigt des Herrn und bei uns bekräftigt wurde durch die, die es gehört haben". Auf diese Weise von palästinischen Judenchristen zu reden, ist zumindest ungewöhnlich. Da würde man doch erwarten, dass die Hörer wenigstens teilweise Jesus selbst gehört haben und nicht auf die Berichte anderer angewiesen sind. Ähnlich schwer vereinbar mit der Vorstellung eines Zielortes in Palästina ist Hebr 5,12, wo der Autor seinen Lesern, „die längst Lehrer sein" sollten, vorwirft, sie hätten es „wieder nötig, dass man [sie] die Anfangsgründe der göttlichen Worte [lehre]". Von Palästina, speziell Jerusalem ging doch das Evangelium in die Welt. Ist es also vorstellbar, dass die erste Gemeinde sich so weit von ihrem Ursprung entfernt hatte, dass ihr die Grundlagen des Glaubens neu beigebracht werden mussten?

Betrachtet man vor diesem Hintergrund die Belegstellen, die sich anscheinend für Adressaten in Palästina ins Feld führen lassen, sind sie so eindeutig nun auch wieder nicht. Die Auseinandersetzung um den alttestamentlichen Kult etwa ist zunächst einmal nur eine Beschäftigung mit den in den fünf Büchern Mose niedergelegten Bestimmungen. Der aktuelle Kult am Jerusalemer Tempel wird gar nicht behandelt, vielmehr hat der Autor die Stiftshütte vor Augen, wie zum Beispiel aus Hebr 9 hervorgeht. Die Stiftshütte existierte jedoch zur Zeit der Niederschrift des Hebräerbriefes schon seit rund tausend Jahren nicht mehr. An ihre Stelle trat (von der Unterbrechung während des babylonischen Exils abgesehen) seit Salomo der Tempel in Jerusalem. Dem Autor des Hebräerbriefs geht es also offenkundig nicht um den konkreten Tempeldienst, sondern um die dahinter stehenden Bestimmungen des mosaischen Gesetzes. Diese Auseinandersetzung konnte freilich überall geführt werden. Hierzu ist es streng genommen noch nicht einmal notwendig, dass der Tempel überhaupt bestand.

Hinzu kommt, dass auch die Beschreibung der Leiden der „Hebräer" nicht so recht mit dem Bild übereinstimmt, das wir aus der Apostelgeschichte von der Jerusalemer Gemeinde haben. Danach hatte es zum Beispiel schon sehr früh erste Märtyrer gegeben (vgl. Apg 7,58; 12,2). Zudem passt auch der Hinweis darauf, dass den „Hebräern" in einer früheren Bedrängnis Güter geraubt worden sind (vgl. Hebr 10,34), nicht zu einer Gemeinde, die nach allen Aussagen des Neuen Testaments arm war (vgl. Apg 11,29; Röm 15,26; 2. Kor 8,14).

Es bleiben schließlich die sprachlichen Schwierigkeiten. Das Griechisch des Hebräerbriefes gehört zu dem besten des Neuen Testaments, das Alte Testament wird zudem ausschließlich nach der Übersetzung der Septuaginta zitiert. Beides spricht dagegen, dass das Schreiben eine Übertragung aus dem Aramäischen ist. Die Christen Palästinas sprachen jedoch Aramäisch, eine Ausnahme machten nur die von anderen Orten zugewanderten Juden. Wenn man daher an einem Adressatenkreis in Palästina oder Jerusalem festhalten möchte, muss es sich um eine Gruppe der „Hellenisten" (Lutherübersetzung: „griechischen Juden") gehandelt haben. Diese werden jedoch in Apg 6,1 deutlich von den dort „Hebräer" genannten aramäisch sprechenden Juden unterschieden. Damit erscheint es weitaus sinnvoller, von einem anderen Adressatenort des Hebräerbriefes auszugehen.

Rom

Ein wichtiger Hinweis wurde bisher noch nicht erwähnt. Gegen Ende des Briefes heißt es: „Es grüßen euch die Italiener (Lutherübersetzung: ‚Brüder aus Italien')" (Hebr 13,24). Es gibt also eine Verbindung zwischen der Gemeinde des Hebräerbriefes und „Italienern". Nun ist dieser Hinweis zunächst einmal doppeldeutig. Einerseits kann er bedeuten, dass der Hebräerbrief in Italien geschrieben wurde und ein Kreis von italienischen Christen seine Empfänger grüßen lässt. In diesem Sinne können auch wir heute unter einen Brief ins Ausland schreiben: „Es grüßen euch die Deutschen!"

Das ist jedoch nur eine mögliche Bedeutung, es könnte nämlich auch gerade umgekehrt sein. Wer mit einer Gruppe von deutschen Freunden ins Ausland fährt, kann in seine Heimat zurückschreiben: „Es grüßen euch die Deutschen!" In diesem Sinne könnte auch der Autor des Hebräerbriefes die Empfängergemeinde von ihren italienischen Landsleuten in der Fremde gegrüßt haben. Im zweiten Fall wären also die Empfänger des Briefes in Italien zu suchen, im ersten gerade nicht.

Damit bleibt zu fragen, welche Annahme die wahrscheinlichere ist, denn sprachlich ist beides möglich. Auch wenn an dieser Stelle wiederum nur spekuliert werden kann, scheint sich doch die

Waagschale leicht in Richtung der zweiten Möglichkeit zu neigen. Denn es ist eher vorstellbar, dass mit den „Italienern" eine überschaubare, den „Hebräern" bekannte Gruppe gemeint ist als zunächst einmal die italienische Christenheit als Ganzes. Damit aber müssten sich die „Italiener" außerhalb Italiens befinden, die „Hebräer" dagegen dort.[86]

Ergänzt wird dieser vage Hinweis auf einen Empfängerort in Italien durch andere, die etwas konkreter sind. So wurde der Hebräerbrief nach allem, was wir wissen, zuerst in Rom bekannt. Der älteste Hinweis auf seine Existenz stammt jedenfalls aus dieser Stadt. Klemens von Rom, der nach Aussage des Kirchenvaters Origenes († 253/254) mit dem in Phil 4,3 erwähnten Paulusmitarbeiter identisch ist, scheint die Schrift gekannt zu haben, denn im 36. Kapitel des vermutlich im letzten Viertel des ersten Jahrhunderts in Rom geschriebenen 1. Klemensbriefes wird wohl auf den Hebräerbrief angespielt. Genaueres lässt sich leider nicht feststellen.

Doch es führt noch eine weitere Spur nach Rom. Das in der Lutherbibel mit „Lehrer" übersetzte griechische Wort *hegoumenos* (vgl. Hebr 13,7.17.24) heißt eigentlich „Vorsteher" und ist die Bezeichnung für einen Gemeindeleiter. Allerdings wurden die Leiter nicht überall so genannt. In den Paulusbriefen etwa taucht das Wort nicht auf. Die „Vorsteher" der römischen Gemeinde jedoch schienen diesen Titel gehabt zu haben, das geht jedenfalls aus mehreren in Rom verfassten Schriften hervor, wie etwa dem bereits erwähnten 1. Klemensbrief (1,3; 31,6) und dem „Hirt des Hermas" (Visionen 2,2.6; 3,9.7).

Auf dem römischen Hintergrund lässt sich auch das recht gut einordnen, was wir aus dem Brief selbst über seine Empfänger wissen. Die in Hebr 10,25 erwähnten „Versammlungen" (von ihnen ist ebenso in der Mehrzahl die Rede wie bei den „Vorstehern" in Hebr 13,7.17.24) etwa lassen sich gut als Hauskirchen verstehen, von denen es in Rom mindestens drei, vermutlich jedoch noch mehr gegeben haben muss (vgl. Röm 16,5.14.15). Das Nebeneinander verschiedener Gemeinden war in Rom übrigens nicht konfliktfrei, wie schon der Römerbrief des Paulus deutlich macht. Dort wird im 14. Kapitel über „Starke" und „Schwache" im Glauben geredet, die sich in der Frage uneins sind, ob man

Fleisch essen dürfe (vgl. Röm 14,2) und welche Tage man besonders beachten solle (vgl. Röm 14,5). Ausdrücklich ist dabei von gegenseitiger Verachtung die Rede (vgl. Röm 14,3.10). Abgeschlossen werden diese Ausführungen mit der Ermahnung, einander anzunehmen, wie auch Christus Juden und Heiden angenommen habe (vgl. Röm 15,7-9). Auch wenn nichts Genaues bekannt ist, lässt das doch darauf schließen, dass die Spannungslinien unter den einzelnen Hausgemeinden Roms auch damit zu tun hatten, dass einzelne Gemeinden eher judenchristlich, andere eher heidenchristlich orientiert waren. Auf diesem Hintergrund ist es leicht vorstellbar, dass sich eine eher judenchristliche Hausgemeinde vom Rest der Christen abwendet und wieder auf das Judentum zubewegt, wie es im Hebräerbrief vorausgesetzt wird.

Ferner könnten sich die in dem Schreiben erwähnten früheren Leiden auf erste Bedrängnisse unter Kaiser Claudius beziehen, der 49 die Juden aus der Stadt vertreiben ließ. Da es sich bei den „Hebräern" wahrscheinlich um Judenchristen handelte, waren sie von den Maßnahmen betroffen. In diesem Zusammenhang könnte es auch zum „Raub von Gütern" gekommen sein (vgl. Hebr 10,34). Nicht zuletzt könnte die Erwähnung des Paulusmitarbeiters Timotheus in Hebr 13,23 für Rom sprechen, denn Timotheus war dort bekannt (vgl. Röm 16,21).

Doch auch wenn sich noch so viele Hinweise finden lassen, die auf Rom als Adresse des Hebräerbriefes hindeuten, letztlich sind sie recht vage, womit sich die Frage nicht abschließend klären lässt. Rom scheint dennoch die nächstliegende Vermutung zu sein. Der Hebräerbrief wäre dann freilich nur an einen Teil der römischen Gemeinde geschrieben worden. Es hätte sich dabei um eine Hauskirche gehandelt, die unter Claudius schon zu leiden gehabt hatte und nun unter dem Eindruck neuer Verfolgungen ihr Überleben dadurch zu sichern suchte, dass sie sich von der Hauptströmung der römischen Christenheit distanzierte und wieder enger an ihre jüdischen Wurzeln anlehnte.

Und wieder die alte Frage: Vor oder nach 70?

Ähnlich ungenau wie die Ortsbestimmung muss auch die zeitliche Einordnung des Briefes ausfallen. Neben der heraufziehenden

Verfolgungssituation gibt das Schreiben selbst nur einen konkreten Hinweis auf den Zeitpunkt seiner Entstehung. In Hebr 13,23 lässt der Autor seine Leser wissen, „daß unser Bruder Timotheus wieder frei ist; mit ihm will ich euch, wenn er bald kommt, besuchen".

Leider hilft uns diese Information, so eindeutig sie ist, nicht weiter. Mit Timotheus ist zwar zweifellos der Paulusmitarbeiter gemeint, allerdings verrät das Neue Testament nichts darüber, wann und wo er in Haft gewesen ist. Timotheus ist also entweder nach dem von der Apostelgeschichte und den Paulusbriefen abgedeckten Zeitraum (also nach 62) inhaftiert worden, oder unsere Quellen verschweigen schlichtweg eine frühere Gefangenschaft. Das wäre nicht weiter verwunderlich. Selbst über die Gefängnisaufenthalte des Apostels Paulus erfahren wir nur am Rande (und das keineswegs lückenlos), über die seiner Mitarbeiter werden wir nur dann informiert, wenn sie zusammen mit dem Apostel inhaftiert waren. Das scheint jedoch bei Timotheus nicht der Fall gewesen zu sein.

Damit bleiben nur noch Vermutungen, die sich aus dem Text des Hebräerbriefes selbst erschließen lassen. Die wahrscheinlich wichtigste Frage ist hierbei folgende: Stand der Tempel noch, als das Schreiben verfasst wurde? Auf den ersten Blick ist man versucht, diese Frage ohne Umschweife mit „ja" zu beantworten. Die ganze Auseinandersetzung um den Opferkult und ähnliche Tempelzeremonien erweckt doch kaum den Anschein, als ob es sich um eine rein akademische Diskussion handelt. Vielmehr sind die „Hebräer" offensichtlich in der Versuchung, ihr Christsein zumindest teilweise aufzugeben und sich wieder dem Tempel zuzuwenden. Warum sonst sollte der Autor ihnen so eindrücklich Jesus als den wahren Hohenpriester vor Augen malen (vgl. Hebr 4,14ff.)?

Doch urteilen wir nicht zu voreilig. Wie wir bereits weiter oben gesehen haben, steht nicht die Bedeutung des Jerusalemer Tempels im Mittelpunkt der Auseinandersetzung, sondern sein Vorläufer, das „Zelt der Begegnung", die Stiftshütte. Die war jedoch zum Zeitpunkt der Abfassung des Briefes auf jeden Fall lange schon Geschichte. Allerdings bleibt trotz dieser Mahnung zur Vorsicht der Eindruck bestehen, dass der Autor wohl kaum so viel Kraft investieren würde, um gegen Rituale anzureden, die zu diesem Zeitpunkt gar nicht mehr praktiziert wurden und werden konnten.

Verstärkt wird dieser Eindruck durch eine Bemerkung über den „Alten Bund", die sich mitten in den Darlegungen über das Hohepriesteramt befindet. Dort legt der Autor ein zuvor zitiertes Wort aus Jer 31,31-34 wie folgt aus:

> *„Indem [Gott] sagt: ‚einen neuen Bund', erklärt er den ersten für veraltet. Was aber veraltet und überlebt ist, das ist seinem Ende nahe." (Hebr 8,13)*

Aufmerksamkeit erregt dabei vor allem der zweite Satz. Wäre der Brief nach der Zerstörung des Tempels entstanden, so wäre hier die Gelegenheit gewesen, an der der Verfasser darauf hätte Bezug nehmen können. Denn das Frühjudentum mit dem Tempel als Mittelpunkt kam damit tatsächlich zu einem Ende. Die Juden würden nie mehr wieder in der vom Alten Testament vorgeschriebenen Form Opfer bringen können. All das, was der Autor in dem Kapitel um diese Bemerkung herum als „Schatten" des Eigentlichen charakterisiert, hat mit der Tempelzerstörung wirklich aufgehört zu existieren.

Ein ähnlich starker Hinweis ergibt sich aus Hebr 10,2, wo der Autor im Zusammenhang mit den vom Alten Testament gebotenen Opfern die rhetorische Frage stellt:

> *„Hätte nicht sonst das Opfern aufgehört, wenn die, die den Gottesdienst ausrichten, ein für allemal rein geworden wären und sich kein Gewissen mehr gemacht hätten über ihre Sünden?"*

Auch hier hat man den Eindruck, dass die Opfer noch nicht aufgehört haben, der Tempel also noch steht. Sonst klingt die Beweisführung, wonach das Fortdauern der Opfer ein Beweis für ihre Unwirksamkeit ist, nur wenig sinnvoll.

Ähnlich ließe sich in Bezug auf das Priestertum und dort vor allem den Hohenpriester argumentieren. Ist es wirklich wahrscheinlich, dass ein Autor nach dem Ende des jüdischen Priestertums von „jenen Hohenpriestern" redet, die „täglich zuerst für die eigenen Sünden Opfer darbringen und dann für die des Volkes", und davon, dass „das Gesetz Menschen zu Hohenpriestern [macht]" (Hebr 9,27f.)? Auch hier liegt die Vermutung nahe, dass der Autor ein noch existierendes Priestertum vor Augen hat und nicht eines, was schon vor einiger Zeit mit der Zerstörung des Tempels sein Ende gefunden hat.

Andere Hinweise deuten ebenfalls in diese Richtung. Betrachten wir etwa die im Brief geschilderte Verfolgungssituation. Einmal angenommen, das Schreiben sei tatsächlich an eine römische Hausgemeinde gerichtet gewesen (was keineswegs sicher, aber noch die wahrscheinlichste Vermutung ist), dann sprächen auch die in ihm geschilderten Bedrängnisse für ein Abfassungsdatum vor 70.

Zwar liegt vieles in der Geschichte der römischen Gemeinde im Dunkeln, allerdings wissen wir über ihre Bedrängnisse recht gut Bescheid. Ihren Anfang nahm die Leidensgeschichte im Jahr 49, als Claudius (wohl wegen eines Streits zwischen Juden und Judenchristen) alle Juden aus der Stadt vertreiben ließ (vgl. Apg 18,2). In dieser Zeit könnte sich gut der „Raub eurer Güter" ereignet haben, von dem in Hebr 10,34 die Rede ist. Eine solche Vertreibung ging sicher nicht ohne Plünderungen und sonstige Handgreiflichkeiten vonstatten, zudem waren wahrscheinlich nicht wenige gezwungen, ihren nichtbeweglichen Besitz weit unter Preis zu verkaufen, um woanders eine neue Existenz aufbauen zu können.

Mit dem Tod des Claudius wurde seine Anordnung aufgehoben, die Juden und mit ihnen die Judenchristen konnten nach Rom zurückkehren. Doch gut zehn Jahre später drohte ihnen unter Nero weit größeres Ungemach. Dieser Kaiser unterschied zum ersten Mal offiziell zwischen Christen und Juden – und ließ 64/65 nur die Christen verfolgen. Zum ersten Mal in der stadtrömischen Geschichte wurde dabei gegen Christen die Todesstrafe verhängt und vollstreckt. Auch dies lässt sich gut mit der im Hebräerbrief vorausgesetzten Situation vereinbaren. Denn die „Hebräer" haben nicht nur „noch nicht bis aufs Blut widerstanden" (Hebr 12,4), was sich dahingehend verstehen lässt, dass es bisher unter ihnen noch keine Märtyrer gegeben hat. Sie werden auch aufgefordert, Jesus nachzufolgen, der „das Kreuz gering achtete" (Hebr 12,2) und „gelitten [hat] draußen vor dem Tor" (Hebr

13,12). Solche Aufforderungen kann man gut als Hinweis verstehen, eine unmittelbar bevorstehende Verfolgung, in der es auch Hinrichtungen geben kann, geduldig zu ertragen.

In diese Situation passt nicht zuletzt die ganze Stimmung des Briefes. Wenn die Leser tatsächlich in der Gefahr standen, ihr Christsein zumindest teilweise zu verleugnen und stattdessen mehr oder weniger offen wieder zum Judentum zurückzukehren, passt kaum eine uns bekannte Situation besser als die bei Ausbruch der neronischen Verfolgungen. Denn während es unter Claudius egal war, ob man Judenchrist oder Jude war, unterschied Nero sehr fein. Christen wurden drakonisch bestraft, Juden hatten dagegen nichts zu befürchten. Für einen römischen Judenchristen muss die Versuchung also groß gewesen sein, weniger den Christen als vielmehr den Juden herauszustreichen.

Doch auch wenn dies die plausibelste Vermutung ist, bleibt es dennoch nur eine Vermutung, dass der Brief an die Hebräer zu Beginn der neronischen Verfolgung 64/65 entstanden ist. Dass es so gewesen sein *könnte*, heißt eben noch nicht, dass es so gewesen *ist*.[87] Ein sichereres Datum kann man allerdings nicht nennen. Und damit kommen wir zur vielleicht spannendsten Frage, der Frage nach dem genialen Kopf, der hinter dem Brief an die Hebräer gestanden haben muss.

Der große Unbekannte

Der Brief an die Hebräer ist ein anonymes Schreiben, das nur sehr wenige Hinweise auf seinen Autor gibt. Aus Hebr 2,3 scheint hervorzugehen, dass dieser nicht zu den Aposteln gehörte, sondern mindestens zur „zweiten christlichen Generation", also zu den Menschen, die erst nach Pfingsten zum Glauben kamen. Aus seiner genauen Kenntnis des Alten Testaments, vor allem in Bezug auf verschiedene schriftgelehrte und philosophische Auslegungsmethoden, kann man zudem schließen, dass der Verfasser wohl Judenchrist gewesen sein muss.

Sicher ist dies allerdings genauso wenig wie die Antwort auf die Frage, ob er in Palästina zu Hause war. Über den Abfassungsort des Briefes selbst lassen sich zudem keinerlei Angaben machen. Alles, was wir sagen können, ist, dass das Schreiben in einem sehr gebildeten Griechisch verfasst und das Alte Testament ausschließlich nach der unter Griechisch sprechenden Juden gebräuchlichen Septuaginta zitiert wurde. Insofern ist zu vermuten, dass der Verfasser hellenistische Bildung genossen hat, also in der griechischen Welt zu Hause war, auch wenn damit nicht ausgeschlossen ist, dass er in Palästina geboren wurde. Zu erwähnen bleibt noch, dass er mit dem Paulusbegleiter Timotheus bekannt war (vgl. Hebr 13,23).

Solche Angaben reichen freilich kaum aus, um den Autor des Briefes genau zu bestimmen. Aus diesem Grund sind verschiedene Personen im Gespräch:

Paulus

Die älteste Überlieferung schreibt den Hebräerbrief dem Apostel Paulus zu. Klemens von Alexandria († um 215) sah in ihm ein ursprünglich in Aramäisch abgefasstes Werk des Apostels, das von Lukas ins Griechische übertragen worden sei. Aus Bescheidenheit und weil die Juden ihm gegenüber voreingenommen gewesen seien, habe Paulus sein Schreiben nicht wie sonst üblich mit seinem Namen versehen.[88]

Allerdings hatte schon Origenes († 253/254), vermutlich ein Schüler Klemens', an dieser Angabe seine Zweifel. Er sah vor allem im Stil des Briefes ein gewichtiges Argument gegen die Verfasserschaft des Paulus.[89] Das konnte jedoch den Siegeszug, den die Hypothese von Paulus als Autor im Osten des Reiches antrat, nicht aufhalten. In dem Chester-Beatty-Papyrus (auch P^{46} genannt), einer Paulusbriefsammlung aus dem zweiten oder dritten Jahrhundert, wird der Hebräerbrief zwischen dem an die Römer und dem 1. Korintherbrief platziert, andere Handschriften bringen ihn zwischen dem 2. Thessalonicherbrief und dem 1. Timotheusbrief.

Einen weiteren Beleg dafür, dass der Brief schon früh dem Apostel Paulus zugeschrieben wurde, finden wir wohl in seiner Überschrift. Auch wenn es letztlich nur Vermutung bleibt, so erinnert der Titel „An die Hebräer" doch stark an die Paulusbriefe („An die Römer", „An die Korinther" usw.), während die anderen neutestamentlichen Briefe nicht nach ihren Empfängern, sondern nach ihrem Absender benannt wurden (also „Jakobusbrief", „1. Petrusbrief" usw.).

Eng mit der Frage der paulinischen Verfasserschaft verbunden war die Aufnahme des Briefes in den Kanon des Neuen Testaments. In den Gemeinden im Osten des Reiches, wo er für ein Werk des Apostels gehalten wurde, wurde der Brief entsprechend früh als heilige Schrift gelesen. In den bezüglich der Autorschaft zweifelnden nordafrikanischen und westlichen Gemeinden wurde er dagegen erst sehr spät in den Kanon aufgenommen und dann auch meist verbunden mit der Annahme, Paulus sei der Verfasser. Im Mittelalter schließlich hatte sich diese Überzeugung so weit verbreitet, dass der Brief in der Regel als von Paulus stammend zitiert wurde. Erst mit der Reformation kamen neue Zweifel auf.[90]

Doch wie schlüssig ist die Annahme, Paulus habe den Hebräerbrief verfasst? Abgesehen von der von Klemens ausgehenden altkirchlichen Bezeugung spricht nicht viel dafür. Zwar vertritt der Autor des Briefes eine ähnliche Theologie wie der Apostel Paulus, allerdings fällt schon beim Lesen der deutschen Bibel auf, dass die Unterschiede zwischen dem Hebräer- und zum Beispiel dem Römerbrief weitaus größer sind als die zwischen dem an die Römer und denen an die Korinther. Im Hebräerbrief fehlt nicht nur die für Paulus typische Zweiteilung in einen dogmatischen und einen seelsorgerlich ermahnenden bzw. ermutigenden Teil. Schriftauslegung, Dogmatik und Handlungsanweisungen wechseln einander vielmehr so sehr ab, dass es im Einzelfall schwer zu erkennen ist, ob die Dogmatik nur dazu dient, die nachfolgende Ermahnung zu stützen, oder ob gerade umgekehrt die Dogmatik das eigentliche Anliegen des Autors ist, die Handlungsanweisung dagegen nur die Konsequenz daraus.

In anderer Hinsicht wirkt der Hebräerbrief indessen sehr viel strukturierter als die meisten Paulusbriefe. Während man den Schreiben des Apostels an vielen Stellen anmerkt, dass sie sozusagen „der Hitze des Kampfes" um die Gemeinden entstammen, wirkt der Hebräerbrief eher wie eine sorgsam ausgearbeitete Abhandlung, in der ein Argument das andere stützt und sich so nach und nach das Gesamtbild entfaltet. Betrachtet man auf diesem Hintergrund die gravierenden Unterschiede in Stil und Sprache, die ebenfalls zwischen dem Hebräerbrief und den Paulusbriefen bestehen, wird verständlich, warum selbst Klemens davon ausging, dass nicht Paulus, sondern Lukas dem Brief seine jetzige Gestalt gegeben hat.

Noch schwerer wiegen inhaltliche Argumente. Paulus sah sich nach eigener Aussage ausschließlich als Apostel der Heiden und überließ die Mission unter den Juden anderen (vgl. Gal 2,9; Röm 15,16). Entsprechend hat Paulus es abgelehnt, „auf einen fremden Grund zu bauen" (Röm 15,20), sich also in die Zuständigkeitsbereiche anderer Apostel einzumischen. Genau das wäre jedoch geschehen, hätte er den Hebräerbrief verfasst. Wenn der Hebräerbrief zudem an eine Gemeinde außerhalb Palästinas gerichtet war, was nach Abwägung der wenigen Hinweise wahrscheinlich erscheint, kann er auch nicht auf Aramäisch verfasst worden sein, wie Klemens es behauptete.

Vergleicht man nun den Galaterbrief, also den Paulusbrief, der in der Frontstellung dem Hebräerbrief noch am nächsten kommt, mit dem an die Hebräer, so fallen weitere deutliche Unterschiede in der Vorgehensweise auf. Warum sollte Paulus das eine Mal auf seinen Aposteltitel pochen (vgl. Gal 1,1), das andere Mal ihn dagegen so gründlich verschweigen, dass man selbst bei genauem Lesen nicht den Eindruck hat, das Werk eines Menschen vor sich zu haben, der mit einer direkt von Christus abgeleiteten Autorität spricht? Warum sollte Paulus das eine Mal bekräftigen, seine Lehre sei nicht von Menschen, sondern von Gott selbst (vgl. Gal 1,11f.), und das andere Mal als Autorität auf die verweisen, von denen er sie empfangen hat (vgl. Hebr 2,3)? Hinzu kommt, dass das für Paulus typische Eingehen auf die eigene Erfahrung (so auch in Gal 1,13-2,14) im Hebräerbrief völlig fehlt. Insofern kann man sich Origenes nur anschließen, der schreibt:

„Ich möchte aber offen erklären, daß die Gedanken vom Apostel stammen, Ausdruck und Stil dagegen einem Manne angehören, der die Worte des Apostels im Gedächtnis hatte und die Lehren des Meisters umschrieb. Wenn daher eine Gemeinde diesen Brief für paulinisch erklärt, so mag man ihr hierin zustimmen. Denn es hatte seinen Grund, wenn die Alten ihn als paulinisch überliefert haben. Wer indes tatsächlich den Brief geschrieben hat, weiß Gott. Soviel wir aber erfahren haben, soll entweder Klemens, der römi-

sche Bischof, oder Lukas, der Verfasser des Evangeliums und der Apostelgeschichte, den Brief geschrieben haben."[91]

Klemens von Rom

Damit sind die Namen von weiteren zwei möglichen Autoren gefallen. Beginnen wir mit Klemens: Nach einem Hinweis in der Kirchengeschichte des Eusebius wurde der Paulusbegleiter Klemens (vgl. Phil 4,3) der dritte Bischof der römischen Gemeinde,[92] der er um die Wende zum zweiten Jahrhundert vorgestanden haben muss. Näheres ist über seine Person nicht bekannt. Überliefert ist jedoch ein von ihm geschriebener Brief an die Gemeinde in Korinth, der so genannte 1. Klemensbrief, der in einigen Passagen sehr eng mit dem Hebräerbrief verwandt ist. So wird in beiden Briefen der Glaube Noahs und Rahabs hervorgehoben (vgl. Hebr 11,7 und 1. Klem 9,4; Hebr 11,31 und 1. Klem 12,1). Besonders auffällig ist freilich folgender Abschnitt:

„[Jesus Christus] ist der Hohepriester, der unsere Opfergaben vor Gott bringt, er ist unser Schutzpatron und hilft uns in unserer Schwachheit. [...] Denn in Jesus liegt der Widerschein der Hoheit Gottes. Über die Engel ist er erhoben, weil sein Name von ihrem verschieden ist. Denn so steht es in der Schrift: ‚Er macht seine Engel zu Winden und seine Diener zu Feuerflammen.‘ Über seinen Sohn sagt der Herr aber: ‚Mein Sohn bist du, heute habe ich dich gezeugt. Du brauchst mich nur darum zu bitten, dann gebe ich dir die Heidenvölker zum Erbe und die ganze Erde als Besitz.‘ An einer anderen Stelle sagt er zu ihm: ‚Setze dich an meine rechte Seite, und ich will dir deine Feinde als Schemel unter deine Füße legen.‘"[93]

Hier erinnern nicht nur der Stil, sondern auch die Zitate aus Ps 104,4, Ps 2,7 und Ps 110,1 an Hebr 1,3-13, wo diese Stellen ebenfalls aufgeführt werden, wenn auch in anderer Reihenfolge.

Insofern lässt sich kaum leugnen, dass Klemens der Hebräerbrief bekannt gewesen sein muss. Allerdings ist damit noch nicht der Beweis geführt, dass beide Briefe auch aus derselben Feder stammen müssen. Denn dazu wiederum sind die Unterschiede zwischen beiden Schreiben zu groß. Näheres lässt sich jedoch kaum sagen, da wir weder über den Autor des Hebräerbriefs noch über Klemens von Rom detailliertere Angaben haben.

Lukas

Der zweite von Origenes ins Gespräch gebrachte Name ist der des Paulusbegleiters Lukas. In der Tat besteht auch zwischen seinen Schriften und dem Hebräerbrief eine gewisse stilistische Ähnlichkeit. Vergleicht man zudem den Aufbau der Stephanus-Rede in Apg 7,1-53 mit der Argumentationsstruktur des Hebräerbriefes, so zeigen sich sogar inhaltliche Parallelen.

Die Beweisführung steht und fällt allerdings mit der Antwort auf die Frage, ob Lukas die entsprechende Rede nach Überlieferungsbruchstücken selbst gestaltet oder aber auch in ihrer Struktur richtig wiedergegeben hat. Ist Letzteres der Fall, zeigt sich jedoch nur, dass der Hebräerbrief ganz in den Bahnen judenchristlicher Darlegungen argumentiert.

Doch selbst wenn Lukas die Reden in der Apostelgeschichte relativ frei gestaltet haben sollte, kommt er als Autor des Hebräerbriefes kaum in Frage. Denn dieser scheint nach allem, was wir bisher herausgefunden haben, ein Judenchrist gewesen zu sein. Lukas stammte jedoch aus dem Heidentum.

Barnabas

Jude von Geburt an war der Zypriot Joseph Barnabas, der zum Urgestein der ersten Gemeinde gehörte und mit Paulus zusammen auf Missionsreise ging (vgl. Apg 4,36f.; 13,1ff.). Der nordafrikanische Kirchenvater Tertullian († 220) sah in ihm den Autor des Hebräerbriefes,[94] womit wir einen letzten von altkirchlichen Zeugen genannten Verfassernamen haben.

Für Barnabas spricht zunächst einmal einiges. Zum einen ist es der Name: Barnabas, „Sohn des Trostes" (griech. *hyios parakleseos*), ist ein Beiname, den Joseph nach Apg 4,36 von den Aposteln bekommen hatte. Mit „Trost" ist das griechische Wort *paraklesis* allerdings nur unzureichend wiedergegeben. Ein *parakletos* ist eigentlich einer, der zur Unterstützung herbeigerufen wird, ein Beistand, ein Helfer, ein Fürsprecher, ein Vermittler. In diesem Sinn wird im Johannesevangelium der Heilige Geist als *parakletos* bezeichnet (vgl. Joh 15,16.26; 16,7; Lutherübersetzung: „Tröster"). *Paraklesis* ist nun das Werk eines solchen Beistands. Das kann im Trösten bestehen, aber auch in der Ermutigung oder der Ermahnung. Neudeutsch würde man wahrscheinlich von „Mentoring" oder „Coaching" reden, um *paraklesis* genauer zu umreißen.

Betrachten wir uns vor diesem Hintergrund den Hebräerbrief, so fällt auf, das genau das passiert. Hier versucht einer, seinen Lesern beizustehen. Er pocht nicht auf seine Autorität im Sinne von Befehlsgewalt, sondern analysiert, beurteilt und gibt Ratschläge. Hierzu gehört selbstverständlich auch die eine oder andere Ermahnung, nämlich da, wo die Leser vom Weg abzuweichen drohen. Nicht von ungefähr bezeichnet der Autor sein Werk daher als *logos tes parakleseos* (Hebr 13,22; Lutherübersetzung: „Wort der Ermahnung"). Der Hebräerbrief passt also genau zu dem, was man von einem erwarten könnte, der als „Sohn des Trostes" immer wieder als Vermittler vorgeschickt wurde und der mit dieser Gabe unter anderem auch Paulus in die erste Reihe geholt hatte (vgl. Apg 11,22-26).

Wie der Autor des Hebräerbriefes war zudem auch Barnabas kein „Mann der ersten Stunde", er wird vielmehr in Apg 4,36 zum ersten Mal erwähnt. Als Levit (vgl. Apg 4,36) mit guten Beziehungen nach Jerusalem (der dort wohnende Johannes Markus war sein Vetter; vgl. Kol 4,10) kannte er sich sicher gut genug mit dem Tempelkult aus, um die Ausführungen im Hebräerbrief schreiben zu können. Als einer der herausragenden Missionare der Jerusalemer Gemeinde hatte Barnabas schließlich die Autorität, die einem Schreiben wie dem Hebräerbrief zugrunde liegt, als langjähriger Begleiter des Paulus hatte er außerdem Einblicke in dessen Theologie.

Doch so plausibel diese Überlegungen klingen, so spekulativ sind sie auch. Zum einen ist nicht klar, ob der zypriotische Levit Barnabas tatsächlich über die hellenistische Bildung des Hebräerbriefautors verfügte und dessen ausgezeichnetes Griechisch sprach. Zum anderen ist relativ sicher, dass der Hebräerbrief im Osten des Reiches nicht als Schreiben das Barnabas bekannt war. Wäre das der Fall gewesen, hätte man ihn nämlich kaum einem Paulus,

Lukas oder gar Klemens zugeschrieben. Denn Barnabas war Autorität genug, schließlich wurde auch der Judasbrief überliefert, dessen Autor ein ansonsten wenig hervorgetretener Bruder von Jesus war (vgl. Mt 13,55; Mk 6,3; Jud 1,1).

Damit aber ist völlig unklar, woher der Nordafrikaner Tertullian seine Informationen hatte, zumal seine Verfasserangaben erst Jahrhunderte später weitere Zustimmung fanden. Auch das spricht nicht unbedingt gegen Barnabas als Autor, allerdings kommen wir hier über das Stadium der Vermutung nicht hinaus.

Apollos

Ähnlich verhält es sich mit einem weiteren Namen aus der ersten Christenheit, der zuerst wohl von Luther ins Gespräch gebracht worden ist: Apollos.[95] Und Apollos ist tatsächlich in jeder Hinsicht einige Überlegungen wert: Geboren im ägyptischen Alexandria war er ein „beredter Mann und gelehrt in der Schrift. Dieser war unterwiesen im Weg des Herrn und redete brennend im Geist und lehrte richtig von Jesus" (Apg 18,24f.). In Ephesus von Aquila und Priszilla weiter unterwiesen, ging er auf deren Empfehlung hin nach Korinth, wo er offensichtlich nicht wenig Einfluss hatte. Nach Ansicht des Paulus wurde das, was der Apostel „gepflanzt" hatte, nun durch Apollos „begossen" (1. Kor 3,6). Seine Arbeit war anscheinend so erfolgreich, dass sich eine Gemeindegruppe auf ihn und gegen Paulus berief (vgl. 1. Kor 1,12). Mit Paulus dagegen arbeitete Apollos wohl eng zusammen, denn am liebsten hätte der Apostel den Alexandriner selbst wieder nach Korinth geschickt, um die Verhältnisse dort zu ordnen (vgl. 1. Kor 16,12). Auch in einem späteren Paulusbrief wird Apollos noch einmal erwähnt (vgl. Titus 3,13).

Mit anderen Worten: Apollos erfüllt alle Voraussetzungen, um der Autor des Hebräerbriefes sein zu können. Er war gebildet, stammte aus einer der Hochburgen des gelehrten Denkens, das dem Hebräerbrief zugrunde liegt, war selbst redegewandt, kannte sich aus im Alten Testament, stand Paulus sehr nahe, war jedoch eigenständig genug, eigene Akzente zu setzen. Der einzige Makel, der seiner Person in Bezug auf den Hebräerbrief anhaftet, ist die Tatsache, dass das Schreiben nirgendwo in der Alten Kirche mit ihm in Verbindung gebracht wurde. Selbst in der Stadt, deren großer Sohn Apollos war, Alexandria, wurde der Hebräerbrief Paulus zugeschrieben. Hinzu kommt, dass wir wie bei Barnabas schlichtweg zu wenig von Apollos wissen, um die Frage, ob er der Verfasser des Hebräerbriefes sein könnte, wirklich fundiert entscheiden zu können.

Andere Vermutungen und ein Fazit

Neben Paulus, Barnabas und Apollos sind, so scheint es, nahezu alle bekannten Christen des ersten Jahrhunderts einmal als Verfasser des Hebräerbriefes in Betracht gekommen.[96] Etwas skurril, aber durchaus ernst gemeint ist zum Beispiel die Überlegung, eine Frau könne den Hebräerbrief verfasst haben. Ihr Name sei verschwiegen worden, weil Frauen nicht lehren sollten. Hier wird vor allem Priszilla gehandelt, die Frau des Aquila, die mit ihrem Mann zusammen schon Apollos unterwiesen hatte (vgl. Apg 18,26). Aus der Tatsache, dass ihr Name öfter (aber nicht immer) vor dem ihres Mannes genannt wird (vgl. Apg 18,18.26; Röm 16,3; 2. Tim 4,19), schließen manche zudem, dass sie die treibendere und intelligentere Hälfte des Paares war.

Auch diese Vermutung hat nur wenig Wahrscheinlichkeit für sich. Zum einen spricht der Verfasser des Briefes von sich selbst in der männlichen Einzahl (vgl. Hebr 11,32; im Deutschen nicht erkennbar), zum anderen ist es auch nur schwer vorstellbar, dass Priszilla hier mit Paulus ein falsches Spiel gespielt haben sollte. Denn sie hätte dann ja öffentlich das angebliche Lehrverbot für Frauen so weit vertreten, dass sie es nicht gewagt hätte, den Brief im eigenen Namen herauszugeben, um es andererseits heimlich zu umgehen, indem sie den Brief anonym erscheinen ließ. Woher sie zudem die dem Brief zugrunde liegende schriftgelehrte und philosophische Bildung hätte haben sollen, bleibt völlig im Dunkeln.

Als Fazit bleibt damit nur festzustellen, dass wir nicht herausfinden können, von wem der Hebräerbrief geschrieben wurde. Es gibt zwar einige Namen, die unter den anderen hervorstechen (Barnabas und Apollos gehören sicher dazu), allerdings fehlen uns schlichtweg die Daten, um die Frage wirklich entscheiden zu können. Und so wurde das in dieser Hinsicht letzte Wort bereits 1545 von Martin Luther gesprochen:

„Wer [den Hebräerbrief] aber geschrieben hat, ist unbewußt, will auch wohl unbewußt bleiben noch eine Weile. Da liegt auch nichts dran. Uns soll genügen die Lehre, die er so beständig aus und in der Schrift gründet. Und sie zeigt gleich einen rechten feinen Griff und Maß, die Schrift zu lesen und zu handeln." [97]

Damit sind wir bei der Bedeutung des Hebräerbriefes für uns heute.

Der Hohepriester und die zweite Buße

Auch wenn der Brief an die Hebräer heute nicht zu den meistgelesenen Büchern des Neuen Testaments gehört, sollte man seine Wirkungsgeschichte nicht unterschätzen. Im Bereich der Kunst ist es wohl der Anker, nach Hebr 6,18f. Symbol der christlichen Hoffnung, der die größte Verbreitung gefunden hat. Theologiegeschichtlich stand dagegen der Gedanke von Jesus als dem Hohenpriester im Mittelpunkt. Während die römisch-katholische Kirche unter anderem auch an dieser Vorstellung ihr Amts- und Abendmahlsverstädnis entwickelte, betonen die reformierten Kirchen auf derselben Textgrundlage ihre Lehre vom dreifachen Amt Christi als König, Prophet und Priester. Das gilt insbesondere für das Bild von Jesus als „unserem einigen Hohenpriester, der uns mit dem einigen Opfer seines Leibes erlöset hat und immerdar mit seiner Fürbitte vor dem Vater vertritt" [98], eine Anschauung, die direkt aus Hebr 7 abgeleitet ist.

Gerade über das Bild des Hohenpriesters Jesus, der die Himmel durchschritten hat und in jedem Augenblick im Gebet für uns eintritt (vgl. Hebr 4,14; 7,25), könnte man lange nachdenken. Für Christen heute ist jedoch neben der Theologie des Briefes sicher vor allem die Art und Weise herausfordernd, wie sein Autor das Alte Testament auslegt. Gerade in einer Zeit, in der der erste Teil der Bibel nicht wenigen entfremdet ist, weil sie nicht wissen, ob sie ihn nun „jüdisch", „religionsgeschichtlich" oder „heilsgeschichtlich" verstehen sollen (wozu noch die persönlichen Probleme mit einem Gott kommen, der sich dort scheinbar weniger liebevoll offenbart als im Neuen Testament), gibt der Hebräerbrief einen neuen Einblick. Er präsentiert das Alte Testament nicht nur als das Buch, das auf den Messias Jesus hinweist, sondern zeigt auch, wie die ersten Christen es verstanden.

Lässt man sich darauf ein und lernt am Hebräerbrief dessen Auslegungsmethode, so tun sich auch beim Lesen des Alten Testaments neue geistliche Erkenntnisse auf. Die Auslegung des Hebräerbriefes ist zwar ungewohnt, aber nicht willkürlich. Ausgehend von der Tatsache, dass das in Jesus Christus geschehene Heil seinen Schatten bereits in die Zeit des Alten Testaments vorauswarf, macht sich der Autor auf die Suche nach diesen Schatten und interpretiert sie konsequent auf Jesus hin.

Interessant ist dabei, dass hier der uns vertraute Auslegungsweg sozusagen in umgekehrter Richtung gegangen wird. Statt etwa das Kreuz vor dem Hintergrund der alttestamentlichen Opfervorstellungen zu verstehen, betrachtet der Hebräerbrief die alttestamentlichen Opfer aus dem Blickwinkel des Kreuzes. Die manchmal gehörte Frage: „Warum musste Jesus sterben, wenn doch die Menschen im Alten Testament auch durch Tieropfer Vergebung bekamen?", stellt sich damit nicht. Vielmehr gab es zu allen Zeiten nur eine Form der Vergebung, die durch das Kreuz Jesu. Die anderen Opfer hatten niemals einen anderen Zweck, als an diesen Zusammenhang zu „erinnern". „Denn es ist unmöglich, durch das Blut von Stieren und Böcken Sünden wegzunehmen." (Hebr 10,4)

So betrachtet erkennt man die eigentliche Mitte des Alten Testaments: Jesus, Gottes Sohn, der höher ist als die Engel, Mose und alle Propheten, das Zentrum der Weltgeschichte.

Weil Jesus aber nicht am Rand steht, weil er nicht nur ein möglicher Weg zu Gott ist, sondern der einzige, der Weg, den selbst die Gläubigen des Alten Bundes schon unbewusst gingen, ermahnt uns der Autor des Briefes so eindringlich zum Glauben. Vor diesem Hintergrund sind auch die Aussagen in Hebr 6,4-6 und 10,26-31 zu verstehen. Im Zusammenhang wird deutlich, dass es dem Autor nicht darum geht, seinen Lesern Angst zu machen, sondern ihnen die möglichen (aber noch abwendbaren!) Folgen ihres Verhaltens vor Augen zu malen. Seine Leser standen in der Gefahr, das in Christus geschehene Heil gering zu achten. Obwohl Gott sie „erleuchtet" hatte, obwohl sie „geschmeckt haben die himmlische Gabe und Anteil bekommen haben am heiligen Geist und geschmeckt haben das gute Wort und die Kräfte der zukünftigen Welt" (Hebr 6,4f.), obwohl Gott also alles für sie getan hat, überlegten sie immer noch, ob es einen Nutzen hat, Christ zu sein. Der Autor nennt sie daher „harthörig" (Hebr 5,11) und vergleicht sie mit einem Stück Land, das trotz guter Pflege nur Unkraut hervorbringt (vgl. Hebr 6,7f.). Diesen Menschen redet er ernsthaft ins Gewissen, allerdings mit der Hoffnung, „daß es besser mit euch steht und ihr gerettet werdet" (Hebr 6,9).

Wenn wir also diesen und den entsprechenden Abschnitt in Hebr 10 lesen, sollten wir das im Hinterkopf behalten: Der Autor formuliert hier nicht ein Gesetz, das man Verzweifelten vorhalten kann, sondern gibt Christen, die mit dem Feuer spielen, eine ernste seelsorgerliche Ermahnung. Er erinnert sie daran, dass jedes Tun Folgen hat und dass es ein „Zu spät!" gibt, ohne dass er genau festlegt, wann und wo die Linie endgültig überschritten sein wird. Diese Stellen sind also kein Vertragstext, der rechtlich verbindlich die Klauseln für seine Auflösung festschreibt. Sie sind eine Ermahnung, die ihre Grundlage in einer Beziehung hat und die dazu beitragen soll, die Beziehung aufrechtzuerhalten.

Das gilt umso mehr, als der Hebräerbrief wie kaum ein anderes Buch des Neuen Testaments vom Erziehungsgedanken geprägt ist. So wie Gott sein Volk erzogen hat und ihm im Alten Bund vieles von dem verdeutlicht hat, was sie wissen müssen, um die Bedeutung Christi und seines Werkes zu verstehen, so erzog er Christus selbst (vgl. Hebr 5,7f.), und so erzieht er auch die einzelnen Gläubigen. Davon spricht Hebr 12,4-11, ein weiterer Text, der uns Kopfzerbrechen bereitet. Doch sieht man einmal von den harten Worten ab, mit denen die in der Antike üblichen Erziehungsmethoden beschrieben werden, wird Gott hier als ein liebevoller Vater geschildert, der jedes seiner Kinder so erzieht, dass es sich zu seinem Besten entwickeln kann. Eltern wissen, dass zu jeder Erziehung unter anderem ernste Worte, Drohungen, Konsequenzen und gelegentlich auch Strafen gehören – nicht weil man den Kindern Böses tun will, sondern weil man sie liebt.

Vor diesem Hintergrund verstanden bekommen jedoch auch die

harten Worte über das Abfallen vom Glauben einen anderen Schwerpunkt. Die Kinder müssen wissen, welche Folgen es hat, das Elternhaus im Streit zu verlassen. Doch gleichzeitig wissen sie auch, dass es einem liebenden Vater nicht in erster Linie darum geht, seine Drohungen wahr zu machen, sondern darum, seinen Kindern die besten Enwicklungsmöglichkeiten zu bieten.

Anmerkungen

[81] Die letzten Zitate finden sich in den Vorreden zur Heiligen Schrift, S. 128f.

[82] Vgl. Kümmel: Einleitung in das Neue Testament, S. 350. Unwahrscheinlich ist, dass ein ursprünglich vorhandenes Präskript von einem Späteren weggelassen wurde, denn darauf finden sich im handschriftlichen Befund keine Hinweise.

[83] Dies vermuten Michael Bachmann: Der Hebräerbrief; in: Niebuhr (Hg.): Grundinformation Neues Testament, S. 295, und Hörster: Einleitung und Bibelkunde zum Neuen Testament, S. 159f.

[84] Vgl. Schnelle: Einleitung in das Neue Testament, S. 427.

[85] Das vermuten Michaelis: Einleitung in das Neue Testament, S. 269, Kümmel: Einleitung in das Neue Testament, S. 352f., und Schnelle: Einleitung in das Neue Testament, S. 423.

[86] Der Vollständigkeit halber soll hier noch auf eine dritte Möglichkeit hingewiesen werden: Wenn eine Gruppe von Deutschen mit einigen amerikanischen Austauschstudenten in Spanien Urlaub macht und auf einer Postkarte nach Hause Grüße von „den Amerikanern" ausrichtet, befinden sich weder Absender noch Empfänger in Amerika. Vielmehr ist mit „den Amerikanern" eine den Empfängern bekannte Gruppe gemeint, die eben durch ihre Herkunft näher umschrieben wird. So könnten auch „die Italiener" in Hebr 13,24 zu verstehen sein. In diesem Fall wäre also der Vers für eine Bestimmung des Empfängerkreises nicht zu gebrauchen.

[87] Allerdings muss auch erwähnt werden, dass in der Literatur keine Argumente für ein Abfassungsdatum nach 70 vorgebracht werden. Zahn: Einleitung in das Neue Testament 2, S. 131, sieht in der in Hebr 3,9 erwähnten vierzigjährigen Wüstenwanderung Israels einen Hinweis auf die vierzig Jahre zwischen Jesu Tod und der Zerstörung des Tempels. Kümmel: Einleitung in das Neue Testament, S. 355, dagegen führt die Verfolgungen und die „geistige Nähe" zu den von ihm spät datierten Schriften des Lukas als Begründung für eine Abfassung des Hebräerbriefes „zwischen 80 und 90" an. Vielhauer: Geschichte der urchristlichen Literatur, S. 251, versteht Hebr 2,3 als Hinweis darauf, dass „der Autor ein Mann der 2. oder 3. christlichen Generation [war]", wobei sein Generationenverständnis offenkundig eher von familiären Zusammenhängen als von der Verkündigungssituation geprägt ist, denn er kommt damit auf die „80er oder 90er Jahre" als Entstehungszeitraum. Das ist insofern fragwürdig, als auch der in Hebr 13,23 erwähnte Paulusschüler Timotheus ein Angehöriger der dritten christlichen Generation gewesen sein muss. Paulus selbst gehörte nicht zum „Urgestein" der Gemeinde, sondern kam erst lange

nach Pfingsten zum Glauben (vgl. Apg 9,1-19), Timotheus wiederum wurde wohl infolge der paulinischen Predigt in Derbe und Lystra Christ (vgl. Apg 14,6f.; 16,1). Das muss jedoch schon um das Jahr 48 passiert sein, dem Jahr der in Apg 15 geschilderten Apostelversammlung in Jerusalem. Es gibt also keinen Grund für die Annahme, dass der Hebräerbrief frühestens dreißig Jahre später entstanden sein kann. Schnelle: Einleitung in das Neue Testament, S. 422, genügt schließlich ein Verweis auf das im Hebräerbrief angeblich vorliegende „reflektierte Traditionsverständnis" und die „traditionsgeschichtliche Nähe" zum 1. Klemensbrief als Grund für eine Datierung „am *Ende des 1. Jhs.*" (Hervorhebung dort).

[88] Vgl. Eusebius: Kirchengeschichte 6,14,2-4.

[89] Vgl. Eusebius: Kirchengeschichte 6,25,11f.

[90] Für einen Überblick in dieser Frage vgl. Guthrie: *New Testament Introduction*, S. 686ff.

[91] Zitiert nach Eusebius: Kirchengeschichte 6,25,13f.

[92] Vgl. Eusebius: Kirchengeschichte 3,4,9, und 5,6,2.

[93] 1. Klem 36,1-5, zitiert nach Berger/Nord: Das Neue Testament und frühchristliche Schriften, S. 706.

[94] Vgl. Tertullian: Von der Keuschheit (*De pudicitia*) 20.

[95] In einer Predigt Luthers aus dem Jahr 1537 findet sich der Satz: „Dieser Apollo ist ein hochverständiger Mann gewest, die Epistel Hebräorum ist freilich sein." (zitiert nach Zahn: Einleitung in das Neue Testament 2, S. 161, Anm. 15)

[96] Einen recht guten Überblick gibt Guthrie: *New Testament Introduction*, S. 688-698.

[97] Luther: Vorreden zur Heiligen Schrift, S. 129.

[98] Heidelberger Katechismus, Frage 31.

Der Brief des Jakobus

Die „stroherne Epistel"

Gehört der Hebräerbrief zu den eher selten gelesenen Büchern des Neuen Testaments, wird der Jakobusbrief geradezu angefeindet. Martin Luther verbannte ihn nicht nur ans Ende seiner Bibel, er lehnte ihn sogar als Grundlage für einen dogmatischen Beweis strikt ab. Am liebsten hätte er das Buch schließlich ganz aus den deutschen Bibeln vertrieben.

Zwei Dinge waren es, die dem Reformator an dem Brief so sauer aufstießen: Zum einen gebe Jakobus „stracks wider Paulus und alle andere Schrift den Werken die Gerechtigkeit", zum anderen wolle er „Christenleute lehren und gedenkt nicht einmal in solcher langen Lehre des Leidens, der Auferstehung, des Geistes Christi. Er nennt Christus etlichemale, aber er lehrt nichts von ihm, sondern spricht von gemeinem Glauben an Gott." So tue „Jakobus nicht mehr, denn treiben zu dem Gesetz und seinen Werken, und wirft so unordentlich eins ins andere, daß mich dünkt, es sei irgend ein guter frommer Mann gewesen, der etliche Sprüche von der Apostel Jünger gefasst und also aufs Papier geworfen hat; oder sie ist vielleicht aus seiner Predigt von einem anderen beschrieben. [...] Darum will ich ihn nicht haben in meiner Bibel in der Zahl der rechten Hauptbücher, will aber damit niemand wehren, daß er ihn setze und hebe, wie es ihn gelüste; denn es sind viele gute Sprüche sonst drinnen."[99]

Luthers Kritik an dem von ihm an anderer Stelle als „stroherne Epistel" bezeichneten Jakobusbrief ist verständlich. Beim flüchtigen Durchlesen macht das Werk tatsächlich keinen besonders christlichen Eindruck. Jesus selbst wird nur zweimal erwähnt, einmal davon in der Absenderangabe (vgl. Jak 1,1; 2,1). Und beim Rest des Briefes könnte man tatsächlich den Eindruck gewinnen, eher eine Schrift der Weisheitsliteratur oder einen Propheten des Alten als einen Brief des Neuen Testaments vor sich zu haben. Insgesamt scheint das Buch den Sprüchen Salomos oder dem Propheten Amos näher zu stehen als etwa dem Römer- oder dem Epheserbrief. Das macht es jedoch umso interessanter, sich mit seinem Hintergrund zu beschäftigen.

Weisheit aus dem Evangelium

Ein paar Gedanken zur Weisheit

Mancher erste Eindruck verflüchtigt sich, wenn man sich näher mit einer Sache beschäftigt. Auch beim Jakobusbrief ist das der Fall. In der Tat ist dieser Brief wahrscheinlich das „jüdischste" Buch des Neuen Testaments, und zwar in zweifacher Hinsicht: Es erinnert nicht nur stark an alttestamentliche Texte, auch die Vorgehensweise seines Autors ist in gewisser Weise geradezu klassisch für das Judentum. Von den Weisheitsschriften des Alten Testaments bis hin zu den chassidischen Geschichten finden wir eine Literatur, die zwar durchdrungen ist von der in den fünf Büchern Mose geoffenbarten Ordnung Gottes, die auf diese allerdings an keiner Stelle ausdrücklich Bezug nimmt.

Betrachten wir zum Beispiel die Sprüche Salomos. Auf den ersten Blick erscheinen sie wie eine relativ lose Sammlung einzelner Sprichwörter mit einigen längeren zusammenhängenden Abschnitten. Die Sprichwörter selbst klingen in der Regel nicht besonders „fromm", Gott oder seine Gebote werden jedenfalls nur hier und da einmal erwähnt. Doch bei genauerem Hinsehen entdecken wir, dass dieser erste Eindruck trügt. Nehmen wir als Beispiel einen Spruch, der in unsere „Volksweisheit" aufgenommen wurde:

> *„Wer eine Grube macht, der wird hineinfallen; und wer einen Stein wälzt, auf den wird er zurückkommen." (Spr 26,27)*

Das liest sich zunächst wie eine Feststellung, eine Beobachtung aus dem Alltag. Mit Gott hat es fürs Erste nichts zu tun, hier wird ja nichts über das Heil ausgesagt, sondern anscheinend nur ein weltlicher Sachverhalt dargestellt. Doch dem ist nicht so. Denn der in diesem Spruch dargestellte Zusammenhang ist streng genommen nicht das Ergebnis von Beobachtungen, sondern eine Glaubensaussage. Jeder kennt schließlich Situationen, in denen einer einem anderen eine Falle gestellt hat und der nicht nur hi-

neingetappt ist, sondern der Übeltäter auch noch ganz unbehel-
ligt davonkam. Mit anderen Worten: Der in dem Spruch behauptete Zusammenhang „funktionierte" so nicht. Und solche Fälle
kommen zu oft vor, als das man sie als gelegentliche Ausnahme
von der Regel abtun könnte. Um eine Beobachtung aus dem Alltag kann es sich bei dem Spruch also kaum handeln, auch wenn es
genügend Fälle gibt, in denen es tatsächlich so geschieht wie in
Spr 26,27 dargestellt.

Betrachten wir als Kontrast einmal einen „weltlichen" Spruch,
der sich mit einer ähnlichen Problematik beschäftigt: „Die Kleinen hängt man, die Großen lässt man laufen." Die Gewissheit,
dass es eine gerechte Ordnung gibt, wie im Sprüchebuch behauptet, wird hier nicht mehr so deutlich. Zwar existiert Gerechtigkeit, allerdings gilt sie nicht für alle im gleichen Maß. Die „kleinen" Verbrecher werden tatsächlich bestraft, die „großen" dagegen, die sich nicht selbst die Hände schmutzig machen, etwa weil
sie ihre Untaten vom Schreibtisch aus anordnen, fallen nur allzu
oft durch das Sieb der Gerechtigkeit.

Spr 26,27 bezieht sich also offensichtlich nicht auf eine für jeden Menschen, ob nun religiös oder nicht, erfahrbare Alltags-
ordnung. Hintergrund ist vielmehr die Ordnung Gottes, wie sie
im Alten Testament offenbart wurde. Gott ist ein gerechter Gott,
weshalb er auch die Welt gerecht geordnet hat. Ein gläubiger
Mensch wird daher auch die eben zitierte „Alltagsweisheit" in Frage
stellen. Die Großen mag „man" laufen lassen, Gott aber wird sie
eines Tages zur Verantwortung ziehen – wenn nicht mehr in dieser Welt, dann in der zukünftigen. So fällt letztlich doch jeder in
die Grube, die er gegraben hat.

Das aber sind Aussagen des Glaubens, die von der Erfahrung
nur teilweise gedeckt sind (mehr ist auch kaum möglich, schließlich
ist die Weltgeschichte noch nicht zu Ende, und das Jüngste Gericht hat noch nicht stattgefunden). Hinter den Sprüchen steckt
also Glaube, und zwar der Glaube an eine von Gott gesetzte Ordnung der Welt. Wie bei der anderen Weisheitsliteratur auch besteht jedoch das Hauptanliegen der Sprüche nicht darin, die Ordnung Gottes dogmatisch zu behaupten, sondern sie in den Bezü-
gen des Alltags sichtbar und umsetzbar zu machen.

Was hier für die Weisheitsliteratur gesagt wurde, gilt genauso für die Propheten. Wer die prophetischen Bücher des Alten Testaments aufmerksam liest, wird feststellen, dass auch hier der im mosaischen Gesetz ausgedrückte Wille Gottes im Hintergrund steht, ohne dass ausdrücklich auf ihn Bezug genommen würde. Gerade in den Gerichtsworten klagen die Propheten den Ungehorsam ihres Volkes an, zitieren dabei aber nicht wie ein Staatsanwalt einzelne Bestimmungen, die übertreten wurden. Aber ihre Zuhörer, die sich im Gesetz auskannten, wussten, worauf sie sich bezogen.[100]

Neutestamentliche Weisheit

Treten wir einen Schritt zurück und betrachten mit diesem Wissen im Hinterkopf den Jakobusbrief. Nach dem ersten Eindruck ist er scheinbar „unchristlich", denn Jesus kommt nur an zwei unbedeutenden Stellen vor, stattdessen spricht der Brief recht allgemein von Gott. Bei genauerem Hinsehen offenbar sich aber etwas Erstaunliches: Hintergrund des Schreibens ist nicht etwa das Alte Testament, sondern das Evangelium, genauer gesagt: die Worte von Jesus. Interessant ist dabei, dass der Brief an keiner Stelle direkt zitiert, sondern stattdessen verschiedene Aussprüche Jesu mit eigenen Worten umschreibt. Schauen wir einmal die auffallendsten Parallelen nebeneinander an:

Wenn es aber jemandem unter euch ... mangelt, so bitte er Gott ...; so wird ihm gegeben werden. (Jak 1,5)	*Bittet, so wird euch gegeben.* (Mt 7,7)
Seid aber Täter des Worts und nicht Hörer allein. (Jak 1,22)	*Wer diese meine Rede hört und tut sie nicht, der gleicht einem törichten Mann ...* (Mt 7,26)
Was hilft's, ... wenn jemand sagt, er habe Glauben, und hat doch keine Werke? Kann denn der Glaube ihn selig machen? (Jak 2,14)	*Es werden nicht alle, die zu mir sagen: Herr, Herr!, in das Himmelreich kommen, sondern die den Willen tun meines Vaters im Himmel.* (Mt 7,21)

Kann ... ein Feigenbaum Oliven hervorbringen oder ein Weinstock Feigen tragen? (Jak 3,12)	*Kann man denn Trauben lesen von den Dornen oder Feigen von den Disteln?* (Mt 7,16)
Die Frucht der Gerechtigkeit aber wird gesät in Frieden für die, die Frieden stiften. (Jak 3,18)	*Selig sind, die Frieden stiften; denn sie werden Gottes Kinder heißen.* (Mt 5,9)
Wer aber bist du, daß du den Nächsten verurteilst? (Jak 4,12)	*Richtet nicht, damit ihr nicht gerichtet werdet.* (Mt 7,1)
Euer Reichtum ist verfault, eure Kleider sind von Motten zerfressen. Euer Gold und Silber ist verrostet, und ihr Rost wird gegen euch Zeugnis geben ... Ihr habt euch Schätze gesammelt in diesen letzten Tagen! (Jak 5,2f.)	*Ihr sollt euch nicht Schätze sammeln auf Erden, wo sie die Motten und der Rost fressen und wo die Diebe einbrechen und stehlen.* (Mt 6,19)
Vor allen Dingen aber ... schwört nicht, weder bei dem Himmel noch bei der Erde noch mit einem anderen Eid. Es sei aber euer Ja ein Ja und euer Nein ein Nein, damit ihr nicht dem Gericht verfallt. (Jak 5,12)	*Ich aber sage euch, daß ihr überhaupt nicht schwören sollt, weder bei dem Himmel ... noch bei der Erde ... Eure Rede aber sei: Ja, ja; nein, nein. Was darüber ist, das ist von Übel.* (Mt 6,34-37)

Schon diese wenigen Belege machen deutlich, dass der Jakobusbrief keineswegs in erster Linie das Alte Testament als Hintergrund hat, sondern das Evangelium und hier vor allem die Bergpredigt (vgl. Mt 5-7). Fast der ganze Brief liest sich wie eine Auslegung zu dieser großen Rede Jesu, ohne dass sie auch nur ein einziges Mal wörtlich zitiert wird. In klassisch jüdischer Weise werden vielmehr die einzelnen Themen entfaltet und für den Alltag durchbuchstabiert, so wie es die alttestamentlichen Propheten oder die Weisheitsliteratur mit den in den fünf Büchern Mose dargelegten Ordnungen Gottes getan haben.

Was also beim ersten Hinschauen ganz unchristlich aussieht, erweist sich bei näherer Betrachtung als geradezu durchdrungen von den Worten und Gedanken Jesu, auch wenn sein Name tatsächlich nirgendwo fällt.

Wer aber hat uns diesen Brief hinterlassen? Welcher Autor der ersten Gemeinde war so christlich und gleichzeitig auch so jüdisch?

„Ein Knecht Gottes und des Herrn Jesus Christus"

Wer war Jakobus?

Der Jakobusbrief ist, zumindest was seinen Anfang betrifft, ganz so gestaltet, wie man es bei einem antiken griechischen Brief erwarten würde. Auf die Nennung des Absenders folgt die Empfängerangabe und ein kurzer Gruß:

> *„Jakobus, ein Knecht Gottes und des Herrn Jesus Christus, an die zwölf Stämme in der Zerstreuung: Gruß zuvor!" (Jak 1,1)*

Der Schluss des Schreibens ist freilich nicht besonders typisch. Der Brief endet geradezu abrupt, die sonst üblichen Grüße und abschließenden Wünsche fehlen. Dennoch ist aus dem Anfang klar, dass es sich bei dem Werk zumindest formal um einen Brief handelt, auch wenn aus der Angabe der Adressaten zunächst nicht hervorgeht, an wen er gerichtet ist.

Ähnlich geht es vielleicht manchem mit dem Absender. Die Beschreibung „Knecht Gottes und des Herrn Jesus Christus" wirkt nicht gerade eindeutig, schließlich sollten diese Angaben auf jeden Christen zutreffen. Hinzu kommt, dass der Name Jakobus (die griechische Form des aus dem Alten Testament bekannten Jakob) unter den männlichen Juden der Antike ein ähnlich häufiger Name war wie unter den Frauen Maria. Allein im Neuen Testament werden fünf verschiedene Personen erwähnt, die Jakobus hießen.

Allerdings ist die Lage nicht so hoffnungslos, wie es auf den ersten Blick scheinen mag. Wenn Jakobus sich schlicht als Knecht Gottes und Jesu Christi vorstellen kann, muss er eine bekannte

Persönlichkeit gewesen sein, die es nicht nötig hatte, weitere Angaben zu sich selbst zu machen. Im Neuen Testament gibt es nur zwei Männer mit Namen Jakobus, die eine solch herausragende Stellung einnahmen: Jakobus, den Apostel und Bruder des Johannes, Sohn des Zebedäus, und Jakobus, den Bruder von Jesus. Ersterer wurde 44 n. Chr. von Herodes Agrippa I. hingerichtet (vgl. Apg 12,2), Letzterer stand bis zu seinem gewaltsamen Tod 62 n. Chr. der Jerusalemer Gemeinde vor. Nach den altkirchlichen Angaben kommt nur der „Herrenbruder" als Verfasser des Briefes in Betracht,[101] dem Apostel wurde er zu keiner Zeit zugeschrieben.

Über Jakobus, den Bruder von Jesus, lässt sich aus dem Neuen Testament und anderen Quellen einiges in Erfahrung bringen. Nach Mt 13,55 war er der älteste der vier Brüder von Jesus,[102] glaubte aber wie die anderen Geschwister zu dessen Lebzeiten nicht an ihn (vgl. Joh 7,5). Das änderte sich nach der Auferstehung. Paulus erwähnt eine Erscheinung des Auferstandenen vor Jakobus (vgl. 1. Kor 15,7), die wohl die Wende in seinem Leben brachte. Zusammen mit dem Rest der Familie gehörte er jedenfalls schon vor Pfingsten zum engsten Jüngerkreis (vgl. Apg 1,14).

In der ersten Gemeinde hatte der Bruder von Jesus recht bald eine angesehene Stellung inne. Als Paulus drei Jahre nach seiner Bekehrung nach Jerusalem reiste, um Petrus kennen zu lernen, traf er auch mit Jakobus zusammen (vgl. Gal 1,18f.). 44 n. Chr. scheint der Herrenbruder schon eine maßgebliche Rolle eingenommen zu haben. Der aus der Haft entkommene Petrus bittet jedenfalls darum, „Jakobus und die Brüder" von seiner Flucht zu informieren (vgl. Apg 12,17). Neben Petrus und Johannes war Jakobus zu dieser Zeit eine der drei „Säulen" der Gemeinde (vgl. Gal 2,9). Als im Jahr 48 die Apostel und Ältesten in Jerusalem darüber berieten, ob die zum Christentum bekehrten Heiden beschnitten werden sollten oder nicht, hatte schließlich Jakobus das entscheidende Wort (vgl. Apg 15,13-21). In der Zeit danach muss die Verantwortung ganz in seine Hände übergegangen sein, denn als Paulus 58 nach Jerusalem zurückkehrt, wurde die Jerusalemer Gemeinde nur noch von Jakobus und den Ältesten geleitet (vgl. Apg 21,18), die Apostel waren offensichtlich nicht mehr vor Ort. Repräsentant der ersten Gemeinde war damit eine Person, die wohl nicht nur bei den Christen, sondern auch unter den Juden geachtet war. Nach einer von Eusebius überlieferten Notiz des Kirchenvaters Hegesipp aus dem zweiten Jahrhundert trug Jakobus aufgrund seines Gesetzesgehorsams den Beinamen „der Gerechte". Täglich habe er im Tempel für das Volk gebetet, so dass seine Knie hart wie die eines Kamels geworden seien. Wein und andere alkoholische Getränke habe er ebenso wenig angerührt wie Fleisch.[103] Leider enthalten die Ausführungen des Hegesipp auch einige stark übertriebene Anteile,[104] weswegen man nicht jedes seiner Worte für bare Münze nehmen darf. Allerdings unterstreichen sie den Eindruck von Jakobus als einem gesetzestreuen Juden, einen Eindruck, den wir auch aus dem Neuen Testament gewinnen.

In dieser Richtung lässt sich ebenfalls sein etwas rätselhafter Beiname interpretieren, der an gleicher Stelle durch Hegesipp überliefert wurde. Jakobus sei, so führt der Kirchenvater aus, „Oblias" genannt worden, was im Griechischen „Stütze und Halt des Volkes" bedeute. Hier könnte unter Umständen eine Ableitung des aramäischen *ophla* vorliegen einer in Jerusalem gebräuchlichen Bezeichnung für den Zionsberg, mit der eine geschützte oder befestigte Anhöhe gemeint ist.[105] Jakobus hätte sich demnach als Schutz für die Gemeinde erwiesen. Vielleicht war es also unter anderem sein untadeliger jüdischer Lebenswandel, der die Jerusalemer Gemeinde in den in Apg 8,1 und 12,1 erwähnten Verfolgungszeiten vor Schlimmerem bewahrte.

So beliebt Jakobus jedoch in manchen Bevölkerungskreisen gewesen sein mag, er hatte auch einflussreiche Feinde. Als der römische Statthalter Festus im Jahr 62 völlig unerwartet starb und der Posten bis zur Ankunft seines Nachfolgers Albinus unbesetzt blieb, witterte der Hohepriester Ananos II. seine Chance und ließ Jakobus und einige andere steinigen.[106]

Für die erste Gemeinde kam mit dem Ende einer ihrer prägenden Gestalten auch eine ganze Epoche zu ihrem Abschluss. Wenig später floh sie nach Pella im Ostjordanland, um dem 66 ausbrechenden jüdischen Aufstand zu entgehen, in dessen Verlauf Jerusalem und der Tempel 70 n. Chr. dem Erdboden gleichgemacht wurden. Als die Gemeinde wenige Jahre später zurückkehrte, war Jerusalem eine andere Stadt.

Der Verfasser in der Kritik

Dass Jakobus den nach ihm benannten Brief geschrieben hat, war zu keiner Zeit völlig unumstritten. Bereits in der Alten Kirche regte sich Widerstand. Eusebius erwähnt, dass nicht viele von den Alten das Schreiben zitiert hätten und einige es für unecht hielten. Allerdings fügt er auch hinzu, dass der Brief zu seiner Zeit (also im 3./4. Jahrhundert) in den meisten Gemeinden als Heilige Schrift gelesen werde.[107]

Entsprechend vielfältig ist der altkirchliche Befund.[108] Origenes († 253/254) sah den Brief als echt an und zitierte ihn in seinem Werk. In nordafrikanischen Kanonverzeichnissen ist er dagegen nicht zu finden, ebenso fehlte er wohl im römischen Kanon Muratori aus dem späten zweiten Jahrhundert. Letzteres ist aber nicht sicher, da der Kanon Muratori nicht vollständig erhalten ist. Unklar ist auch, ob verschiedene christliche Schriftsteller des zweiten Jahrhunderts den Jakobusbrief kannten und gebrauchten. Zwar lassen sich direkte Zitate nicht nachweisen, an einigen Stellen, zum Beispiel im Barnabasbrief oder im „Hirt des Hermas", wollen manche aber Anklänge an Jakobus erkennen.

So vielfältig der altkirchliche Befund ist, so schwer ist er zu deuten. Dass der Brief nur wenig zitiert wurde, muss nichts mit Zweifeln an seiner Echtheit zu tun haben. Es kann auch schlichtweg an der Natur der Sache liegen. Als ein in erster Linie ethisch ausgerichtetes Schreiben eignete er sich sehr viel weniger für theologische Auseinandersetzungen als etwa die Paulusbriefe. Insofern wird bis heute vergleichsweise wenig mit ihm argumentiert und dies auch von Menschen, die den Brief für authentisch halten.

Ähnlich ließe sich sein Fehlen in den alten Kanonverzeichnissen erklären. Einerseits fehlen in manchen die katholischen Briefe überhaupt, also auch die von Johannes, Petrus und Judas. Andererseits ist der Jakobusbrief ausdrücklich an die „zwölf Stämme in der Zerstreuung" (Jak 1,1) gerichtet, womit er als ein ausschließlich an Juden(christen) gerichtetes Schreiben verstanden werden kann. Die uns überlieferten Kanonverzeichnisse sind jedoch Zeugnisse der heidenchristlichen Kirche. Trotzdem bleiben die frühen Zweifel an der Echtheit des Briefes eine Aufforderung, sich ernsthaft mit dieser Frage auseinander zu setzen.

In der Reformationszeit kamen dogmatische Bedenken hinzu.

Über Luthers ablehnende Haltung wurde bereits gesprochen. Ausgehend von seiner Erkenntnis von der Rechtfertigung des Sünders als zentralem Thema des Neuen Testaments, hielt der Reformator den Brief auch „für keines Apostels Schrift". Von Jakobus könne er demnach nicht gewesen sein, denn „obwohl doch Jakobus von Herodes zu Jerusalem vor Petrus getötet war, scheint es hier doch wohl, daß er längst nach Petrus und Paulus gewesen sei".[109]

Luthers Argumente wirken bis heute nach. So ist es vor allem das Verhältnis von „Glaube" und „Werken" nach Jak 2,14-26, das die Forscher an der Echtheit des Briefes zweifeln lässt. Nach Ansicht nicht weniger Ausleger findet hier eine Auseinandersetzung mit der paulinischen Theologie statt – allerdings mit einem falsch verstandenen Paulus. Das jedoch setze einen gewissen zeitlichen Abstand zwischen dem Wirken des Apostels und der Abfassung des Briefes voraus, weswegen eine Niederschrift zu Lebzeiten des Jakobus nicht in Frage komme.[110]

Gegen Jakobus spreche auch, dass der Brief sich zwar ausführlich mit dem Gesetz beschäftige, dies aber nur in ethischer Hinsicht. In der Auseinandersetzung mit Paulus haben indessen vor allem kultische Fragen im Mittelpunkt gestanden, allen voran die nach der Beschneidung. Sie berührt der Brief freilich ebenso wenig wie andere zwischen Juden- und Heidenchristen umstrittene Problemfelder.

Hinzu kommen verschiedene andere Unstimmigkeiten. So erscheint es einigen als wenig plausibel, dass der Herrenbruder Jakobus an keiner Stelle des Schreibens auf seine besondere Beziehung zu Jesus anspielen und auch sonst nicht auf seine Autorität als Leiter der Urgemeinde hinweisen sollte.[111] Als gewichtigstes Gegenargument wird schließlich die Sprache des Briefes angeführt. Auch wenn das dort verwendete Griechisch erkennen lässt, dass der Autor aus dem semitischen Sprachraum kommt, gehört es doch zu dem besten des Neuen Testaments. An einigen Stellen wollen manche sogar den Einfluss hellenistischer Bildung erkennen. Hierzu gehören etwa rhetorische Fragen (vgl. etwa Jak 2,6f.14; 3,12), das Aufnehmen von Einwänden fiktiver Gegner (vgl. Jak 1,13; 2,14.18), verschiedene Wortspiele und anderes.[112] Kann ein einfacher Zimmermann aus Nazareth in Galiläa über eine solche Bildung verfügt haben?

Gegenargumente

Betrachtet man sich die oben angeführten Darlegungen im Einzelnen, fällt auf, dass nicht alle Argumente gleich gewichtig sind. Manche von ihnen sind kaum der Überlegung wert, etwa die Frage, ob der Herrenbruder Jakobus auf seine Beziehung zu Jesus und seine Stellung in der Gemeinde hätte anspielen müssen. Menschen mit einer anerkannten Autorität hatten es schon in neutestamentlicher Zeit in der Regel nicht nötig, diese ausdrücklich zu betonen. Meist ist eher das Gegenteil der Fall. Paulus etwa strich den Galatern gegenüber seinen Aposteltitel heraus, schließlich war er dort umstritten, den Philippern gegenüber aber erwähnte er ihn nicht einmal, denn dort stellte ihn niemand in Abrede.

Ähnliches ließe sich zur Frage anführen, ob Jakobus seine verwandtschaftliche Beziehung zu Jesus hätte ansprechen müssen. Interessant wäre das nur in einem „Familienbetrieb", in dem vor allem die Abstammung für eine leitende Stellung qualifiziert. Die erste Gemeinde war jedoch nach allen Zeugnissen anders strukturiert. Der Herrenbruder hätte zudem aus seiner verwandtschaftlichen Beziehung zu dem Herrn der Gemeinde kaum Kapital schlagen können, schließlich war allgemein bekannt, dass er vor Jesu Auferstehung alles andere als ein Jünger gewesen war und von Jesus deshalb sicher nicht für eine besondere Stellung empfohlen worden war.

Bei näherem Hinsehen spricht dieser Befund also zumindest ebenso für die Echtheit des Briefes wie gegen sie. Während ein Fälscher es nötig hat, die Autorität der von ihm eingenommenen Persönlichkeit hervorzuheben, um seinen Worten mehr Gewicht zu verleihen, hat es die Persönlichkeit selbst gerade nicht. Allerdings bleibt es müßig, zu überlegen, was ein „echter" oder „falscher" Jakobus hätte schreiben müssen und was nicht. Beurteilt werden kann nur, was der Autor tatsächlich geschrieben hat. Und nichts von dem spricht gegen Jakobus als Verfasser.

Schwerer als die nicht betonte Autorität wiegt die Sprache des Briefes und die damit verbundene griechische Bildung. Hierzu muss allerdings gesagt werden, dass sich selbst die Kritiker über den Stellenwert dieses Argumentes nicht einig sind.[113] Das verwundert nicht. Denn das Palästina, in dem Jakobus geboren wurde, war zweisprachig. Und das galt insbesondere für die Gegend um den See Genezareth, in der er aufwuchs. In den hellenistischen Städten Galiläas wurde so selbstverständlich griechisch gesprochen, dass schon ein Bauhandwerker wie Josef, der Vater des Jakobus, über gewisse Grundkenntnisse im Griechischen verfügt haben musste, um überhaupt arbeiten zu können. Nicht unwahrscheinlich ist, dass er mehr als nur Grundkenntnisse hatte, ähnlich wie auch heute Menschen in Grenzgebieten beide Sprachen fließend sprechen.

Mit dem Umzug nach Jerusalem muss sich für Jakobus die Notwendigkeit, griechisch zu sprechen, eher noch verstärkt haben. Jerusalem war eine zweisprachige Stadt, in der es Synagogen gab, in denen griechische Gottesdienste abgehalten wurden (vgl. Apg 6,9), weil eben ein Teil der Bewohner Jerusalems Aramäisch nicht verstand. So war auch die erste Gemeinde von Anfang an zweisprachig (vgl. Apg 6,1), zumal eine nicht geringe Anzahl von Gläubigen aus dem griechischen Sprachraum kam (vgl. Apg 2,9-11). Dabei sollte man bedenken, dass es sich hierbei nicht nur um sprachliche Unterschiede handelte. Mit ihnen waren auch solche in der Kultur verbunden, wie sie sich heute ebenfalls in zweisprachigen Gemeinden zeigen (etwa wenn es in einer Gemeinde einen großen Anteil von russlanddeutschen Aussiedlern gibt). Wer in einem solchen Umfeld die Leitung angetragen bekommt, wird mehr als nur ein paar Brocken Griechisch gesprochen haben.

Wie gut das Griechisch des Jakobus nun tatsächlich gewesen ist, entzieht sich freilich unserer Kenntnis – und ist damit letztlich nicht zu klären. Die Erfahrung zeigt, dass es Menschen gibt, die in der Lage sind, nach nur kurzer Zeit eine fremde Sprache praktisch fließend zu sprechen. Andere können sich selbst nach Jahrzehnten im entsprechenden Land nur sehr gebrochen verständigen. Zwischen diesen Extremen gibt es so viele Schattierungen, wie es Akzente gibt, in denen eine Sprache gesprochen wird. Dem einen hört man nach Jahren noch an, woher er kommt, der andere übernimmt die Aussprache seiner neuen Umgebung nahezu perfekt.

Vergrößert wird die Unsicherheit noch dadurch, dass Jakobus durchaus Rat und Hilfe bei einem gesucht haben könnte, der das Griechische beherrschte, ähnlich wie wir es heute tun, wenn wir wichtige Texte in einer fremden Sprache verfassen müssen. Das gilt natürlich auch für die von den Kritikern erwähnten Einflüsse aus der hellenistischen Rhetorik. Zudem sollte man an dieser Stelle nicht übertreiben. Rhetorische Fragen hat auch Jesus schon gestellt, und die Diskussion mit einem fiktiven Gegner ist nicht so ungewöhnlich, dass man deswegen einen palästinischen Juden als Autor von vornherein ausschließen müsste.

Ob Jakobus den Brief geschrieben haben kann oder nicht, entscheidet sich also letztlich an theologischen Fragen. Kann die Auseinandersetzung von Jak 2,14ff. noch zu Lebzeiten des Herrenbruders geführt worden sein? Oder zwingt sie zu der Annahme, dass der Brief erst lange nach dem Tod des Apostels Paulus entstanden sein muss? Hierzu ist es nötig, zunächst den Hintergrund des Briefes als Ganzes zu beleuchten.

Der Hintergrund des Briefes

Ein judenchristliches Schreiben

Betrachtet man den Jakobusbrief einmal unabhängig von der Frage nach dem Zusammenhang von Glaube und Werken, gibt es zunächst nichts, was auf ein Abfassungsdatum nach 70 schließen lässt. Im Gegenteil, vieles wirkt um einiges „urtümlicher" als etwa in den Paulusbriefen. So ist der Brief an die „zwölf Stämme in der Zerstreuung" (Jak 1,1) gerichtet und damit an alle Juden, die außerhalb Palästinas wohnen.[114]

Beim Lesen hat man zudem den Eindruck, als ob die Unterscheidung von Juden und Christen für den Absender eigentlich keine Rolle spielt. Beide werden nicht nur nicht namentlich erwähnt, es fehlt auch jeder Hinweis auf eine Abgrenzung zwischen beiden Gruppen. Es gibt keine Polemik, keine Anklagen gegen die anderen, keine Verteidigung des eigenen Standpunktes. Nirgendwo geht es um mit der Heidenmission verbundene Fragen wie die nach der Beschneidung, den Speisegeboten und den Reinheitsvorschriften. Das Eindringen heidnischer Vorstellungen in die Gemeinde, womit Paulus vielerorts zu kämpfen hatte, wird nicht einmal angesprochen. Es gibt keine Auseinandersetzung mit Irrlehren oder falschen Aposteln.

Der Jakobusbrief geht vielmehr ganz selbstverständlich davon aus, dass seine Leser im Rahmen der alttestamentlichen Ordnungen leben. Unbefangen verweist er sie auf das Gesetz und warnt, dass man nicht ein einziges Gebot übertreten dürfe (vgl. Jak 2,8-11; 4,11f.). Er nennt Gott mit dem alttestamentlichen Namen „Herr Zebaoth" (Jak 5,4) und die Unterdrückten „Gerechte" (Jak 5,6). Abraham wird ganz im jüdischen Sinn „unser Vater" genannt (Jak 2,21), ebenso werden Rahab (Jak 2,25), Elia (Jak 5,17), Hiob (Jak 5,11) und „die Propheten" (Jak 5,10) als Vorbilder aufgeführt.

Interessant ist an dieser Stelle vor allem der Hinweis auf die, „die Gewalt gegen euch üben" (Jak 2,6). Was sich zunächst wie eine Verfolgungssituation liest, entpuppt sich als soziales Problem. Es geht um Reiche, die Ärmere vor Gericht ziehen, und gerade nicht um einen religiösen Konflikt zwischen Christen und Juden. Vielmehr scheinen die Reichen sogar dieselben „Synagogen" (Jak 2,2; Luther übersetzt ungenau: „Versammlungen") zu besuchen wie die Armen (vgl. Jak 2,2-4). Wie die Empfänger des Briefes sind also auch sie Juden. Damit verstärkt sich der Eindruck, dass für den Autor die Heidenchristenheit praktisch nicht existiert – was umso erstaunlicher ist, als er ja an die „zwölf Stämme in der Zerstreuung" schreibt, also an Gläubige in der heidnisch geprägten griechisch-römischen Welt.

Glaube und Werke

Betrachten wir nun den umstrittenen Abschnitt Jak 2,14-21: Hier warnt der Autor davor, sich nur auf den Glauben zu verlassen, weil der Glaube allein nicht retten könne. Auf den ersten Blick liest sich dies wie ein Gegensatz zu Gal 3,1-14 und Röm 4,1-25, denn Paulus sagt ganz deutlich:

> *„Dem aber, der mit Werken umgeht, wird der Lohn nicht aus Gnade zugerechnet, sondern aus Pflicht. Dem aber, der nicht mit Werken umgeht, glaubt aber an den, der die Gottlosen gerecht macht, dem wird sein Glaube gerechnet zur Gerechtigkeit." (Röm 4,4f.)*

Wie Jakobus bezieht sich auch Paulus dabei auf Abraham. Während Abraham jedoch nach dem Jakobusbrief ein „Werk" vorweisen konnte, „als er seinen Sohn Isaak auf dem Altar opferte" (Jak 2,21), kann er das nach Paulus gerade nicht. Der Apostel baut seine ganze Argumentation vielmehr darauf auf, dass Abrahams Glaube diesem bereits zu einer Zeit „zur Gerechtigkeit gerechnet" worden sei, als der Erzvater noch nicht einmal beschnitten gewesen sei (vgl. Röm 4,10).

Der Gegensatz lässt sich nicht leugnen: Was bei Jakobus gut ist, das „Werk", ist bei Paulus gerade schlecht. Ja, der Unterschied geht sogar noch tiefer. Während Jakobus im „Werk" einen Beweis für die Lebendigkeit des Glaubens sieht (vgl. Jak 2,17f.), ist nach Paulus gerade das Gegenteil der Fall: Wer sich auf seine Werke verlässt, zeigt damit, dass er keinen Glauben hat (vgl. Gal 3,9-12).

Vergleicht man die Texte miteinander, fällt allerdings noch etwas auf: Paulus benutzt „Glaube" und „Werke" in viel stärkerem Maß als Jakobus als Fachwörter: „Werk" steht dabei für die Leistung des Menschen, für das, was er sich vor Gott erarbeitet hat und worauf er stolz ist. Wer sich also auf „Werke" verlässt, geht davon aus, dass er so viel Gutes in seinem Leben vollbracht hat, dass Gott gar nicht anders kann, als ihm im Gegenzug (und damit sozusagen als Entlohnung) das ewige Leben zu geben. „Werke" sind daher bei Paulus immer mit einer selbstgerechten Haltung verbunden. Wenn ich auf „Werke" baue, halte ich mich selbst für gerecht und entsprechend tadellos.

Das Gegenteil dieses selbstgerechten Vertrauens auf die „Werke" ist bei Paulus der „Glaube". Wer „glaubt", hat erkannt, dass er vor Gott aus sich selbst heraus niemals gerecht sein kann. Weil ich Sünder bin, weil in mir „nichts Gutes wohnt" (Röm 7,18), werde ich niemals den Maßstäben genügen, die Gott gerechterweise an mich anlegt. Ich brauche also einen Erlöser, einen, der mich aus dieser Notlage befreit. Dieser Erlöser ist Jesus Christus, der am Kreuz alles getan hat, damit ich mit Gott versöhnt sein kann. „Glauben" heißt deshalb, Jesu Erlösungstat am Kreuz als für mich geschehen anzunehmen. Mein Heil ist damit nicht mehr von mir abhängig, vielmehr vertraue ich auf Christus und seine Tat.

Auf diesem Hintergrund wird klar, warum sich für Paulus „Glaube" und „Werke" ausschließen. Entweder vertraue ich darauf, dass Christus alles für mich getan hat, oder ich baue auf meine eigene Leistung. Beides zusammen geht nicht, ebenso wenig wie man einen Geldbetrag gleichzeitig als verdienten Lohn und als Almosen ausgezahlt bekommen kann.

Deutlich wird aber auch, was Paulus nicht meint: „Glaube" ist bei ihm nicht ein ausschließlich innerer Vorgang, etwa das Wissen, dass ein bestimmtes Bekenntnis wahr ist, oder das schlichte Hoffen darauf, dass ich schon irgendwie das ewige Leben erlangen werde. Ebenso wenig sind „Werke" bei Paulus allein ein äußeres Tun. Beide sind vielmehr einander ausschließende Lebenskonzepte, wozu jeweils eine innere Einstellung und das daraus abgeleitete Handeln gehören.

Wenn ich „mit Werken umgehe", bin ich also davon überzeugt, dass ich mir aus eigener Kraft das ewige Leben erarbeiten kann, und lebe auch so. Wenn ich dagegen „glaube", dann weiß ich, dass ich Jesus als Erlöser brauche, und versuche entsprechend, mich von ihm nach seinem Willen umgestalten zu lassen. Das hat jedoch enorm praktische Auswirkungen, nicht nur im Umgang mit Gott, sondern auch in dem mit meinen Geschwistern in der Gemeinde und mit den Menschen, die nicht in einer solchen Gottesbeziehung leben. Nicht von ungefähr fordert daher der Apostel die Leser seiner Briefe immer wieder dazu auf, ihren Glauben praktisch werden zu lassen:

„Ich ermahne euch nun, liebe Brüder, durch die Barmherzigkeit Gottes, daß ihr eure Leiber hingebt als ein Opfer, das lebendig, heilig und Gott wohlgefällig ist. Das sei euer vernünftiger Gottesdienst. Und stellt euch nicht dieser Welt gleich, sondern ändert euch durch die Erneuerung eures Sinnes, damit ihr prüfen könnt, was Gottes Wille ist, nämlich das Gute und Wohlgefällige und Vollkommene." (Röm 12,1f.)

Paulus spricht hier von einem Vorgang, der anderswo als „Bekehrung" beschrieben wird. Ergriffen von der Barmherzigkeit Gottes, die sich darin zeigt, dass der Sünder aufgrund der in Jesus geschehenen Erlösung das ewige Leben bekommt, lebt ein Christ sein Leben nicht mehr so wie vorher („stellt sich der Welt gleich"), sondern fragt nun nach dem Willen Gottes. Und der führt zum „Guten", „Wohlgefälligen" und „Vollkommenen", also jenem veränderten Verhalten, das Paulus in den weiteren Kapiteln des Briefes ausführt (vgl. Röm 12,1-15,13).

Betrachten wir nun den Abschnitt aus dem Jakobusbrief. Auch wenn dort ebenfalls die Worte „Glaube" und „Werke" gebraucht werden, ist mit ihnen etwas anderes gemeint als bei Paulus. Das wird schon aus der inhaltlichen Beschreibung des „Glaubens" im Jakobusbrief deutlich: „Du glaubst, daß nur einer Gott ist?" (Jak 2,19) Hier wird also das *schema jisrael*, das „Höre, Israel" zitiert:

„Höre, Israel, der HERR ist unser Gott, der HERR ist einer (Lutherübersetzung: ‚der HERR allein‘). Und du sollst den HERRN, deinen Gott, liebhaben von ganzem Herzen, von ganzer Seele und mit all deiner Kraft." (5. Mose 6,4f.)

Dieser Text ist das Urbekenntnis des Judentums, mit ihm grenzt es sich seit alter Zeit vom Heidentum mit seinen vielen Göttern ab. „Glaube" ist in Jak 2,19 also nicht wie bei Paulus eine Lebenshaltung, sondern nur das Aussprechen eines Bekenntnisses, und zwar des Bekenntnisses, das in jedem Synagogengottesdienst gebetet wird.[115]

Auch wenn der Autor dieses Bekenntnis mit seinen Lesern teilt (vgl. Jak 2,19: „Du tust recht daran"), warnt er davor, es beim bloßen Bekennen bewenden zu lassen. Das schlichte Mitsprechen des *schema jisrael* ist für Jakobus „toter Glaube" (vgl. Jak 2,17), gleichbedeutend mit einem aufmunterndem Wort, wo eher tatkräftige Unterstützung angebracht wäre (vgl. Jak 2,15f.). Was fehlt, sind die „Werke", also die Konsequenzen, die man eigentlich aus dem „Glauben" ziehen müsste. Erst mit ihnen kann der „Glaube" als eine Lebenseinstellung sichtbar werden, als etwas, das nicht nur mein Denken, sondern auch mein Handeln bestimmt.

Der Jakobusbrief steht damit in einer langen Tradition biblischer Autoren. Seine Vorlagen liegen in der prophetischen Verkündigung des Alten Testaments, in der Predigt Johannes des Täufers und in den Mahnungen Jesu. Ob nun Amos gegen die Gottesdienste Israels auftritt und statt Liedern und Harfenspiel Gerechtigkeit fordert (vgl. Am 6,21-24), ob Johannes seine Zuhörer warnt, sie sollten nicht auf ihre Abstammung von Abraham vertrauen und stattdessen „rechtschaffene Früchte der Buße" bringen (vgl. Mt 3,7-10), oder ob Jesus seinen Jüngern einschärft, das Aussprechen des Gottesnamens „Herr, Herr" werde niemanden retten, sondern allein das Tun des Gotteswillens: Das Thema ist immer dasselbe. Wie im Jakobusbrief wird vor einer Frömmigkeit gewarnt, die vor allem in äußeren Formen und einer damit verbundenen trügerischen Selbstsicherheit besteht.

Inhaltlich sind Paulus und Jakobus also nicht so weit auseinander, wie es auf den ersten Blick scheinen mag. Beiden ist es wichtig, dass das Bekenntnis sich im praktischen Leben niederschlägt. Beide betonen, dass der christliche Glaube nicht nur ein inneres Empfinden, sondern ein das ganze Leben umgreifendes Konzept ist. Unterschieden sind sie jedoch nach wie vor in ihrer Begrifflichkeit, vor allem, was die Definition des „Werkes" angeht.

Wer war früher: Paulus oder Jakobus?

Damit sind wir bei der entscheidenden Frage, nämlich der nach dem Verhältnis zwischen Paulus und Jakobus. So viel ist klar: Jakobus bezieht sich genauso wenig direkt auf Paulus wie Paulus auf Jakobus. Es wäre also falsch, in Jak 2,14ff. sozusagen die Antwort auf den Galater- oder den Römerbrief zu sehen. Ebenso wenig setzen sich diese beiden Schreiben direkt mit dem Jakobusbrief auseinander.

Eins ist jedoch auffällig: Sowohl Jakobus als auch Paulus machen ihre Argumentation an Abraham fest, dessen Gottesbeziehung sie als vorbildlich hinstellen. Bei beiden wird entsprechend der „Glaube" Abrahams gelobt (vgl. Röm 4,1ff.; Jak 2,21ff.). Ist das nun Zufall oder steckt da doch mehr dahinter? Möglich wäre ja, dass sich einer von beiden mit dem anderen auseinander setzt, ohne dessen Argumente wirklich zu kennen. So hätte etwa der Autor des Jakobusbriefes gehört haben können, Paulus lehre unter Berufung auf Abraham, dass man als Christ nur ein Glaubensbekenntnis sprechen, nicht aber sein Leben ändern müsse.[116] Lässt sich also die Theologie des Jakobusbriefes als eine indirekte Antwort auf die paulinische Verkündigung verstehen?

Betrachtet man die Briefe an die Galater und die Römer sowie das Jakobus zugeschriebene Schreiben nebeneinander, wird deutlich, dass der Römerbrief die am gründlichsten reflektierte Theologie hat. Hier werden „Glaube" und „Werke" nicht nur ganz klar als Fachbegriffe verwendet, auch die Aussagen über Abraham als „Vater des Glaubens" beruhen auf einer sehr gründlichen Auslegung der entsprechenden Abschnitte des Alten Testaments (vgl. Röm 4,3-5.10-12.18-22). Im Vergleich dazu fällt die Argumentation im Galaterbrief etwas ab. Hier wird zwar ebenfalls die zentrale Stelle 1. Mose 15,6 aufgeführt, allerdings nicht wirklich ausgelegt: Weil Abraham glaubte, sind auch die, die glauben, Abrahams Kinder (vgl. 3,6f.). Welcher Art der Glauben Abrahams war und inwiefern die Christen einen ähnlichen Glauben haben, wird nicht näher erläutert.

Der Jakobusbrief ist sogar noch etwas weniger reflektiert. Glaube und Werke sind hier keine Fachbegriffe, der Autor bezeichnet vielmehr sowohl die von ihm gutgeheißene Haltung als „Glauben" (vgl. Jak 1,2f.6; 2,1.5 usw.) wie auch die von ihm kritisierte (vgl. Jak 2,14.17.20 usw.). Und während mit „Glaube" in Kapitel 2 offensichtlich das bloße Mitsprechen eines Bekenntnisses gemeint ist, dessen Ernsthaftigkeit in Frage steht, wenn es nicht in Einklang mit dem sonstigen Leben geschieht (vgl. Jak 2,17-22.24.26), bezeichnet „Glaube" anderswo gerade eine vertrauensvolle Haltung, die von Gott erwartet, was der Mensch aus eigener Kraft nicht tun kann (vgl. Jak 1,6; 5,15). Das lässt darauf schließen, dass der Autor seine Begrifflichkeit nicht mit Bedacht gewählt, sondern schlichtweg aus seiner Umwelt übernommen hat.

Ähnlich verhält es sich mit Abraham. Das im Jakobusbrief vorgestellte Abrahambild beruht nicht wie das des Römerbriefes auf einem Studium der entsprechenden Schriftstellen. Vielmehr argumentiert das Schreiben ganz in den Bahnen der jüdisch-christlichen Tradition, nach der Abraham als vorbildlicher „Gerechter", als „Freund Gottes" gilt (vgl. Jak 2,21-24; Jes 41,8). Festgemacht wird dies an der Opferung Isaaks (vgl. Jak 2,21), ähnlich wie es auch im judenchristlichen Brief an die Hebräer geschieht (vgl. Hebr 11,17-19).

Und während Paulus mit seiner Abraham-Interpretation offensichtlich bei seinen Lesern einige Überzeugungsarbeit leisten muss, scheint Jakobus gar nicht damit zu rechnen, dass man Abraham auch anders als in Jak 2,21-23 vorgestellt verstehen kann. Deutlich wird das an der rhetorischen Frage: „Ist nicht Abraham ... durch Werke gerecht geworden ...?" (Jak 2,21) Dass der Erzvater dagegen gerade als *das* Paradebeispiel für den von Jakobus kritisierten Glauben ohne Werke in Anspruch genommen werden könnte, kommt dem Autor des Briefes jedenfalls nicht in den Sinn.

Nach diesen Beobachtungen ist es recht unwahrscheinlich, dass der Jakobusbrief sich mit (einem missverstandenen) Paulus auseinander setzt. Mit dem Römerbrief war nicht nur die Begrifflichkeit klar definiert, sondern Abraham auch mit einer sorgfältigen Auslegung von 1. Mose 15,6 als Vater des Glaubens in Anspruch genommen. Hiergegen auf eine Weise, wie Jakobus es tut, angehen zu wollen, wäre ähnlich naiv, wie wenn man auf einem Treffen evangelischer Dogmatiker mit der Behauptung aufträte, mit „Rechtfertigung" sei gemeint, dass ein Sünder seine Taten im Nachhinein richtig stelle. Im alltäglichen Gebrauch mag dieses Wort so verwendet werden, in der Dogmatik ist es jedoch seit der Reformationszeit eindeutig anders definiert.

Damit bleiben aber nur zwei mögliche Schlussfolgerungen: Entweder haben Paulus und Jakobus unabhängig voneinander über Glaube und Werke nachgedacht, womit sie zeitgleich wären. Oder die paulinische Theologie mit ihrer reflektierten Begrifflichkeit und sorgfältigen Auslegung der Abrahamsgeschichte ist gerade eine Reaktion auf den in dieser Hinsicht wenig reflektierten Jakobusbrief. Warum können nicht der Galater- und der Römerbrief in gewisser Weise die Antwort auf einen missverstandenen oder missbrauchten Jakobus sein? Damit kann jedoch die Theologie kaum als Maßstab für die Datierung des Jakobusbriefes in Anspruch genommen werden.

Wann und wo wurde der Brief geschrieben?

Vieles im Jakobusbrief deutet auf ein frühes Datum hin: Christen und Juden werden ebenso wenig unterschieden wie Juden und Heiden. Der Autor geht vielmehr ganz selbstverständlich davon aus, dass alle Christen Juden sind und sich in der Synagoge zum Gottesdienst versammeln. Für ein frühes Datum spricht auch, dass der Verfasser offensichtlich die Paulusbriefe und die in ihnen vertretene Theologie nicht gekannt hat. Eine solche Situation ist jedoch nur ganz am Anfang der paulinischen Mission denkbar, denn die Paulusbriefe wurden bereits recht früh gesammelt und verbreitet (vgl. Kol 4,16). Für eine frühe Abfassung spricht nicht zuletzt die Theologie des Jakobusbriefes, die in vielem der Weisheitsliteratur, den alttestamentlichen Propheten sowie der Predigt Jesu und Johannes des Täufers sehr nahe steht.

In Betracht kommt damit ein Datum in der Anfangszeit der Kirche, und zwar vor der paulinischen Mission und der damit verbundenen Hinwendung zur Heidenwelt (vgl. Apg 13,46). Mit ihr erfolgte nach und nach die Trennung der Kirche von der Synagoge, mit ihr kamen die Beschneidungsfrage und damit die Frage nach der Gültigkeit des mosaischen Gesetzes für Heidenchristen überhaupt erst auf. Wenn sich der Jakobusbrief also nicht mit diesen Fragen auseinander setzt, muss er lange vor dem in Apg 15 geschilderten „Apostelkonzil" entstanden sein.

Wie viel vorher, lässt sich nur schwer abschätzen. Vielleicht gibt Gal 2,12 einen Hinweis, wo von „einigen von Jakobus" die Rede ist, die Petrus und Barnabas davon abhielten, mit den Heidenchristen Antiochias Tischgemeinschaft zu haben, und die Nichtjuden zur Beschneidung aufriefen (vgl. Apg 15,1). Da der Herrenbruder Jakobus der Heidenmission gegenüber aufgeschlossen war (vgl. Gal 2,9; Apg 15,13-21), muss es sich bei denen „von Jakobus" um Anhänger handeln, die über das Ziel hinausgeschossen waren. Könnte der Jakobusbrief, in dem das Halten des Gesetzes (vgl. Jak 2,10) betont wird, die Ursache für dieses Missverständnis gewesen sein?

Letztlich lässt sich das nicht mehr klären. Möglich wäre es jedoch, dass Paulus vom Jakobusbrief angestoßen wurde, sich nicht nur mit dem Zusammenhang von Glauben und Gesetz, sondern auch mit der Gestalt Abrahams näher zu beschäftigen. Ein erster Entwurf liegt in dem kurz vor dem „Apostelkonzil" entstandenen Galaterbrief vor, eine ausgeführte Argumentation in dem sehr viel später verfassten Römerbrief, der zu einer Zeit geschrieben wurde, als die Kontroverse neu aufzuflammen drohte (vgl. Apg 21,20f.).

In jedem Fall wäre der Jakobusbrief vor dem „Apostelkonzil" entstanden, das allgemein auf das Jahr 48 datiert wird. Auch kann er kaum (wie der Galaterbrief) am Vorabend des Treffens geschrieben worden sein, da bei seiner Entstehung die Heidenmission höchstens in Ansätzen geschehen sein kann. Paulus und Barnabas brachen wohl um 44 zu ihrer ersten Missionsreise auf (vgl. Apg 13,1ff.), um diese Zeit müsste also auch Jakobus seinen Brief geschrieben haben, wenn er es nicht noch früher tat.

Auch wenn sich das genaue Abfassungsjahr nicht mehr ermitteln lässt, ist der Entstehungsort relativ leicht festzulegen. Jakobus war der Leiter der Gemeinde in Jerusalem, so dass diese Stadt am ehesten als Abfassungsort des Briefes in Betracht kommt. Hierfür spricht auch, dass der Jakobusbrief palästinische Verhältnisse voraussetzt. Nicht Sommer und Winter bestimmen das Klima, sondern der aus dem Alten Testament bekannte „Frühregen und Spätregen" (Jak 5,7). In wirtschaftlicher Hinsicht geben reiche jüdische Großgrundbesitzer den Ton an, die auf ihren Feldern nicht, wie sonst im Römischen Reich üblich, Sklaven, sondern Tagelöhner beschäftigen (vgl. Jak 5,4). Diese Verhältnisse gab es nirgendwo anders in der antiken Welt als in dem aus den Evangelien bekannten Palästina vor dem Jahr 70. Dorthin gehört der Jakobusbrief nicht nur theologisch, sondern im ganz buchstäblichen Sinn.

Das Evangelium der ersten Gemeinde

Der Jakobusbrief hat eine lange Geschichte von Missverständnissen hinter sich. Diese Geschichte begann vielleicht schon kurz nach seiner Entstehung, als übereifrige „Judaisten" in Antiochia verkündeten, Jakobus habe gesagt, alle Christen müssten zum Judentum übertreten. In den ersten Jahrhunderten umstritten und in der nachfolgenden Zeit nur wenig beachtet, fristete der Brief spätestens seit Luthers vernichtendem Urteil ein Schattendasein am Rand des Neuen Testaments und damit im Leben der Kirche.

Vielleicht ist durch diese Randexistenz das Missverständnis eher verstärkt als vermindert worden. Wer die Schriften des Neuen Testaments in der in unseren Bibeln abgedruckten Reihenfolge liest, erhält zunächst in den Evangelien und der Apostelgeschichte eine sehr lebendige Schilderung vom Leben Jesu und der ersten Gemeinden, bevor er sich mit den Paulusbriefen in die Tiefen dogmatischer Deutungen begibt. Danach, so scheint es, ist der Kopf nicht mehr frei, um ein Schreiben wie den Jakobusbrief anders als dogmatisch zu verstehen. Unter diesem Blickwinkel betrachtet fällt er natürlich gegenüber Paulus steil ab, seine dogmatischen Äußerungen wirken primitiv und wenig durchdacht, seine Ausführungen zum praktischen Leben gesetzlich.

Aber was wäre, wenn dieses Verständnis grundfalsch wäre? Wenn der Jakobusbrief gar nicht dogmatisch verstanden sein will, sondern eher als eine weisheitliche Lebenshilfe? Dieser Brief ist wie eine Predigt über den Text des Evangeliums. Was dort vor allem in der Bergpredigt von Jesus gesagt wird, versucht Jakobus für die praktischen Bezüge des Alltags umzusetzen. Zentrales Thema ist dabei die Gerechtigkeit, das Ideal des Alten Testaments und der Bergpredigt. Dort hatte Jesus gesagt:

„Wenn eure Gerechtigkeit nicht besser ist als die der Schriftgelehrten und Pharisäer, so werdet ihr nicht in das Himmelreich kommen." (Mt 5,20)

Wie den Jakobusbrief und die Bergpredigt kann man auch diesen Satz leicht missverstehen, indem man sich die „Schriftgelehrten und Pharisäer" zum Maßstab nimmt. Sie soll ein Christ in ihrer Gerechtigkeit noch übertreffen. Im praktischen Leben kann das nur auf eine noch strengere Gesetzlichkeit hinauslaufen. War das pharisäische System, das das Gesetz bis ins Kleinste im Alltag durchbuchstabierte, an vielen Stellen trotz aller Mühe lückenhaft, so muss das christliche vollkommen sein und wirklich keine Ausnahmen zulassen. Dieser Weg führt zwangsläufig zu den Irrlehrern in Antiochia und Galatien, die nicht nur Christus, sondern auch die Beschneidung predigten. Mose und Jesus, die „Satzungen der Ältesten" und die neuen Regeln der Gemeinde, das war ihre Vorstellung von einer besseren Gerechtigkeit als die der Schriftgelehrten und Pharisäer.

Paulus hat sich dem machtvoll entgegengestellt, indem er auf die Schattenseite dieses Ansatzes hinwies: Hier bestimmt der Mensch, was der Wille Gottes zu sein hat, und Gott bleibt außen vor. Die Folge dieser „besseren Gerechtigkeit" ist also vor allem eine noch größere Selbstgerechtigkeit, eben die feste Überzeugung, diesmal wirklich alles richtig gemacht zu haben. Jesus hat in seiner Verkündigung eine solche Haltung bloßgestellt (vgl. Lk 18,9-14), Paulus hat sie vor seiner Bekehrung selbst gelebt und verwarf sie danach mit den schärfsten Worten (vgl. Phil 3,4-9).

Das führt zu der zweiten Möglichkeit, die „bessere Gerechtigkeit" zu verstehen, von der Jesus spricht. Es geht nicht um ein gesteigertes Pharisäertum, sondern um eine andere Gerechtigkeit, eine Gerechtigkeit, die nicht nur mit der der Schriftgelehrten und Pharisäer nichts zu tun hat, sondern zudem noch besser ist als diese, weil sie weiterbringt. Es ist eine Gerechtigkeit, die nicht auf menschlichen Fähigkeiten aufbaut, auf irdischen Bemühungen, sondern eine Gerechtigkeit, die von Gott kommt.

Und damit sind wir bei Jakobus. In seinem Brief spricht er von dieser Gerechtigkeit, aber nicht wie Paulus dogmatisch darlegend, sondern weisheitlich predigend. Weise im biblischen Sinn ist ein Mensch, der fest mit Gott rechnet und deshalb sein Leben auf Gott und seine Ordnungen ausrichtet, selbst da, wo sie nicht so offensichtlich sind. Ein weises Leben ist ein Leben aus der Gottesbeziehung heraus, ein Leben, das darum bemüht ist, Gott besser kennen zu lernen und sich selbst nach seinen Vorstellungen umgestalten zu lassen. Wie ein in diesem Sinn weises Leben für Christen aussehen kann und sollte, versucht nun Jakobus in seinem Brief zu beschreiben.

Am Anfang steht nicht von ungefähr die Bitte um Weisheit (vgl. Jak 1,5). Ohne Weisheit kann ein gottgefälliges Leben nicht gelingen. Aber Weisheit kann ich mir nicht erarbeiten oder anlesen, ich kann sie mir nur von Gott geben lassen, denn sie entspringt der Gottesbeziehung, ist die Frucht eines Lebens in engem Kontakt mit seinem Schöpfer und Erlöser. Gott soll bestimmen, nicht der Mensch, und Gott muss sich offenbaren. Gott muss führen und bei den scheinbar unbedeutenden Entscheidungen des Alltags die Richtung vorgeben.

Doch mit Gottes Offenbarung ist es nicht getan, auf Seiten des Menschen ist Glaube nötig. Und Glaube definiert Jakobus als ein beständiges Vertrauen auf Gott (vgl. Jak 1,6-8). Hierzu gehört auch das Aushalten von Versuchungen (vgl. Jak 1,13-18) sowie nicht zuletzt die Umsetzung dessen, was man als Wort Gottes gehört hat (vgl. Jak 1,19-27).

Und was das bedeutet, macht Jakobus in seinem Brief in einer Radikalität deutlich, die selbst im Neuen Testament ihresgleichen sucht. Immerhin war er der Leiter einer Gemeinde, die bewusst in die wirtschaftliche Katastrophe gesteuert war, weil sie sich von Gott zur Gütergemeinschaft berufen sah (vgl. Apg 2,44-46). Der Jakobusbrief ist ganz in dem Geist geschrieben, der zu diesem und anderen Schritten getrieben hat: Jeder Mensch soll mit Gottes Augen gesehen werden, nicht unter dem Gesichtspunkt seines „materiellen Wertes" (vgl. Jak 2,1-9), was sich im Einsatz für die Schwachen äußern muss (vgl. Jak 2,14-26), aber auch darin, dass man seine Zunge im Zaum halten kann (vgl. Jak 3,1-12).

Diese Beispiele sind mit Bedacht gewählt. Gerade an ihnen zeigt es sich nämlich, ob der Glaube als Gottvertrauen „lebendig" ist oder nur ein bloßes Lippenbekenntnis, das auch die Dämonen ablegen können (vgl. Jak 2,19). Eine Gemeinde, die tatsächlich die Person nicht ansieht und Reichen noch nicht einmal die ihrem Status entsprechenden Privilegien einräumt (in Jak 2,2f. geht es nur um Ehrenplätze!), wird kaum die zahlungskräftigen Spender halten können, die sie zur Finanzierung ihrer Arbeit zu brauchen glaubt. In eine ähnlich schwierige Lage wird der gebracht werden, der in den mit alltäglicher Not und unbeschreiblichem Elend angefüllten Straßen der antiken Welt den Anspruch von Jak 2,15f. umsetzen wollte. Die Zunge schließlich offenbart das Herz: Was einer redet, vor allem in unkontrollierten Ausrufen, zeigt, wer er wirklich ist.

Auch wenn Jakobus diese Anregungen durchaus ernst gemeint hat, sollte man sie nicht als Gesetz missverstehen, als etwas, das einer leisten muss, um damit vor Gott besser dazustehen. Vielmehr will er auf diese Weise die Leser an ihre Grenzen führen. Dies geschieht jedoch nicht, damit sie in ihrer scheinbar aussichtslosen Lage verzweifeln, sondern um ihre Gottesbeziehung zu vertiefen. Nicht von ungefähr folgt wieder ein Abschnitt über die Weisheit „von oben her" (vgl. Jak 3,17), von Gott. Nicht das irdische Bemühen ist das Ziel, sondern die Offenheit, sich von Gott umgestalten zu lassen. Denn nur wer von oben her weise ist, wird „zuerst lauter, dann friedfertig, gütig, läßt sich etwas sagen, ist reich an Barmherzigkeit und guten Früchten, unparteiisch, ohne Heuchelei" (Jak 3,17).

Die folgenden Verse rechnen mit dem ab, was dieser Offenheit im Wege steht, was Menschen daran hindert, allein Gott zu vertrauen. Es fängt an mit den „Gelüsten", mit dem, was uns nach Status, Ruhm und Reichtum streben lässt, was uns in Neid und Streit hineintreibt. Jakobus bezeichnet ein hiervon bestimmtes Leben als „Freundschaft mit der Welt" und nennt es unvereinbar mit einer vertrauensvollen Gottesbeziehung (vgl. Jak 4,1-10). Eng damit verbunden ist das Verleumden und gegenseitige Verurteilen, mit dem Menschen sich an die Stelle Gottes setzen (vgl. Jak 4,11f.). Weitere Hindernisse in der Gottesbeziehung sind die Selbstsicherheit, mit der einer es schon zu schaffen meint (vgl. Jak 4,13-17), und der Reichtum, der nicht nur trügerisch ist (vgl. Jak 5,2f.), sondern oft genug auch auf ungerechten Verhältnissen beruht (vgl. Jak 5,4-6).

Der Brief schließt mit verschiedenen Beispielen für eine vertrauensvolle Gottesbeziehung. Hierzu gehören nicht nur der Bauer, der geduldig auf die von seinem Schöpfer verheißene Ernte wartet (vgl. Jak 5,7), sondern auch Hiob und die Propheten, deren Lebensabend besser war, als die Spötter es vorher vermutet hatten (vgl. Jak 5,10f.). Nicht zu vergessen ist schließlich das Gebet für die Kranken, in dem die Gemeinde durch ihre Ältesten zum Ausdruck bringt, dass sie die Heilung oder zumindest eine Besserung von Gott erwartet (vgl. Jak 5,14f.).

Wie sehr man Jakobus missverstünde, würde man ihn gesetzlich interpretieren, machen seine letzten Worte deutlich: Sie sind ein eindringlicher Appell, den Sünder nicht zu vergessen, sondern jeden nur erdenklichen Schritt zu tun, damit er zur Wahrheit findet. Denn nicht die Menge der Sünden sagt etwas über einen Menschen aus, sondern die Antwort auf die Frage, ob er sich auf dem richtigen Weg befindet (vgl. Jak 5,19f.).

Der Jakobusbrief ist das Zeugnis einer Gemeinde, die auch in der ersten Christenheit in manchen Punkten keine Nachahmer gefunden hat. In ihrer radikalen Gütergemeinschaft blieb sie wohl einzigartig – und wegen der damit verbundenen materiellen Not von den anderen abhängig. Ihr Weg ist also nicht der Königsweg, den alle Christen zu allen Zeiten und an allen Orten gehen sollen. Aber es war ihr Weg mit Gott, und sie hat ihn in einer Kompromisslosigkeit beschritten, von der neben der Apostelgeschichte auch der Jakobusbrief Auskunft gibt. In dieser Hinsicht ist die erste Gemeinde und das mit ihr verbundene Schreiben immer wieder eine Herausforderung gewesen, allerdings eine, der sich nie der breite Strom der Christenheit gestellt hat. Gerade in einer Zeit, in der sich viele nach einem lebensverändernden Glauben sehnen, kann jedoch der Brief des Jakobus eine Ermutigung sein, wenn man ihn aus seinem Schattendasein befreit und ihn als das liest, was er sein will: eine Aufforderung, das ganze Leben Gott anzuvertrauen.

Anmerkungen

[99] Luther: Vorreden zur Heiligen Schrift, S. 130f.

[100] Dass die alttestamentlichen Propheten in der Regel das mosaische Gesetz nicht zitieren, ist so auffällig, dass im 19. Jahrhundert Alttestamentler im Gefolge Julius Wellhausens behaupteten, das Gesetz habe zur Zeit der Propheten noch nicht existiert. Damit jedoch verkannten sie den Charakter der alttestamentlichen (wie auch der neutestamentlichen) Prophetie, die eben nicht im Aufzählen einzelner Übertretungen besteht, sondern in der Erinnerung an die Beziehung zwischen Gott und seinem Volk.

[101] Vgl. Eusebius: Kirchengeschichte 2,23,23.

[102] Über die Verwandtschaftsverhältnisse besteht in der Ökumene Uneinigkeit: Nach evangelischer Auffassung war Jakobus ein Sohn von Joseph und Maria und wurde nach Jesus geboren. Die Ostkirche, die wie die römisch-katholische betont, dass Maria zeitlebens Jungfrau geblieben ist, sieht in ihm und seinen Geschwistern Kinder aus einer ersten Ehe Josefs, womit Jakobus älter gewesen wäre als Jesus. Nach römisch-katholischer Auffassung schließlich ist Jakobus weder ein Bruder noch ein Stiefbruder Jesu gewesen, sondern (wie seine Geschwister auch) ein Vetter (was vom griechischen Wort (*adelphos*) her zwar möglich, aber nicht besonders nahe liegend ist). Maria, die Mutter des Jakobus und des Jose (vgl. Mk 15,40), wird als seine Mutter angesehen.

[103] Vgl. Eusebius: Kirchengeschichte 2,23,4-7.

[104] So behauptet er, Jakobus sei es erlaubt gewesen, das Heiligtum zu betreten. Wenn er damit das Allerheiligste des Tempels meint, ist das ganz ausgeschlossen, denn das durfte selbst der Hohepriester nur einmal im Jahr betreten. Aber auch der eigentliche Tempelbereich war nur den Priestern vorbehalten. Hierzu konnte Jakobus, der wie Jesus aus dem Stamm Juda kam, nicht gehört haben. Ähnlich zweifelhaft erscheint mir die Behauptung, Jakobus habe sich niemals gewaschen, denn abgesehen von den hygienischen Konsequenzen wäre er damit auch mit seinem bewussten Gesetzesgehorsam in Konflikt geraten, der nun einmal regelmäßige rituelle Waschungen vorschrieb.

[105] Vgl. Pixner: Wege des Messias und Stätten der Urkirche, S. 344.

[106] Vgl. Josephus: Jüdische Altertümer 20,199-203.

[107] Vgl. Eusebius: Kirchengeschichte 2,23,23f.

[108] Einen ausführlichen Überblick zu dieser Frage gibt Guthrie: *New Testament Introduction*, S. 736-740.

[109] Luther: Vorreden zur Heiligen Schrift, S. 130 und 131. Der Reformator verwechselt hier offensichtlich den Herrenbruder Jakobus, dem der Brief zugeschrieben wurde, mit dem Johannesbruder und Apostel, der von Herodes Agrippa I. hingerichtet wurde. Für die Zweifel an der Authentizität des Briefes spielt das jedoch keine Rolle, denn auch der Herrenbruder starb vor Petrus und Paulus.

[110] Vgl. Kümmel: Einleitung in das Neue Testament, S. 364, und Vielhauer: Geschichte der urchristlichen Literatur, S.579. Schnelle: Einleitung in das Neue Testament, S. 440, der ebenfalls die Verfasserschaft des Jakobus bestreitet, hält jedoch gerade „die hinter Jak 2, 14-26 stehende Auseinandersetzung mit Paulus ... für den Herrenbruder Jakobus gut denkbar. Schließlich weisen die starke Betonung der Einheit von Glaube und Werken auf den strengen Judenchristen Jakobus hin."

[111] Vgl. Kümmel: Einleitung in das Neue Testament, S. 364: „Sollte der Herrenbruder wirklich jede Anspielung auf Jesus und seine Beziehung zu ihm unterlassen, obwohl der Verf. des Jk sich betont in einer autoritativen Rolle vorstellt?"

[112] Ausführlich dargelegt wird Jakobus' angebliche Nähe zur „kynisch-stoischen Diatribe" bei Vielhauer: Geschichte der urchristlichen Literatur, S. 568f.

[113] Während Vielhauer: Geschichte der urchristlichen Literatur, S. 579, behauptet, Griechisch müsse die Muttersprache des Autors gewesen sein, ist Kümmel: Einleitung in das Neue Testament, S. 364, vorsichtiger: „Die gebildete Sprache des Jk ist nicht die eines Palästinensers einfacher Herkunft." Schnelle: Einleitung in das Neue Testament, S. 440, der ebenfalls die Echtheit des Briefes bestreitet, führt dagegen an: „Das gute Griechisch des Jakobusbriefes und die rhetorische Schulung seines Autors können nicht mehr als Argumente gegen den Herrenbruder Jakobus verwendet werden, weil von einer überwiegenden Zweisprachigkeit Jerusalems und ganz Palästinas im 1. Jh. n. Chr. auszugehen ist."

[114] Im alltäglichen Sprachgebrauch des ersten Jahrhunderts war Diaspora, „Zerstreuung", die Bezeichnung für die außerhalb Palästinas lebenden Juden (Näheres siehe S. 37ff. im ersten Band). In diesem Sinn wird das Wort auch in Joh 7,35 gebraucht. Im 1. Petrusbrief wird der Begriff allerdings auf die Kirche angewandt, die damit als neues Israel angesprochen wird (vgl. 1. Petr 1,1). Da in Jak 1,1 jedoch ausdrücklich von den „zwölf *Stämmen* in der Zerstörung" die Rede ist, liegt die Vermutung näher, dass hier die zwölf Stämme des alttestamentlichen Israels gemeint sind, also die Juden (vgl. 1. Mose 49,28; 1. Kön 18,31; Esra 6,17; Mt 19,28).

[115] Das, was Paulus unter „Glaube" versteht, wird bei Jakobus mit dem Begriff des „Wortes" verbunden, das Gott in uns „eingepflanzt" hat (vgl. Jak 1,21), wodurch wir „wiedergeboren" wurden (vgl. Jak 1,18).

[116] Dies ist, vereinfachend gesagt, die Argumentation derer, die den Jakobusbrief spät datieren. Kümmel: Einleitung in das Neue Testament, S. 364, spricht von „einer mißverstandenen Nachwirkung paulinischer Theologie", mit der sich der Jakobusbrief auseinander setze. Schnelle: Einleitung in das Neue Testament, S. 441, führt aus: „Der Konflikt zwischen Glauben und Werken deutet ... auf die

nachpaulinische Zeit hin, als in Gemeinden des ehemaligen paulinischen Missionsgebietes die für Paulus selbstverständliche Einheit von neuem Sein und neuem Handeln auseinanderbrach. Paulus trifft die Polemik des Jak nicht ..., so daß man entweder eine völlige Unkenntnis der paulinischen Theologie durch den Herrenbruder Jakobus oder aber eine Auseinandersetzung in nachpaulinischer Zeit annehmen muß."

Der Brief des Judas

Ein wenig beachtetes Schreiben

Von der alten Kirche auf einen der hinteren Ränge verbannt und von Martin Luther nicht besonders geschätzt, fristet der Judasbrief ein Randdasein als vermutlich am wenigsten gelesene Schrift des Neuen Testaments. Ihr Verfasser war kein Apostel, ihre Empfänger werden nicht genannt, ihr Inhalt scheint im Wesentlichen in der Beschimpfung von Irrlehrern zu bestehen, wobei über das Wesen der so bekämpften Anschauungen kaum ein Wort verloren wird.

Entsprechend lustlos wird der Brief von den Auslegern behandelt. Schon Martin Luther beschränkte sich in seinen „Vorreden zur Heiligen Schrift" auf einen knappen Absatz, in dem er im Grunde nur feststellte, dass der Brief „ein Auszug oder Abschrift ... aus des Petrus anderer Epistel" sei, „Sprüche und Geschichten [anführe], die in der Schrift nirgends stehen" und deshalb nicht „unter die Hauptbücher gerechnet zu werden" verdiene.[117]

Sein Verhältnis zum 2. Petrusbrief und zu den apokryphen Überlieferungen des Judentums ist auch das, was die modernen Ausleger am meisten am Judasbrief zu interessieren scheint. Doch über diese Fragen wird so abgeklärt referiert, wie es üblich ist, wenn die eigentliche Diskussion schon lange zurückliegt. So gilt das Schreiben des Judas vielen als typischer Vertreter des „Frühkatholizismus", als Zeugnis einer Kirche, in der feste Strukturen und Ämter das freie Wirken des Geistes längst überlagert und verdrängt haben. Ist damit freilich schon alles gesagt?

Die Verfasserfrage

Judas, der Bruder des Jakobus

Der Verfasser des Briefes nennt sich „Judas, ein Knecht Jesu Christi und Bruder des Jakobus" (Jud 1). Auch wenn Judas und Jakobus im ersten Jahrhundert wohl die häufigsten jüdischen Männernamen waren, kann doch kein Zweifel daran bestehen, welcher Judas gemeint ist: der Sohn Josephs, einer der Brüder von Jesus. Das macht die Verbindung mit Jakobus hinreichend deutlich, denn es gab in neutestamentlicher Zeit nur einen Jakobus, der prominent genug war, um ohne weitere Beschreibungen auszukommen, nämlich „Jakobus, des Herrn Bruder" (Gal 1,19), der Leiter der Jerusalemer Gemeinde.[118] Bezeichnenderweise ist denn auch das Präskript des Judasbriefes ähnlich gestaltet wie das des Jakobusbriefes. In Beziehung zu Jesus nennen sich beide nicht etwa „Brüder", sondern „Knechte" (vgl. Jud 1; Jak 1,1).

Über den Herrenbruder Judas ist uns freilich nur sehr wenig bekannt. Wir wissen noch nicht einmal, ob er älter oder jünger war als Jesus. Beides ist möglich, je nachdem, ob es sich um einen Sohn Josefs aus erster Ehe handelte oder ob Maria, die Mutter Jesu, auch seine Mutter war. Ja, es ist noch nicht einmal sicher, ob Judas der jüngste oder zweitjüngste der Brüder von Jesus war, da Matthäus und Markus die Brüder in unterschiedlicher Reihenfolge aufzählen (vgl. Mt 13,55; Mk 6,3). Nur so viel ist sicher: Wie seine Geschwister glaubte auch Judas zur Zeit von Jesu irdischer Wirksamkeit nicht an ihn (vgl. Joh 7,5). Dies änderte sich nach der Auferstehung (vgl. Apg 1,14), womit wohl auch dieser Herrenbruder zum „Urgestein" der Jerusalemer Gemeinde zu rechnen ist.

Damit aber verliert sich seine Spur nahezu im Dunkel der Geschichte. Der Apostel Paulus berichtet in einer Randbemerkung davon, dass die „Brüder des Herrn" auf ihren Reisen ihre Ehefrauen dabei hätten (1. Kor 9,5), woraus man schließen kann, dass sie wie die Apostel in der Mission tätig waren. In welchem Gebiet allerdings Judas unterwegs war, lässt sich nicht mehr klären, auch der Judasbrief gibt darüber keine Auskunft.

Das Letzte, was wir über diesen Herrenbruder erfahren, ist, dass seine Enkel vor Kaiser Domitian vorgeladen wurden, weil der sie rebellischer Umtriebe verdächtigte, eine Anschuldigung, die sich als haltlos erweisen sollte.[119] Mehr ist über Judas leider nicht herauszubekommen.

Ist der Judasbrief ein „fingiertes" Schreiben?
Von Judas wissen wir also fast nichts, der ihm zugeschriebene Brief
ist gerade einmal 25 Verse lang. Für ein Schreiben dieses Um-
fangs, das keine dogmatischen oder ethischen Aussagen trifft, ist
die altkirchliche Bezeugung zudem ziemlich gut.[120] Vor diesem
Hintergrund kann man eigentlich nur den Angaben des Briefes
Glauben schenken und den Herrenbruder Judas für seinen Verfasser halten. Eine hinreichende Grundlage, auf der das geprüft werden könnte, haben wir nämlich nicht.

Interessant ist, dass trotzdem nicht wenige Ausleger den Judasbrief für ein „fingiertes" Schreiben halten, das ein Späterer unter
dem Namen des Herrenbruders verfasst habe. Die Argumente
hierfür sind vielschichtig. Die meisten sind keiner weiteren Wür-
digung wert,[121] eins soll jedoch näher bedacht werden. So wird
immer wieder angeführt, der Verfasser rede von den Aposteln als
einer längst vergangenen Generation (vgl. Jud 17) und stelle „den
Glauben ..., der ein für allemal den Heiligen überliefert ist" (Jud
3) in den Mittelpunkt seiner Ausführungen. Das lasse auf ein fest
gefügtes Glaubenssystem schließen, was erst in der nachapostolischen Zeit denkbar sei.[122] Der Herrenbruder Judas käme
daher als Verfasser des Briefes kaum in Betracht.

Es liegt in der Natur der Sache, dass sich Zweifel leichter streu-
en als ausräumen lassen. Dies gilt natürlich auch bei der Frage,
wer den Judasbrief geschrieben hat. Hier ist es sogar besonders
knifflig, weil uns schlichtweg die Datengrundlage fehlt, auf der
wir die Authentizität des Schreibens beweisen könnten. Wir haben nicht wie bei Paulus andere Briefe, mit denen wir die Sprache
und den Stil vergleichen könnten. Wir haben keine Ahnung von
der Theologie des Judas, ja wir wissen nicht einmal, in welchen
Gegenden er sich aufgehalten und wer ihn dort beeinflusst haben
könnte. Die „Echtheit" des Judasbriefes lässt sich also kaum belegen.

Das ist jedoch nicht nötig. Denn ein Schreiben wie der Judasbrief lässt sich auch als Fälschung kaum erklären. Wie nämlich die
Kritiker zu Recht feststellen, werden im Judasbrief die Gegner
„zwar eindrucksvoll beschimpft, sich aber nicht mit ihren Anschauungen [auseinandergesetzt]". Nun bedarf man keiner besonderen
Vollmacht, um Missstände wie die im Judasbrief genannten an-

sprechen zu können. Nicht nur ein Apostel oder Herrenbruder darf andere kritisieren. So verwundert es denn auch nicht, dass der Verfasser des Judasbriefes die Autorität des Herrenbruders (falls das überhaupt eine war) „nur schüchtern zur Geltung" bringt.[123] Falls er ein Fälscher war, „lieh" er sich also noch nicht einmal den Namen einer berühmten Persönlichkeit der apostolischen Zeit, sondern nur den eines ansonsten wenig bekannten Bruders von Jesus.

Warum aber sollte er das tun? Worin soll die „aktuelle Kontroverse"[124] bestanden haben, in der er mit seiner Fälschung angeblich Stellung beziehen wollte? Das verrät uns der Judasbrief jedoch gerade nicht. Vielmehr arbeitet sein Verfasser nach Ansicht der Kritiker so „durchgehend mit traditionellen Motiven" bzw. bediene sich so ausschließlich aus dem „Repertoire gängiger polemischer Topoi"[125], dass es schwer fällt, ein theologisches Profil der Gegner auch nur ansatzweise herauszuarbeiten. Wir haben es also mit einer Schrift zu tun, deren Zweck sich in der Warnung vor den Lesern bekannten Persönlichkeiten zu erschöpfen scheint.

Das ist jedoch nur aus ihrer Zeit heraus verständlich, denn Polemiken treffen nur, wenn Freund und Feind schon vorher klar benannt sind. So kann ein Oppositioneller der Regierung vorwerfen, sie führe das Land in den Abgrund, und die Regierung kann ihm antworten, die Opposition habe nicht das Gemeinwohl, sondern nur die eigenen Interessen im Sinn. Wenn ich nicht weiß, wer in der Regierung sitzt und wer in der Opposition und zudem keine Ahnung habe, um welches Problem es bei diesem Streit geht, bleibt die Polemik eine bloße gegenseitige Verunglimpfung. Die mag zwar zwanzig Jahre später immer noch aktuell sein – aber nur deshalb, weil jede Regierung und jede Opposition einander solches vorwerfen können, egal um welches aktuelle Problem es geht.

Mit der Ketzerpolemik ist es ähnlich: „Gottlose", „Wolken ohne Wasser", „kahle, unfruchtbare Bäume", „umherirrende Sterne" (Jud 4.12.13) treffen zunächst einmal jeden, weil damit im Prinzip keiner genau beschrieben wird. Mit solchen Worten zieht man vielmehr eine klare Linie zwischen Freund und Feind, hier sind „wir", dort sind „die", ohne dass etwas darüber ausgesagt wäre, was „uns" und „die" inhaltlich unterscheidet.

Insofern sind derartige Angriffe nur aus der Hitze des Gefechts heraus zu verstehen. Wenn also jemand Jahrzehnte nach Judas unter dessen Namen diesen Brief verfasst haben sollte, um ihn seinen Gegnern in der Gemeinde vorzuhalten, wäre das seiner Sache wenig hilfreich gewesen. Weil der Brief inhaltlich nur wenig aussagt, könnten beide Seiten behaupten, Judas habe mit seinen Beschimpfungen ihren jeweiligen Gegner gemeint. Wer Briefe zu einem solchen Zweck fingiert, achtet deshalb darauf, dass sowohl Freund wie Feind sich darin wiedererkennen können und die Fronten geklärt sind.

Mehr als dünn ist zudem die Behauptung der Kritiker, in Jud 17f. offenbare sich der Autor als ein Angehöriger der nachapostolischen Zeit. Dort heißt es:

> *„Ihr aber, meine Lieben, erinnert euch der Worte, die zuvor gesagt sind von den Aposteln unseres Herrn Jesus Christus, als sie euch sagten, daß in der letzten Zeit Spötter sein werden, die nach ihren eigenen gottlosen Begierden leben.“*

Erinnern setzt voraus, dass man das zu Erinnernde zumindest einmal gehört hat. Wenn ich mich also an die Worte eines Menschen erinnere, dann sage ich damit aus, dass ich ihn gehört habe. Dass man auch *von* ihm gehört haben kann („Erinnere dich daran, was Jesaja gesagt hat"), ist erst die zweite Bedeutung. Sie ist in unseren Versen allerdings ausgeschlossen, da von dem die Rede ist, was die Apostel „euch" gesagt haben. Das geht freilich nur, wenn die Leser des Judasbriefes mit den Aposteln Kontakt gehabt haben, sei es nun persönlich oder in schriftlicher Form.

Wann diese Begegnung stattgefunden hat, lässt sich nicht erkennen. Sie kann Jahre oder Jahrzehnte zurückliegen, sie kann aber auch erst kürzlich geschehen sein, nämlich dann, wenn die hier erwähnte Prophezeiung schnell eingetreten ist. Damit aber eignet sich dieser Vers nicht für eine zeitliche Einordnung des Briefes. Und wenn doch, dann deutet er eher in das apostolische Zeitalter hinein als aus ihm heraus.

Damit jedoch gibt es nichts, was gegen Judas als Verfasser des nach ihm benannten Schreibens sprechen würde.

Judas, Petrus und frühjüdische Quellen

Hinweise auf apokryphe Bücher

Wer sich in seinem Alten Testament auskennt, wird beim Lesen des Judasbriefes schnell merken, dass sein Autor über ungewöhnliche Informationen zu verfügen scheint. Der Streit des Erzengels Michael mit dem Teufel über den Leichnam des Mose (vgl. Jud 9) findet sich nämlich ebenso wenig in der biblischen Überlieferung wie eine Weissagung Henochs (vgl. Jud 14f.).

Zumindest bei Letzterem lässt sich die Quelle jedoch eindeutig feststellen: Es handelt sich um ein Zitat aus dem apokryphen Henochbuch, das, weil es nur in äthiopischer Sprache vollständig überliefert ist, meist „äthiopischer Henoch" genannt wird. Im Original vermutlich aramäisch, war es in der griechischen Übersetzung weit verbreitet. Seine Anfänge gehen vielleicht auf das fünfte vorchristliche Jahrhundert zurück, abgeschlossen wurde es wahrscheinlich im zweiten.

Daran wird schon deutlich, dass das Buch nicht von Henoch selbst stammen kann. Da dieser „der siebente von Adam an" (Jud 14) war, muss er mehrere tausend Jahre früher gelebt haben. Vom biblischen Henoch wissen wir denn auch nur, dass er „mit Gott wandelte", weswegen der ihn „hinwegnahm", so dass er nicht mehr gesehen wurde (vgl. 1. Mose 5,21-24). Als das Volk Israel in der babylonischen Gefangenschaft (597/87 bis 538 v. Chr.) von den sagenhaften Gestalten hörte, die nach dem Glauben der Babylonier vor der Sintflut gelebt haben sollen, wurde ihm vermutlich die Person des Henoch immer wichtiger. Denn nach und nach wurde dieser Mann zum Urvater der Weisheit und Erfinder der Schrift sowie zum Propheten Gottes hochstilisiert. Das Henochbuch ist ein Produkt dieses Prozesses, neben dem es freilich auch noch andere gibt.[126]

Während sich Jud 14f. also sicher auf ein apokryphes Buch zurückführen lässt, ist das für Jud 9 zumindest sehr wahrscheinlich. Hier scheint Judas auf eine in der „Himmelfahrt Moses" geschilderte Begebenheit anzuspielen. Ganz sicher ist das freilich nicht, denn die „Himmelfahrt Moses", ein Buch aus der Zeit unmittelbar vor Christi Geburt, ist leider nicht mehr vollständig erhalten. Ausgerechnet der bei Judas angeführte Abschnitt fehlt. Allerdings behaupten mehrere Kirchenväter, Judas habe den Text von dort übernommen.[127]

Im Judasbrief stoßen wir damit auf ein Phänomen, das im Neuen Testament häufiger vorkommt. In ihren Darlegungen berufen sich die Autoren zwar in der Regel auf das Alte Testament, allerdings nicht ausschließlich. Das gilt insbesondere für den Apostel Paulus, der in 1. Kor 10,4 auf eine mündliche Auslegung zum Alten Testament anspielt und in 2. Tim 3,8 die Namen zweier ägyptischer Zauberer nennt, die er nur aus einer (uns unbekannten) außerbiblischen Quelle haben kann. Für unseren Zusammenhang besonders interessant ist vermutlich, dass der Apostel sogar einmal das Wort eines heidnischen Dichters sozusagen zum Predigttext gemacht hat (vgl. Apg 17,28). Später bezeichnet er überdies einen heidnischen Schriftsteller als „Propheten" (vgl. Titus 1,12).

Wenn also Judas stark aus nichtbiblischen Quellen schöpft, zeigt das zunächst einmal nur, wie sehr er in seiner Zeit verwurzelt war, die eben diese Schriften schätzte. Dass der Autor diese Bücher für genauso heilig und wertvoll hielt wie das Alte Testament, kann man daraus freilich ebenso wenig ableiten, wie man das heute bei einem Pastor tun kann, der in einer seiner Predigten aus der Zeitung oder einem theologischen Buch zitiert. Ebenso wenig wird durch seine bloße Zitierung im Neuen Testament aus einem Buch wie dem äthiopischen Henoch eine inspirierte Schrift.

Auffallende Ähnlichkeiten mit dem 2. Petrusbrief

Doch Judas scheint nicht nur aus den Apokryphen geschöpft zu haben. Sein Schreiben weist auch auffallende Ähnlichkeiten mit dem 2. Petrusbrief auf, genauer gesagt mit 2. Petr 2,1-8 und 3,1-3. Zwar sind die Parallelen nicht so offensichtlich wie bei den ersten drei Evangelien; nicht wenige Ähnlichkeiten sind dennoch bemerkenswert. So beginnen beide Abschnitte mit einer Warnung vor Irrlehrern, die sich in der Gemeinde eingeschlichen haben (vgl. Jud 4; 2. Petr 2,1f.). Wäre das noch nichts Besonderes, folgt beide Male ein Hinweis auf die Engel, die Gott für ihre Sünden zur Rechenschaft gezogen hat (vgl. Jud 6; 2. Petr 2,4) und auf das Gericht über Sodom und Gomorra (vgl. Jud 7; 2. Petr 2,6).

In den jeweils folgenden Versen werden die Parallelen geradezu augenfällig: Es geht um Irrlehrer, die dem „Fleisch" anhängen und „Herrlichkeiten lästern", ja, die „über alles lästern, was sie nicht kennen", sowie um Engel, die kein „lästerndes Urteil" fällen wollten (vgl. Jud 8-10; 2. Petr 2,10-12). Auch die Vergleiche, die in der anschließenden Beschimpfung der Irrlehrer gebraucht werden, sind dieselben: „unvernünftige Tiere" (vgl. Jud 10; 2. Petr 2,12), „ohne Wasser", „vom Wind getrieben", „ihnen ist das Dunkel der Finsternis aufbewahrt" (vgl. Jud 12; 2. Petr 2,17). Schließlich wird in beiden Schreiben auf eine Weissagung verwiesen, wonach am Ende der Zeiten Spötter auftreten werden (vgl. Jud 18; 2. Petr 3,2-4).

Es kann kein Zweifel daran bestehen, dass solche Übereinstimmungen nicht zufällig zustande gekommen sind. Entweder hat also Judas den 2. Petrusbrief gekannt und aus ihm den entsprechenden Abschnitt übernommen, um ihn seinen Lesern mitzuteilen, oder es war umgekehrt. Denkbar ist auch eine dritte Variante, wonach beide auf eine gemeinsame (schriftliche oder mündliche) Quelle zurückgehen. Gehen wir also das Für und Wider der verschiedenen Vermutungen nacheinander durch.

Vieles spricht zunächst einmal dafür, dass Judas zuerst geschrieben und Petrus von ihm „geborgt" hat. Denn warum sollte Judas nur einen Abschnitt aus dem bereits existierenden Petrusbrief herauslösen, mit seinem Briefkopf versehen und abschicken? Dass umgekehrt der Apostel das kurze Schreiben des Herrenbruders in seinen sehr viel längeren Brief integriert hat, scheint logischer.

Der entsprechende Abschnitt liest sich bei Judas auch, als ob er mit etwas weniger Überlegung mehr aus dem Affekt heraus geschrieben wurde. Deutlich wird dies etwa an einem Bild: In Jud 12 werden die Gegner als „Wolken ohne Wasser, vom Wind umhergetrieben" bezeichnet. In 2. Petr 2,17 liest sich dies als „Brunnen ohne Wasser und Wolken, vom Wirbelwind umhergetrieben". Auch wenn man sich kein abschließendes Urteil erlauben kann, erscheint es doch ein wenig plausibler, dass aus dem einen etwas überfrachteten Bild („Wolken ohne Wasser") zwei einfach zu verstehende geworden sind als umgekehrt.

Nicht zuletzt könnte der Gebrauch der apokryphen Bücher für die Priorität des Judas ins Feld geführt werden. Im 2. Petrusbrief kommen die entsprechenden Zitate nicht vor, stattdessen wird nur ihre Aussage referiert, jeder Verweis auf das Henochbuch oder die „Himmelfahrt Moses" fehlt dagegen. Auch hier erscheint es wahrscheinlicher, dass Petrus die Zitate aus der ihm anstößigen apokryphen Literatur getilgt hat, als dass Judas die bei Petrus gelesenen Themen mit Belegstellen aus außerbiblischen Quellen versehen hat.

Doch auch für die umgekehrte Annahme lassen sich Argumente aufführen. Hierfür spricht zunächst einmal, dass das Griechisch des Judasbriefes etwas gepflegter ist als das eher ungehobelte des Petrusbriefes. Und normalerweise nimmt man ja an, dass mit einer Überarbeitung eher eine sprachliche Verbesserung verbunden ist als umgekehrt. Denn warum sollte Petrus den recht guten Stil seine Vorlage bewusst verschlechtert haben?

Der eindrucksvollste Hinweis auf die Priorität des 2. Petrusbriefes ist jedoch ein anderer: In Jud 17f. werden die Leser aufgefordert, sich an die Worte der Apostel zu erinnern, „als sie euch sagten, daß zu der letzten Zeit Spötter sein werden". Betrachtet man nun 2. Petr 3,3, so scheint man eben diese Worte zu finden: „Ihr sollt vor allem wissen, daß in den letzten Tagen Spötter kommen werden." Wenn diese Interpretation richtig ist, haben wir es mit einem direkten Verweis von Judas auf Petrus zu tun, womit der Brief des Apostels eindeutig vor dem des Herrenbruders entstanden sein muss.

Ein weiterer Bezug auf den 2. Petrusbrief könnte zudem in Jud 4 vorliegen, wonach das Urteil über die Gegner „schon längst geschrieben" ist. In 2. Petr 2,12f. wird über die Irrlehrer gesagt, sie „werden ... in ihrem verdorbenen Wesen umkommen und den Lohn der Ungerechtigkeit davontragen". Im weiteren Verlauf ist davon die Rede, „es wäre besser für sie gewesen, daß sie den Weg der Gerechtigkeit nicht erkannt hätten, als daß sie ihn kennen und sich abkehren von dem heiligen Gebot, das ihnen gegeben ist" (2. Petr 2,21). Sollte sich also Judas, der doch eindeutig auf ein „geschriebenes" Urteil verweist, auch hier auf das Schreiben des Apostels berufen?

Dass Petrus vor Judas schrieb, könnte man nicht zuletzt aus dem Gebrauch der Zeiten in beiden Briefen schließen. Der Apostel warnt vor falschen Lehrern, die „unter euch sein werden" und denen „viele folgen werden" (2. Petr 2,1f.). Bei dem Herrenbruder dagegen „haben sich einige Menschen eingeschlichen" (Jud 4). Das, was bei Petrus noch düstere Vorahnung war, scheint bei Judas also Wirklichkeit geworden zu sein.

Der Apostel spricht allerdings nicht nur in der zukünftigen Form, sondern benutzt an mehreren Stellen auch die Gegenwartsform, um die Irrlehrer zu beschreiben (vgl. 2. Petr 2,10ff.). Zur Zeit des Petrusbriefes muss es die Irrlehre demnach schon gegeben haben, wenn sie auch in dem von ihm angeschriebenen Kreis nicht so aktuell gewesen zu sein schien wie unter den Lesern des Judasbriefes. Da wir jedoch nicht wissen, ob es sich um dieselbe Zielgruppe handelte, bringt die Frage des Zeitgebrauchs nur wenig Klarheit. Der Apostel könnte ja auch seine Leser vor Irrlehrern warnen, mit denen es die von Judas betreuten Gemeinden schon zu tun haben.

Noch verwirrender wird das Bild, wenn man eine verlorene Quelle annimmt, aus der beide Schreiber geschöpft haben sollen. Denkbar wäre dies, aber hier sind wir ausschließlich auf Spekulationen angewiesen. Schließlich ist es noch nicht einmal möglich, den Wortlaut dieser verlorenen Vorlage auch nur einigermaßen zu rekonstruieren. Dazu sind der Judas- und der 2. Petrusbrief trotz aller Übereinstimmungen viel zu unterschiedlich. An dieser Stelle kommen wir also kaum weiter.

Und so fällt im Wesentlichen auch die Bilanz aus. Ob Judas den 2. Petrusbrief gekannt hat oder Petrus den Judasbrief, können wir nicht mit letzter Sicherheit klären. Für beides sprechen gute Argumente. Die Frage muss daher offen bleiben.

Ein Wort über die Gegner

Judas schrieb seinen Brief „an die Berufenen, die geliebt sind in Gott, dem Vater, und bewahrt für Jesus Christus" (Jud 1). Was sich jedoch auf den ersten Blick liest wie der Anfang eines Rundschreibens an alle christlichen Gemeinden, kann auf den zweiten nicht so gemeint sein. Denn sein Autor spricht offensichtlich in eine ganz bestimmte Situation hinein, die so sicher nicht für alle Gemeinden vorausgesetzt werden kann.

Es geht um Irrlehrer, die sich in der Gemeinde „eingeschlichen" haben (vgl. Jud 4). Worin sie nun im Einzelnen vom Glauben der

Apostel abwichen, wird leider nicht deutlich. Ein paar Konturen lassen sich aber erkennen: Die falschen Lehrer waren wohl in ethisch-moralischer Hinsicht um einiges „liberaler" als der Rest der Gemeinde. Judas spricht davon, dass sie „die Gnade unseres Gottes für ihre Ausschweifungen mißbrauchen" (Jud 4). Unter Berufung auf die christliche Freiheit müssen sie sich also gegen eindeutige Gebote Jesu gewandt haben, denn sie „verleugnen unsern alleinigen Herrscher und Herrn Jesus Christus" (Jud 4), erkennen also seine Herrschaft nicht wirklich an.

Worin die Verfehlungen im Einzelnen bestanden, ist nicht ganz einfach zu klären. Aber die Schärfe der Zurechtweisung lässt bis heute erkennen, wie schockiert und erschüttert Judas über das gewesen sein muss, was in dem von ihm angeschriebenen Kreis unter christlichem Namen geschah. Die in diesem Zusammenhang ausgesprochene Erinnerung an Sodom und Gomorra, deren Bewohner „gleicherweise wie sie Unzucht getrieben haben und anderem Fleisch nachgegangen sind" (Jud 7), zeigt, dass es sich bei den „Ausschweifungen" der Irrlehrer wohl in erster Linie um sexuelle Verfehlungen gehandelt haben muss.

Der Vergleich mit Sodom und Gomorra legt zudem den Gedanken an „Sodomie" nahe, wie Homosexualität früher bezeichnet wurde.[128] Dass es sich bei den sexuellen Ausschweifungen der Irrlehrer in irgendeiner Weise um eine Sexualität außerhalb der Norm gehandelt haben muss, darauf weist auch Jud 6 hin, wo auf die Engel angespielt wird, die sich mit menschlichen Frauen eingelassen haben (vgl. 1. Mose 6,1-4). Ob damit nun Homosexualität gemeint ist oder nicht, lässt sich allerdings aus den vagen Andeutungen, die uns der Text liefert, nicht abschließend klären. In jedem Fall kann es sich jedoch nicht nur um eine heimlich begangene Sünde gehandelt haben, die unter seelsorgerlichen Aspekten betrachtet werden muss, sondern um eine öffentlich propagierte „neue Form" des christlichen Glaubens. Anders lässt sich die Schärfe der Zurückweisung durch Judas nicht erklären. Seine Gegner ziehen sich nicht in verborgene Winkel zurück, sondern „leben nach ihren Begierden, und ihr Mund redet stolze Worte" (Jud 16).

Sexuelle Verfehlungen waren allerdings nicht die einzigen Ausschweifungen, denen die Irrlehrer sich hingaben. In der ersten Zeit wurde das Abendmahl ähnlich wie im Judentum das Passah als Gemeindemahlzeit gefeiert (vgl. 1. Kor 11,20f.). Auch bei diesen „Liebesmahlen" müssen die Gegner des Judasbriefes unangenehm aufgefallen sein. Sein Autor nennt sie „Schandflecken", denn sie „prassen ohne Scheu, weiden sich selbst" (Jud 12). Die Gegner haben also wohl die Heiligkeit dieser Mahlzeit nicht besonders beachtet, sondern das Ganze als eine Art Gelage verstanden, bei dem man einmal nach Herzenslust zulangen konnte.

Neben dem „Leben nach ihren Begierden" wirft Judas den Irrlehrern noch ein Letztes vor: Stolz (vgl. Jud 16). Sie „verachten jede Herrschaft und lästern die himmlischen Mächte" (Jud 8), ja „alles, wovon sie nichts verstehen" (Jud 10). Judas vergleicht sie mit Kain, Bileam und Korach (vgl. Jud 11). Sind diese Vergleiche mit Bedacht gewählt, dann sagen sie einiges aus über den Hochmut der Irrlehrer. Kain erschlug seinen Bruder Abel und gab Gott, der nach ihm fragte, eine respektlose Antwort: „Soll ich meines Bruders Hüter sein?" (1. Mose 4,9) Bileam war ein Prophet, der vor allem den eigenen Vorteil suchte und dabei als großer Verführer auftrat (vgl. 4. Mose 31,16; Offb 2,14). Korach schließlich erkannte Mose und Aaron nicht als von Gott berufene Anführer an und wollte den Gottesdienst nach eigenem Gutdünken neu ordnen (vgl. 4. Mose 16).

Gerade Letzteres lässt darauf schließen, dass es sich bei den Gegnern im Judasbrief nicht nur um einzelne Christen handelte, sondern tatsächlich um Irrlehrer, also Menschen, die andere zu ihrer Überzeugung bringen wollten. Ihre Autorität nahmen sie wohl aus ihrem angeblichen Geistbesitz. Die von Judas gebrauchte Bezeichnung „Träumer" (Jud 8) könnte auf Visionen und besondere Eingebungen anspielen, auf die seine Gegner sich beriefen. Der Herrenbruder spricht ihnen jedenfalls genauso ausdrücklich den Heiligen Geist ab, wie er ihn der Gemeinde zuspricht (vgl. Jud 19f.).

So gut sich damit die Irrlehre der Gegner in groben Zügen beschreiben lässt, so wenig lässt sie sich einem bekannten System zuordnen. Dafür reichen die spärlichen Hinweise einfach nicht aus. Auffällig ist allerdings, dass in vielen Punkten Ähnlichkeiten mit den Irrlehrern bestehen, mit denen Paulus in Korinth zu kämpfen hatte. Auch dort waren Menschen aufgetreten, die sich einerseits ihres Geistbesitzes rühmten und auf andere herabsahen, andererseits aber in ethisch-moralischer Hinsicht bedenkliche Züge an den Tag legten. Unter der Parole „Alles ist erlaubt!" (1. Kor 6,12) war auch der Besuch bei Prostituierten möglich, und darauf, dass einer öffentlich mit seiner Stiefmutter in einer sexuellen Beziehung lebte, schien man sogar stolz gewesen zu sein (vgl. 1. Kor 5,1f.).

Obwohl damit nicht gesagt werden soll, dass es sich beide Male um dieselbe Irrlehre handelte (und erst recht nicht, dass Judas wie Paulus nach Korinth schrieb), wird doch deutlich, dass es nicht nötig ist, den Judasbrief in eine spätere Zeit zu datieren. Wenn solche Gegner Mitte der fünfziger Jahre in Griechenland auftraten, dann können auch die im Judasbrief bekämpften Irrlehrer nur wenig später anderswo gewirkt haben. Wo das allerdings gewesen sein könnte, darüber kann man nur Vermutungen anstellen.

Etwas weiter kommen wir vielleicht in der Frage nach dem Abfassungsdatum des Judasbriefes. Sein Autor nennt sich in Jud 1 „Bruder des Jakobus", woraus man schließen könnte, dass der erwähnte Herrenbruder noch am Leben war. Dann muss der Brief vor dessen Tod im Jahr 62 entstanden sein.

„Kämpft für den Glauben!"

Sieht man einmal davon ab, dass nur im Judasbrief ein Erzengel mit Namen genannt wird (vgl. Jud 9), was in der späteren Zeit Anstoß für die „Identifizierung" weiterer Erzengel gab, scheint der Judasbrief theologisch wenig herzugeben. Doch dieser Eindruck täuscht. Neben der Offenbarung gibt es wahrscheinlich kein anderes neutestamentliches Buch, das mit solchem Nachdruck die Ernsthaftigkeit Gottes und seines Gerichtes betont. Tut man so etwas nicht schlichtweg als die übliche Beschimpfung des theologischen Gegners ab, wird der Judasbrief zu einem Dokument, das einen herausfordert, die eigene Nachfolge und Praxis in der Gemeinde zu überdenken.

Gott lässt nicht mit sich spaßen. So nachdrücklich, wie er rettet, richtet er auch. An verschiedenen Beispielen aus der Heilsgeschichte macht Judas dies deutlich. Ihm geht es dabei vor allem um das Verhalten der Christen, also derer, die sich schon „auf der richtigen Seite" wähnen und deshalb meinen, sie seien von jedem Gericht ausgenommen. Doch Gott lässt sich nicht spotten. Dass er dem Volk Israel aus Ägypten geholfen hat, bedeutet nicht, dass er ihm alles durchgehen ließ (vgl. Jud 5). Städte wie Sodom und Gomorra wurden vernichtet, und selbst Engel, die sich verfehlt haben, werden gerichtet (vgl. Jud 6f.). Gottes Gericht kennt also in der Tat kein Ansehen der Person, es macht noch nicht einmal vor himmlischen Wesen Halt. Dass Gott einmal Sünde vergibt, darf man also nicht als Freibrief zu weiterem hemmungslosem Sündigen nehmen, sonst missbraucht man die Gnade Gottes (vgl. Jud 4).

Gericht ist jedoch nicht das letzte Wort des Herrenbruders. Der Brief ist kein Fluch über die Irrlehrer, sondern ein Aufruf an die Christen, sich derer anzunehmen, die in Sünde gefallen sind:

„Erbarmt euch derer, die zweifeln; andere reißt aus dem Feuer und rettet sie; anderer erbarmt euch in Furcht" (Jud 22f.).

Erbarmen bedeutet freilich nicht, dass man über die Sünde ein Deckmäntelchen scheinbarer Nächstenliebe ausbreitet. Die Sünde wird nicht nur beim Namen genannt, Judas erwartet auch, dass man sie lässt: „Hasst ... das Gewand, das befleckt ist vom Fleisch." (Jud 23) Und mit dieser Verbindung zwischen der Ehrfurcht vor der Heiligkeit Gottes und der Betonung seiner Gnade kommt Judas Paulus sehr nahe, der schrieb: „Weil wir nun wissen, daß der Herr zu fürchten ist, suchen wir Menschen zu gewinnen." (2. Kor 5,11).

Trotz seiner Kürze ist der Judasbrief damit ein aktuelles Schreiben, gerade in einer Zeit, in der die Kirche die Balance zwischen der Furcht Gottes und seinem Erbarmen aufgrund einer falsch verstandenen Gnadenlehre zu verlieren droht. Judas macht deutlich, dass es trotz aller christlichen Freiheit auch Grenzen gibt, trotz aller Liebe auch Gericht – aber auch trotz aller Verworfenheit noch die Möglichkeit zur Umkehr.

Anmerkungen

[117] Luther: Vorreden zur Heiligen Schrift, S. 131.

[118] Allerdings behauptet Schweizer: Theologische Einleitung ins Neue Testament, S. 111, allen Ernstes: „Möglich wäre natürlich auch, daß ein späterer Judas auch einen Jakobus zum Bruder hatte." Auch wenn das tatsächlich wahr wäre, änderte es nichts an der Tatsache, dass der Judasbrief nicht von irgendeinem Judas geschrieben sein will, der zufällig mit irgendeinem Jakobus verwandt war, sondern vom Bruder Jesu. Auch in diesem Fall handelte es sich also streng genommen um eine Fälschung.

[119] Vgl. Eusebius: Kirchengeschichte 3,20,1-6.

[120] Dies gibt sogar Kümmel: Einleitung in das Neue Testament, S. 378, zu, der die „Echtheit" des Briefes bestreitet. Im Einzelnen sieht der Befund wie folgt aus: Der Kanon Muratori aus dem zweiten Jahrhundert sah im Judasbrief ein authentisches Schreiben, ebenso taten dies die Kirchenväter Tertullian († 220), Klemens von Alexandrien († nach 215) und Origenes († 253/4). Letzterer erwähnt allerdings, dass manche die Echtheit des Schreibens in Frage stellten. Eusebius: Kirchengeschichte 3,25,3 zählt ihn zu den „bestrittenen" Schriften, „welche indes gleichwohl bei den meisten in Ansehen stehen" (vgl. die ausführlichen Erläuterungen bei Guthrie: *New Testament Introduction*, S. 905f.).

[121] So etwa der Einwand Schnelles: Einleitung in das Neue Testament, S. 476, wonach Judas sich als Bruder Jesu und nicht als Bruder des Jakobus hätte bezeichnen müssen (wobei ja noch nicht einmal sicher ist, ob er überhaupt ein Halbbruder Jesu war) oder dass das Wort für „Bruder" in Jud 1 auch mit „Mitarbeiter" übersetzt werden könne. Es ist völlig schleierhaft, aus welcher Motivation gerade das letzte Argument vorgebracht wird. Was wäre damit gewonnen, wenn Judas ein „Mitarbeiter" statt ein Bruder des Jakobus wäre? Apostolische Autorität kann der Brief in keinem Fall für sich beanspruchen. Und auch an der Abfassungszeit sowie vermutlich am -ort dürfte sich ebenso kaum etwas ändern, zumal beides unklar ist.

Noch abstruser ist der Hinweis Kümmels: Einleitung in das Neue Testament, S. 378, Judas verweise in Jud 1 auf einen „pseudonymen" Jakobusbrief, womit auch Zweifel an der Echtheit des Judasbriefes angebracht seien. Jud 1 verweist jedoch nicht auf den Jakobusbrief, vielmehr bezeichnet Judas sich hier wie Jakobus anderswo als „Knecht Jesu Christi". Wenn das eine Schreiben unter falschem Verfassernamen kursieren sollte, heißt das, dass dies automatisch für alle Briefe gilt, deren Absender sich als „Knecht Jesu Christi" vorstellen?

[122] Vgl. zu dieser Argumentationslinie Schnelle: Einleitung in das Neue Testament, S. 476, Kümmel: Einleitung in das Neue Testament, S. 377, und Vielhauer: Geschichte der urchristlichen Literatur, S. 593.

[123] Die letzten beiden Zitate finden sich bei Vielhauer: Geschichte der urchristlichen Literatur, S. 590 und 593.

[124] Schnelle: Einleitung in das Neue Testament, S. 476.

[125] Die Zitate finden sich bei Schnelle: Einleitung in das Neue Testament, S. 477, und Vielhauer: Geschichte der urchristlichen Literatur, S. 592.

[126] Vgl. hierzu Bauckham: Art. Henoch; in: Das Große Bibellexikon, S. 857f.

[127] Vgl. Guthrie: *New Testament Introduction*, S. 918.

[128] Die Männer Sodoms wollten sich nicht an den zu ihnen gekommenen Frauen, sondern an deren Männern vergreifen (vgl. 1. Mose 19,4f.). Mit dem Aufkommen der modernen Homosexuellen-Bewegung hat „Sodomie" einen Bedeutungswandel erfahren und bezeichnet nun den in der Bibel in diesem Zusammenhang nicht erwähnten geschlechtlichen Kontakt mit Tieren.

Die Offenbarung des Johannes

Ein Buch mit sieben Siegeln

Für die meisten Christen ist das letzte Buch der Bibel ein verschlossenes Werk, um das man lieber einen Bogen macht. Ab und an wagt sich zwar ein mutiger Hauskreis oder eine beherzte Bibellesegruppe an die Offenbarung heran, allerdings meist nur, um irgendwo zwischen den sieben Siegeln, den ersten sechs Posaunen und den beiden Zeugen verzweifelt aufzugeben und sich wieder „erbaulicherem" Stoff wie dem Markusevangelium oder dem Römerbrief zuzuwenden. Und so wird die Offenbarung des Johannes im Gemeindealltag stillschweigend auf ein paar Kapitel reduziert, nämlich auf die sieben Sendschreiben (vgl. Offb 2f.) und den Ausblick auf das himmlische Jerusalem (vgl. Offb 21,1-22,5). Dazwischen klafft eine Lücke, mit der sich die „Experten" beschäftigen sollen, die „Laien" lassen lieber die Finger davon.

Die „Fachleute" wissen freilich oft nur allzu genau, wie die einzelnen Bilder der Offenbarung zu verstehen sind. In mancher Hinsicht ist das letzte Buch der Bibel das erste, was bestimmte Gruppen aufzuschlagen scheinen. Nach Ansicht der „Wachtturm-Gesellschaft" etwa sind die versiegelten 144.000 aus Offb 7,1-8 der Grundstock der Zeugen Jehovahs. Und sie sind nicht die Einzigen, die aus der Offenbarung irgendwelche Sonderlehren herauslesen.

Doch man braucht gar nicht so weit über den Tellerrand zu schauen. Auch innerhalb der Gemeinde gibt es nicht wenige „Endzeitexperten", die ganz genau zu wissen scheinen, wie die Apokalypse zu deuten ist. So wird beispielsweise das Zeichen des Tieres, ohne das „niemand kaufen oder verkaufen kann" (Offb 13,17), auf den Gebrauch von Kreditkarten bezogen, oder die in Offb 9,3-11 erwähnten Heuschrecken werden als Kampfflugzeuge gedeutet. So aktuell solche Erklärungen zum Zeitpunkt ihres Erscheinens auch wirken mögen, so überholt sind sie nur wenige Jahre später. Wer erinnert sich zum Beispiel noch daran, dass die „zehn Hörner" des Tieres (Offb 13,1) im letzten Jahrhundert gern als die Mitgliedsstaaten der Europäischen Union verstanden wurden – natürlich nur vor deren Erweiterung?[129]

All das macht die Offenbarung eher noch verdächtiger, schließlich liefert sie anscheinend keine Basis, um solch wilden Spekulationen entgegenzutreten. Das Buch einfach nicht zu beachten, fällt allerdings auch nicht leicht. Denn schließlich handelt es sich bei ihm nicht nur um einen Bestandteil des Neuen Testaments, mithin also um „heilige Schrift", auf ihm liegt zudem eine besondere Verheißung: „Selig ist, der da liest und die da hören die Worte der Weissagung und behalten, was darin geschrieben ist; denn die Zeit ist nahe!" (Offb 1,3; vgl. 22,7) Allein das sollte Grund genug sein, sich trotz aller Schwierigkeiten mit der Offenbarung näher zu befassen.

Prophetie und Apokalyptik

Das Thema der Offenbarung

Wer die Evangelien und die Briefe gelesen hat, stellt schnell fest, dass es sich bei der Offenbarung um eine besondere Schrift handelt. Ihrer Überschrift nach ist sie eine „Apokalypse des Johannes", sie selbst nennt sich „Apokalypse Jesu Christi" (Offb 1,1). Das griechische Wort *apokalypsis*, das in den deutschen Bibeln in der Regel mit „Offenbarung" übersetzt wird, bedeutet eigentlich „Enthüllung". Gedacht ist dabei an eine Decke, die weggezogen wird, um den Blick freizugeben auf das, was dahinter verborgen war.

Was da offenbart wird, ist die unsichtbare Welt Gottes und seine Hand in der Weltgeschichte. Der Schwerpunkt liegt dabei vor allem auf ihrem Ende, das als eine Reihe von Verfolgungen und Katastrophen gesehen wird, an deren Abschluss die neue Welt Gottes steht. Um das richtig einordnen zu können, muss man sich freilich die Situation vor Augen halten, in die die Offenbarung hineingeschrieben wurde: Es war ein verfolgter Johannes, der sein Werk für eine angefeindete Christenheit verfasste (vgl. Offb 1,9, wo sich der Autor als „Mitgenosse an der Bedrängnis" bezeichnet).

Hauptziel der Offenbarung ist es also nicht, einer Wohlstandsgesellschaft Angst einzujagen, sondern bedrängten Christen Trost zuzusprechen. Auch wenn die äußeren Umstände scheinbar eine ganz andere Sprache sprechen, auch wenn das Böse überall überhand zu nehmen scheint, enthüllt die Offenbarung die andere und entscheidendere Seite der Weltgeschichte: Gott steht zu seinen Verheißungen, und er hält die Welt unangefochten in seiner Hand. So wird das Böse schließlich besiegt und das Reich Gottes für alle sichtbare Wirklichkeit werden.

Das alles enthüllt die Offenbarung – allerdings indem sie es gleichzeitig wieder verhüllt. Konkrete Orte und Personen, geistliche Bedeutungen, Bilder und Symbole, all das wird in einer Weise gebraucht, die es dem Leser nicht einfach macht. Während etwa die beiden „Tiere" (vgl. Offb 13) keine wirklichen Tiere, sondern ganz klar Sinnbilder für antichristliche Mächte sind, ist man sich bei den beiden Zeugen (vgl. Offb 11) nicht mehr so sicher. Möglich wäre es, dass hier zwei tatsächliche Menschen gemeint sind, die im irdischen Jerusalem (vgl. Offb 11,8) auftreten werden. Doch spätestens da, wo „das Tier, das aus dem Abgrund aufsteigt" (Offb 11,7), mit ihnen kämpft, verschwimmen die Formen wieder. In der Offenbarung lassen sich damit wie in der übrigen biblischen Prophetie auch zwar eine klare Linie, aber nur wenige eindeutig identifizierbare Details erkennen.

Die Unterschiede zwischen Prophetie und Apokalyptik

Trotz dieser Parallele (und obwohl die Offenbarung im Inhaltsverzeichnis der Lutherbibel als „Prophetisches Buch" geführt wird) unterscheiden die Ausleger zwischen Prophetie und Apokalyptik. Die klassische Prophetie, wie sie etwa von Elia, Jesaja, Jeremia und Amos betrieben wurde, beschäftigte sich kaum mit der Zukunft, sondern vor allem mit der Gegenwart. In ihre Zeit hinein verkündeten die Propheten den Willen Gottes, drohten sein unmittelbar bevorstehendes Gericht an und riefen zur Umkehr auf.

Nehmen wir als Beispiel den Propheten Nathan. Nachdem König David einen Mord in Verbindung mit Ehebruch begangen hatte, suchte ihn Nathan auf, um ihm das Gericht Gottes anzukündigen:

„So spricht der HERR, der Gott Israels: Ich habe dich zum König gesalbt über Israel und habe dich errettet aus der Hand Sauls [...] Warum hast du denn das Wort des HERRN verachtet, daß du getan hast, was ihm mißfiel? Uria, den Hetiter, hast du erschlagen mit dem Schwert, seine Frau hast du dir zur Frau genommen ... Nun, so soll von deinem Haus das Schwert nimmermehr lassen ... So spricht der HERR: Siehe, ich will Unheil über dich kommen lassen aus deinem eigenen Hause und will deine Frauen nehmen vor deinen Augen und will sie deinem Nächsten geben, daß er bei ihnen liegen soll an der lichten Sonne. Denn du hast's heimlich getan, ich aber will dies tun vor ganz Israel ..." (2. Sam 12,7-12)

Wie ein Richter zum Abschluss der Verhandlung verkündet hier Nathan dem König das Urteil Gottes. Zuerst erfolgt die Urteilsbegründung: David hat sich neben den bereits genannten Vergehen des Treuebruchs schuldig gemacht. Obwohl Gott ihm die Treue erwiesen und ihn reich gesegnet hatte, hat David sich nicht um Gottes Gebote gekümmert. Ganz im Stil königlicher Machtpolitik hat er vielmehr einem Untergebenen die Frau genommen und diesen in den Tod geschickt. Ein solches Vergehen will Gott jedoch nicht ungesühnt lassen.

Nach der Urteilsbegründung wird daher das Strafmaß verkündet. Und erst in diesem Zusammenhang geschieht das, was landläufig als „prophetisch" angesehen wird: eine „Vorhersage" zukünftiger Ereignisse. Aus dem Kontext wird freilich deutlich, dass das nicht als „Wahrsagerei", sondern als Urteil geschieht: „Siehe, ich will ... über dich kommen lassen." Wie ein Richter dem von ihm schuldig gesprochenen Angeklagten ankündigt, er werde für einige Jahre im Gefängnis sitzen, so spricht hier der Prophet das Urteil Gottes über David. Im Zentrum des Prozesses steht jedoch hier wie da nicht die Zukunft des Angeklagten, sondern seine Vergangenheit, die ihn in der Gegenwart eingeholt hat.

Apokalyptik und Prophetie gemeinsam ist damit die Gewissheit, dass Gott die Welt nicht nur von fern regiert, sondern das Schicksal eines jeden Menschen in seiner Hand hält. Nur auf diesem Hintergrund ist schließlich ein Urteil wie das des Propheten Nathan möglich, denn die Verkündigung eines Strafmaßes ist nur dann sinnvoll, wenn man auch Macht hat, es durchzusetzen.[130]

Damit sind wir bei einem ersten Unterschied zwischen Prophetie und Apokalyptik: Während sich die Prophetie (in der Regel) auf einzelne Personen, Völker und Ereignisse beschränkt, nimmt die Apokalyptik die Welt als Ganzes in den Blick. Nicht das Gericht über bestimmte Reiche und Könige steht hier im Mittelpunkt, sondern über die widergöttlichen Mächte insgesamt.

Damit ist zwangsläufig eine größere Komplexität verbunden. Lässt sich das Vergehen des Königs David noch in wenigen Sätzen darstellen, braucht die Offenbarung lange Kapitel, um das ganze Ausmaß der Bosheit darzustellen, mit der die Angehörigen des Reiches Gottes bedrängt werden und Gottes Herrschaftsanspruch auf die Welt streitig gemacht wird. Entsprechend vielfältig wie die Mächte, die gegen Gott auftreten, sind auch die Gerichte über sie. Und entsprechend vielfältig, wie die Heiligen bedrückt und verfolgt werden, geschieht auch der tröstende Zuspruch an sie.

Damit ist natürlich eine andere „Arbeitsweise" verbunden.[131] Wie in der Weltgeschichte die Motive und Schicksale der Einzelpersonen zusammenlaufen, so tun es in der Apokalyptik die Linien, Bilder und Symbole der Prophetie. Daher verwundert es nicht, dass die Offenbarung des Johannes nur sehr wenige wirklich neue prophetische Bilder aufzeigt und stattdessen aus der Fülle des Alten Testaments schöpft. Diese Heilige Schrift wird zwar an keiner Stelle ausdrücklich zitiert, allerdings nehmen rund drei Viertel des Textes der Offenbarung in irgendeiner Weise Bezug auf sie. Insbesondere tauchen die Bilder und die Ausdrucksweise der Bücher Daniel und Hesekiel in der Offenbarung wieder auf,[132] an Jesaja lehnt sich der Autor anscheinend sprachlich an. Doch nicht nur die Propheten werden „zitiert", auch Ereignisse aus der Heilsgeschichte. So stehen etwa die Plagen, die Ägypten vor dem Auszug Israels getroffen haben (vgl. 2. Mose 7,14-12,30), vermutlich im Hintergrund der Beschreibung der Plagen, die die ganze Welt heimsuchen (vgl. Offb 8,6-9,21).

Wie andere apokalyptische Schriften auch setzt damit die Offenbarung die alttestamentliche Prophetie voraus, ist also nicht nur in zeitlicher, sondern auch in theologischer Hinsicht später als jene. Aus diesem Grund ist es sinnvoll, zwischen beiden Formen der Weissagung zu unterscheiden. In den Jahrhunderten um die Zeitenwende wurden nämlich verschiedene Schriften verfasst, die sich wie das Danielbuch und die Offenbarung des Johannes mit dem Ausblick auf das Ende der Zeiten befassen. Die bekanntesten von ihnen sind die „Testamente der zwölf Patriarchen", die „Himmelfahrt Jesajas", das „äthiopische Henochbuch" und das „4. Buch Esra".[133]

Wie die Namen zeigen, ist ihnen allen eins gemeinsam: Ihre Visionen werden auf große Persönlichkeiten zurückgeführt. Da nach jüdischer Ansicht die Stimme der Prophetie seit dem Tod der letzten alttestamentlichen Propheten erloschen ist, kann kein neuer Prophet mehr auftreten. Insofern musste die Botschaft einem der alten in den Mund gelegt werden. Damit verbunden war allerdings ein Kniff, der die Glaubwürdigkeit erhöhen sollte. Da die Bücher von berühmten Gestalten der Vergangenheit geschrieben sein wollten, sagten sie die Weltgeschichte präzise „voraus" – zumindest bis zu der Zeit, in der sie tatsächlich verfasst wurden. Entsprechend zuverlässig sollten auch die weiteren Weissagungen wirken, die allerdings weit weniger konkret (und korrekt) waren.[134]

Ob sich allerdings die Offenbarung des Johannes in diese nach ihr „Apokalyptik" genannte Literaturgattung wirklich einordnen lässt, ist umstritten. Das letzte Buch der Bibel ist anders, auch wenn es ansonsten viel mit den apokalyptischen Schriften gemeinsam hat. Sein Autor ist nämlich keine berühmte Gestalt der Vergangenheit, sondern einer, der sich schlicht „Johannes" nennt (vgl. Offb 1,1.4.9; 22,8). Und im Gegensatz zu anderen Apokalyptikern schreibt er auch kein versiegeltes Buch, das erst die Nachkommenden zu lesen verstehen, sondern eine „Offenbarung" für seine Zeitgenossen. Die Offenbarung geschieht folgerichtig in Form eines Briefes „an die sieben Gemeinden in der Provinz Asien" (Offb 1,4).[135] Den Christen in Ephesus, Smyrna, Pergamon, Thyatira, Sardes, Philadelphia und Laodizea erzählt Johannes, was er „gesehen [hat] und was ist und was geschehen soll danach" (Offb 1,20). Ihm geht es also nicht (nur) um die ferne Zukunft, sondern um die Gegenwart, in der das Zukünftige schon begonnen hat. Eine Versiegelung des Buches ist daher nicht notwendig, „denn die Zeit ist nahe!" (Offb 22,10; vgl. 1,3)

„Johannes, euer Bruder"

Altkirchliche Angaben zum Verfasser der Offenbarung

Die Offenbarung lässt uns über ihren Autor nicht im Unklaren: Er hieß Johannes, war ein Knecht Christi und auf Patmos verbannt (vgl. Offb 1,1.9).[136] Patmos ist eine kleine Insel vor der Küste der heutigen Westtürkei, nur gut fünfzig Kilometer Luftlinie von Ephesus entfernt. Die unmittelbare Nähe zu einer der angeschriebenen Städte und der vertraute Ton, in dem sich der Schreiber der Offenbarung als „Bruder" der Angeschriebenen bezeichnet, machen es unwahrscheinlich, dass Johannes ein Pseudonym ist. Der Autor hieß zweifellos tatsächlich Johannes. Welcher Johannes aber ist gemeint?

In der ersten Christenheit hat man seit frühester Zeit an den Apostel Johannes gedacht. Schon Justin der Märtyrer († um 165) hielt die Offenbarung für ein Werk des Herrenjüngers und zitierte aus ihr in seinem „Dialog mit Tryphon".[137] Erwähnt wurde sie ebenfalls wohl bei Theophilus von Antiochia und Melito von Sardes,[138] zwei Bischöfen aus dem zweiten Jahrhundert. Letzterer stand mit Sardes einer der Gemeinden vor, an die die Offenbarung gerichtet war, insofern könnte man vermuten, dass er über ihren Hintergrund relativ gut Bescheid wusste.

Dass das Werk schon im zweiten Jahrhundert unter dem Namen des Apostels weit verbreitet gewesen sein muss, davon gibt Irenäus von Lyon († um 202) Zeugnis. Er zitiert es in seinen Büchern nicht nur mehrfach als apostolisch, sondern verweist im Zusammenhang mit der Frage, ob 666 tatsächlich die Zahl des Tieres sei (vgl. Offb 13,18), auf „alle bewährten und alten Handschriften", die ebenfalls diese Zahl genannt hätten.[139] Hierzu passt, dass das Buch in einem Märtyrerbericht aus dieser Zeit als Heilige Schrift zitiert wird.[140]

Nicht nur im Westen des Reiches, auch im Osten galt die Offenbarung zunächst unbestritten als ein Werk des Apostels Johannes. Neben anderen Zeugen lässt sich sogar noch Origenes († 253/4) hierfür anführen. Der Alexandriner ist insofern als Zeuge interessant, als er der Offenbarung des Johannes theologisch nicht viel abgewinnen konnte. Seiner Meinung nach verfasste der Apostel sein Buch, obwohl „er den Auftrag erhalten hatte zu schweigen und die Stimmen der sieben Donner nicht niederzuschreiben"[141]. Wäre es nach Origenes gegangen, hätte es die Offenbarung des Johannes also nie geben dürfen.

Andere waren in ihrer Abneigung weniger zurückhaltend. Die stärkste Kritik kam dabei von einem anderen Alexandriner mit Namen Dionysius, einem Zeitgenossen des Origenes. Da seine Kritik seltsam modern anmutet, lohnt es sich, näher auf sie einzugehen: Dionysius führt zunächst „einige Vorfahren" ohne Namensnennung an, die die Offenbarung für eine Schrift ohne „Sinn und Zusammenhang" gehalten hätten, die in einen „dichten Schleier der Unverständlichkeit gehüllt" sei. Unklar sei ferner, ob es sich nicht um ein Werk des Irrlehrers Kerinth handele. Dann wird Dionysius versöhnlicher und gesteht zu, dass die Offenbarung wohl von einem Mann namens Johannes verfasst worden sei, der allerdings nicht mit dem Apostel identisch gewesen sein könne. Als Gründe nennt der Alexandriner den unterschiedlichen „Charakter" des Evangeliums und der Offenbarung, die „Art der Sprache" sowie die Tatsache, dass Johannes nur in der Offenbarung, nicht aber im Evangelium oder im Brief seinen Namen erwähne. Auch bezeichne er sich an keiner Stelle der Offenbarung „als den Jünger, den der Herr liebte, oder als den, der an seiner Brust geruht, oder als den Bruder des Jakobus, oder als den, der den Herrn mit eigenen Augen gesehen und mit eigenen Ohren gehört" habe.[142]

Damit sind schon im dritten Jahrhundert im Prinzip alle Argumente aufgeführt worden, die auch heute noch gegen die apostolische Verfasserschaft der Offenbarung vorgebracht werden. Zwei Dinge sind dabei bedeutsam: Zum einen kann sich selbst Dionysius, der spätestens zweieinhalb Jahrhunderte nach dem Autor der Offenbarung seine Werke verfasste, nicht auf andere Traditionen bezüglich ihrer Entstehung berufen, sondern nur auf ungenannte „Vorfahren" und deren Bedenken (bezüglich des Inhalts und der Theologie der Offenbarung). Zum anderen sind auch die Vorbehalte des Dionysius zunächst rein theologischer Natur. Seine anderen Argumente dienen im Wesentlichen dazu, die theologischen Bedenken zu rechtfertigen, indem sie die apostolische Herkunft der Offenbarung in Zweifel ziehen. Denn das Werk eines Apostels könnte der Alexandriner nicht ohne weiteres kritisieren, das eines unbekannten Johannes dagegen schon.

Apostel oder Seher?

Die moderne Kritik argumentiert ganz in den von Dionysius vorgegebenen Bahnen, nach denen die Offenbarung nicht als Werk des Apostels angesehen wird, sondern als Buch eines ansonsten unbekannten „Sehers" Johannes. Heute wie damals fallen vor allem die sprachlichen und stilistischen Unterschiede zwischen der Offenbarung und dem vierten Evangelium ins Auge. Zwar steht die Apokalypse keiner anderen neutestamentlichen Schrift so nahe wie dem Evangelium und den Briefen des Johannes, allerdings unterscheidet sie sich sprachlich auch von diesen.

So ist das letzte Buch der Bibel in einem stark semitisierenden Griechisch geschrieben, verrät also sehr viel mehr als die anderen johanneischen Schriften, dass ihr Autor nicht im griechischen, sondern im semitischen Sprachraum (wozu auch das in Palästina gesprochene Aramäisch gehört) zu Hause war. Erkennbar wird das vor allem am Gebrauch des Alten Testaments. Der Autor der Offenbarung lehnt sich zwar gelegentlich an die damals gebräuchliche griechische Übersetzung der Septuaginta an, weitaus öfter aber scheint er den hebräischen Text selbst übersetzt zu haben. Die griechische Sprache beherrschte er dagegen nach Ansicht mancher Ausleger nicht wirklich. Während das Evangelium in einem recht flüssigen Stil geschrieben sei, wimmele es in der Offenbarung nur so von grammatischen Fehlern.[143]

Verkompliziert wird das Problem allerdings dadurch, dass sich der Autor der Offenbarung offenbar bewusst an die Sprache der Propheten des Alten Testaments anlehnte. Mit anderen Worten: An manchen Stellen sieht es so aus, als habe Johannes absichtlich die griechische Grammatik verletzt, um seinem Werk einen eher hebräischen Zug zu geben, der an die entsprechenden Stellen des Alten Testaments erinnert.[144] Keine andere johanneische Schrift schöpft jedoch so sehr aus dem Alten Testament wie die Offenbarung. Ein wirklicher Vergleich zwischen den einzelnen johanneischen Schriften ist deshalb in diesem Punkt nicht möglich.

Doch selbst wenn man diesem Sachverhalt Rechnung trägt, bleiben Unterschiede, die sich nicht einfach erklären lassen. Verstärkt wird die Unsicherheit noch dadurch, dass auch interne Hinweise gegen den Apostel Johannes als Verfasser zu sprechen scheinen. So erwähnt er nur in dieser Schrift seinen Namen, nennt allerdings weder (wie im 2. und 3. Johannesbrief) seinen Ehrentitel „Ältester", noch bezeichnet er sich wie im Evangelium als „Jünger, den Jesus lieb hatte". Hinzu kommt, dass sich der Autor nach Ansicht mancher deutlich von dem Kreis der Apostel abzusetzen scheint: Offb 18,20 und 21,14 lassen jedenfalls nicht erkennen, dass sich Johannes dazuzählte.

Doch gerade dieses Argument, so einleuchtend es zunächst klingen mag, ist wenig überzeugend. In Offb 18,20 ist von den „Heiligen und Aposteln und Propheten" die Rede, und zu mindestens einer dieser Gruppen muss sich auch der Verfasser der Offenbarung gerechnet haben, schließlich nennt er die Christen „Heilige" und wird selbst „Prophet" genannt (vgl. Offb 22,9). Warum also sollte er nicht auch Apostel gewesen sein?

Noch weniger plausibel ist, dass der Apostel Johannes bei der Erwähnung der zwölf Grundsteine des himmlischen Jerusalems (vgl. Offb 21,14) darauf hätte hinweisen müssen, dass auf einem von ihnen sein Name steht. Das würde so gar nicht zu dem Mann passen, der sich in seinen Briefen nur als der „Älteste" bezeichnet und in seinem Evangelium ganz auf eine Namensnennung verzichtet.

So auffällig wiederum die Unterschiede zwischen den johanneischen Schriften sind, so auffällig sind auch die Gemeinsamkeiten. Die sprachliche Nähe wurde bereits erwähnt, hinzu kommen weitere Eigentümlichkeiten. So wird Jesus Christus im ganzen Neuen Testament nur in Joh 1,1 und Offb 19,13 als „Wort" bezeichnet. Auffällig sind auch die vielen gemeinsamen Bilder und Symbole, etwa die des Wassers oder der Quelle, oder die Bezeichnung von Christus als dem „Hirten" (vgl. Joh 10 und Offb 7,17). Beide Bücher arbeiten zudem gern mit Gegensätzen wie Licht und Finsternis, Wahrheit und Lüge, Gott und Welt. Ja, die Gemeinsamkeiten scheinen sich sogar in der Struktur wiederzufinden, etwa in der Vorliebe für Siebener-Schemen, die nicht nur in der Offenbarung, sondern auch im Evangelium vorherrschen, dort freilich viel unauffälliger.[145] Obwohl man daraus kaum beweisen kann, dass hinter beiden Schriften ein gemeinsamer Autor stehen muss, sind es dennoch bezeichnende Ähnlichkeiten, die ansonsten erklärt werden müssten.

Vor dem Hintergrund der recht eindeutigen altkirchlichen Überlieferung sind deshalb die Argumente der Kritiker nicht sehr überzeugend. Es hat schon seine Gründe, warum die Kirchenväter Dionysius nicht gefolgt sind, sondern weiter an dem Apostel Johannes als Autor festgehalten haben. Allerdings bleibt das sprachliche Problem, das aber nicht unlösbar ist. Zum einen könnten zwischen der Abfassung des Evangeliums und der Offenbarung mehrere Jahre, wenn nicht Jahrzehnte, gelegen haben. Johannes hätte in dieser Zeit sein Griechisch entscheidend verbessern können. Plausibel ist das freilich nur, wenn die Offenbarung vor dem Evangelium entstanden ist, denn Letzteres hat das bessere Griechisch.

Gleichwohl ist auch für den umkehrten Fall eine Lösung möglich. Johannes könnte sein Evangelium und seinen ersten Brief einem Sekretär zum Überarbeiten gegeben haben. Bei einem Buch wie der Offenbarung ist das jedoch nicht so leicht durchführbar. Denn hier kommt es darauf an, die geschauten Visionen so exakt wie möglich aufzuschreiben. Das kann nun der Prophet besser als jeder andere, insbesondere wenn er sprachlich an das Alte Testament erinnern möchte, das ein fließend Griechisch sprechender Sekretär nicht im hebräischen Original kennen konnte. Eine Überarbeitung hätte also einen sehr viel größeren Aufwand bedeutet als beim Evangelium. Fraglich ist zudem, ob Johannes überhaupt die Möglichkeit hatte, sein Werk überarbeiten zu lassen, schließlich war er nicht freiwillig, sondern als Gefangener auf der Insel Patmos. Und ein vertrauenswürdiger Sekretär war dort unter Umständen nicht aufzutreiben.

Wann wurde die Offenbarung geschrieben?

Die sieben Gemeinden und ihre Situation

Während der Abfassungsort – die Insel Patmos – nach Offb 1,9 sicher feststeht, muss das Abfassungsdatum erschlossen werden. Das gestaltet sich bei einem prophetischen Buch wie der Offenbarung naturgemäß als schwierig. Man muss in jedem Einzelfall abwägen, ob mit einem Bild die zeitgenössische Situation beschrieben oder eine zukünftige vorausgesagt wird, und bei nicht wenigen Abschnitten der Offenbarung kann man dies schlichtweg nicht entscheiden. Hinzu kommt, dass die Prophetie immer Linien zieht, die Vergangenheit, Gegenwart und Zukunft verbinden. Im Einzelfall kann man daher oft nur Vermutungen anstellen, welche Züge des jeweiligen Bildes zum Zeitpunkt der Abfassung schon offensichtlich und welche noch verhüllt waren.

Aber es gibt auch in der Offenbarung einen Ausgangspunkt, bei dem wir auf relativ festem Boden stehen. Das Buch ist ein Brief an sieben Gemeinden in Kleinasien, denen Johannes in prophetischer Weise sagt, wie Jesus ihre Situation sieht (vgl. Offb 2f.). Nimmt man das ernst, dann kann man aus den sieben Sendschreiben Rückschlüsse auf die Situation der Christen zum Zeitpunkt der Niederschrift der Offenbarung ziehen. In ihnen lassen sich nämlich einige Grundzüge erkennen, deren entscheidendster sicher der der Verfolgung ist. Johannes bezeichnet sich selbst als „Mitgenosse an der Bedrängnis" (Offb 1,9), und auch die Gemeinden sind offenbar nicht von Drangsalen verschont geblieben. In Pergamon wurde „Antipas, mein treuer Zeuge" getötet (Offb 2,13), der Gemeinde in Smyrna wird prophezeit, dass einige ins Gefängnis geworfen werden würden (vgl. Offb 2,10), gegenüber der Gemeinde in Philadelphia schließlich ist von einer „Stunde der Versuchung, die kommen wird über den ganzen Weltkreis" die Rede (Offb 3,10). Dazwischen finden sich immer wieder Appelle, die zum Durchhalten aufrufen: „Sei getreu bis an den Tod" (Offb 2,10), „was ihr habt, das haltet fest" (Offb 2,25), „halte, was du hast, daß niemand deine Krone nehme" (Offb 3,11).

Doch auch, wenn Hinweise auf eine Verfolgung die sieben Sendschreiben durchziehen, sind nicht alle Gemeinden in gleicher Weise davon betroffen. In Pergamon scheint die Bedrängnis schon eine Weile zurückzuliegen, denn dort ist von ihr in der Vergangenheitsform die Rede, sie geschah „in den Tagen", als Antipas getötet wurde (vgl. Offb 2,13). In Smyrna dagegen scheint sie unmittelbar bevorzustehen, die Gemeinde dort wird jedenfalls mit den Worten ermutigt: „Fürchte dich nicht vor dem, was du leiden wirst!" (Offb 2,10) In wieder anderen Sendschreiben taucht das Thema gar nicht auf, und die dort geschilderten Umstände lassen auch nicht auf eine Gefahr von außen schließen. Ephesus etwa wird von falschen Aposteln bedrängt, nicht von Verfolgern (vgl.

Offb 2,2). Ähnliches gilt wohl auch für Thyatira mit seiner falschen Prophetin (vgl. Offb 2,20). Wieder andere Gemeinden sind nachlässig geworden in ihrem Eifer. So hat Sardes den Namen, dass es lebt, und ist tot (vgl. Offb 3,1), Laodizea ist „lau ... und weder warm noch kalt" (Offb 3,16).

Zusammen genommen spricht dies gegen eine organisierte Christenverfolgung, die in ganz Kleinasien oder gar im übrigen Römischen Reich gewütet hätte. Wohl aber gab es anscheinend ein dem Christentum feindliches Klima, wozu auch einzelne Übergriffe lokaler Autoritäten gehörten. Die Situation war damit alles andere als harmlos, schließlich kamen sogar Hinrichtungen vor. Aber dennoch kann von einer großen Christenverfolgung, wie wir sie aus späteren Zeiten kennen, noch nicht die Rede sein.

Andere Hinweise aus den sieben Sendschreiben helfen leider kaum weiter. Wer Antipas gewesen ist, lässt sich ebenso wenig klären wie die Identität einer falschen Prophetin, die in der Offenbarung nach der gottlosen Frau König Ahabs „Isebel" genannt wird (Offb 2,20; vgl. 2. Kön 9,22). Lediglich zu der Gruppe der Nikolaïten, die in Ephesus und Pergamon aufgetreten waren (vgl. Offb 2,6.15), lassen sich einige altkirchliche Hinweise finden. Mehrere Kirchenväter erwähnen sie und führen ihren Ursprung auf den in Apg 6,5 erwähnten Antiochener Nikolaus zurück, der einer der sieben Diakone der Jerusalemer Urgemeinde gewesen war.[146]

Auch wenn dies alles andere als ein sicheres Datum liefert, scheint es doch eher auf einen späteren als auf einen früheren Abfassungszeitpunkt hinzudeuten. Als zu Beginn der sechziger Jahre des ersten Jahrhunderts die Apostelgeschichte geschrieben wurde, stand Nikolaus wohl noch in gutem Ruf, jedenfalls deutet in Apg 6,5 nichts darauf hin, dass er zum Sektengründer werden sollte. Einige Kirchenväter legen zudem nahe, dass Nikolaus gar nicht das eigentliche Haupt der Nikolaïten gewesen ist, diese sich vielmehr nur auf ihn berufen hätten. Auch in diesem Fall wäre ein späteres Abfassungsdatum plausibler als ein früheres, denn Nikolaus konnte dann ja den ihm angedichteten Irrlehren offensichtlich nicht mehr widersprechen.

Für ein späteres Datum spricht zudem der Zustand einiger Gemeinden, an die die Sendschreiben gerichtet sind. Das Verlassen der ersten Liebe, das Ephesus vorgeworfen wird (vgl. Offb 2,4), die Lauheit von Sardes und Laodizea, all das setzt doch vermutlich eine gewisse Zeitspanne zwischen der Entstehung der Gemeinde und der Abfassung der Offenbarung voraus. In den an die entsprechenden Gemeinden geschriebenen Paulusbriefen (Eph; vgl. Kol 4,15f.) ist von einer solchen Situation jedenfalls noch nichts zu spüren. Aber auch hier ist Vorsicht geboten. Nicht zuletzt die Paulusbriefe zeigen uns, in welche Schwierigkeiten eine Gemeinde selbst nach kurzer Zeit geraten kann. Und über die Gemeinden der Offenbarung wissen wir viel zu wenig, um ein abschließendes Urteil fällen zu können.

Der Kaiserkult

Lassen schon die Sendschreiben einen Konflikt zwischen Kirche und Staat erkennen,[147] wird der Rest der Offenbarung noch konkreter, sofern man dies angesichts des schwer zu deutenden Bilderreichtums sagen kann: Gegner der Christen sind die beiden „Tiere" (vgl. Offb 13,1ff. und 11ff.), von denen eins aus dem „Meer" und eins aus der „Erde" kommt. Das Tier aus dem Meer lästert Gott und überwindet die Heiligen (vgl. Offb 13,5-7). Es lässt ein Bildnis von sich selbst herstellen, das alle anbeten, „die auf Erden wohnen" (Offb 13,8). Damit verbunden ist ein „Zeichen" des Tieres, ohne das „niemand kaufen oder verkaufen kann" (Offb 13,17). Wer sich dieser Anbetung nicht anschließt, wird blutig verfolgt (vgl. Offb 13,7), umgekehrt schließt die Anbetung des Tieres vom ewigen Leben aus (vgl. Offb 13,8; 14,9-11).

Auch wenn es sich hierbei um prophetische Bilder handelt, deren endgültige Erfüllung bis heute aussteht, kann man doch eine Form der Erfüllung auch schon im ersten Jahrhundert erkennen. Die ersten Leser des Buches mussten bei der Beschreibung des Tieres und seines zur Anbetung befohlenen Bildnisses sicher an den römischen Kaiserkult denken, zumal dieser Kult zunehmend Konflikte des Staates mit der Kirche heraufbeschwor.

Der Kaiserkult entwickelte sich erst nach und nach zu einer das Christentum bedrohenden Größe. Zwar hatte schon Julius Cäsar sich selbst zu Ehren Tempel errichten lassen, in denen für seinen „Genius" gebetet werden sollte. Erst Caligula (37-41) bestand jedoch schon zu Lebzeiten auf göttlichen Weihen, die zuvor nur den verstorbenen Kaisern verliehen worden waren. Unter ihm wäre es fast zur Katastrophe gekommen, als er anordnete, dass sein Standbild auch im Tempel von Jerusalem aufzustellen sei. Die Juden waren bislang als einzige Bewohner des Reiches vom Kaiserkult ausgenommen geblieben. Nur Caligulas Tod verhinderte die Durchführung des Befehls. Aber er schlug Wellen, die sich bis ins Neuen Testament verfolgen lassen. Als Paulus wenig später an die Thessalonicher von einem „Menschen der Bosheit" schrieb, „der sich erhebt über alles, was Gott oder Gottesdienst heißt, so daß er sich in den Tempel Gottes setzt und vorgibt, er sei Gott" (2. Thess 2,3f.), spielte er wahrscheinlich auf diesen Zwischenfall an.

An Schärfe gewann der Konflikt zwischen Kirche und Staat vor allem durch die Tatsache, dass Judentum und Christentum zunehmend getrennte Wege gingen. Da die Juden vom Kaiserkult ausgenommen waren, hatten die Christen damit so lange keine Probleme, wie sie von den römischen Behörden als jüdische Sekte wahrgenommen wurden. Das änderte sich allerdings zur Zeit Neros (54-68). Dieser Kaiser bestand zudem ebenso wie Caligula vehement darauf, als Gott verehrt zu werden. So ist es kein Zufall, dass es in seiner Regierungszeit zur ersten wirklichen Christenverfolgung kam, in der die Gläubigen Roms um 64/65 allein aufgrund ihres Bekenntnisses hingerichtet wurden. Auch wenn sich durch die in dieser Hinsicht sehr dürftigen antiken Quellen nur eine Verfolgung in der Hauptstadt belegen lässt, ist es nicht ausgeschlossen, dass es in anderen Teilen des Reiches ebenfalls zu Maßnahmen gegen die Christen kam.

Nach Nero bestand im ersten Jahrhundert nur noch Domitian (81-96) mit entsprechendem Nachdruck auf dem Kaiserkult. Leider ist völlig unsicher, ob zu seinen Anordnungen auch Christenverfolgungen gehört haben, da die antiken Quellen in diesem Punkt unklar sind. Vieles spricht jedoch dafür, dass unter Domitian zwar vereinzelte Maßnahmen, jedoch keine reichsweit organisierten Verfolgungen stattgefunden haben.[148]

In Kleinasien, also der Gegend, in die die Offenbarung geschrieben wurde, war freilich noch Jahrzehnte nach Domitians Herrschaft unklar, ob das bloße Bekenntnis zu Christus als todeswürdiges Verbrechen anzusehen sei oder nicht.[149] Dennoch vermuten nicht wenige Ausleger, dass es unter Domitian zu einer groß angelegten Verfolgung gekommen sei – das allerdings nicht zuletzt deshalb, weil sie die neutestamentlichen Schriften, in denen von Verfolgungen die Rede ist, in diese Zeit datieren.

Die sieben Könige

Einer „konkreten" Zeitangabe am nächsten kommt scheinbar Offb 17,9-11, wo die sieben Häupter der großen Hure als „sieben Berge" identifiziert werden, was (zusammen mit dem Codenamen „Babylon") wohl auf das auf sieben Hügeln errichtete Rom zu deuten ist. In diesem Zusammenhang taucht ein weiterer Hinweis auf. Die sieben Berge stehen nämlich auch für „sieben Könige":

> *„Fünf sind gefallen, einer ist da, der andre ist noch nicht gekommen; und wenn er kommt, muß er eine kleine Zeit bleiben. Und das Tier, das gewesen ist und jetzt nicht ist, das ist der achte und ist einer von den sieben und fährt in die Verdammnis."* (Offb 17,10f.)

Aus diesen Worten kann man mit einigem Recht herauslesen, dass der „sechste König" regierte, als Johannes auf Patmos war. Die Offenbarung wäre demnach unter dem sechsten römischen Kaiser entstanden. Die Frage ist nur, ab wann gezählt werden muss. Der Namensgeber der römischen Cäsaren war Julius Cäsar selbst, insofern könnte er als der erste König gerechnet werden. Der zweite König wäre dann Augustus, dann Tiberius, Caligula, Claudius und schließlich als sechster Nero. Der Apostel Johannes hätte also seine Offenbarung nach dieser Zählung unter Nero bekommen.

Doch diese Zählung ist nicht die einzig mögliche. Unter Julius Cäsar war Rom nämlich immer noch offiziell Republik, der erste römische Kaiser war Augustus. Nimmt man den Titel „König" wortwörtlich, müsste die Reihe also mit Augustus beginnen. Für Augustus als Ausgangspunkt spricht vielleicht auch, dass unter seiner Herrschaft Jesus zur Welt kam. Wenn also von der Zeitenwende an gezählt wird, dann ist der sechste König derjenige, der nach Nero regierte.

Damit aber haben wir ein Problem: Nach dem Tod Neros im Jahr 68 stürzte das Reich zunächst einmal in einen Bürgerkrieg, in dem innerhalb von kürzester Zeit nacheinander drei Kaiser den Thron bestiegen: Galba, Otho und Vitellius. Keiner von ihnen war überall im Reich anerkannt. Erst Vespasian, der 69 Vitellius besiegte, gelang es, das Imperium unter seiner Herrschaft zu einen und zu stabilisieren. Wer ist also auf diesem Hintergrund der „sechste König"? Ist es Galba, der nur wenige Monate eine kaum über Rom hinausreichende Herrschaft ausübte? Oder zählen die Cäsaren des „Dreikaiserjahres" überhaupt nicht und Vespasian ist der „sechste König"?

In Offb 17,9-11 verbirgt sich vielleicht noch ein Hinweis, der an dieser Stelle weiterhelfen könnte. Das Tier, das ausführlich in Offb 13 beschrieben wird, wurde „tödlich verwundet, und seine tödliche Wunde wurde heil" (Offb 13,3). Ähnlich spricht Offb 17,11 von dem „Tier, das gewesen ist und jetzt nicht ist", aber als achter König wiederkommen werde. Das Tier ist demnach einer von den sieben Königen, von denen sechs bisher geherrscht haben. Nun gab es kurz nach dem Selbstmord Neros Gerüchte, dass dieser Kaiser gar nicht gestorben sei und eines Tages mit einem großen Heer das Reich wieder an sich reißen werde. Auch wenn dieser Mythos kaum mit dem übereinstimmt, was wir in der Offenbarung über das Tier lesen, vermuten doch manche Ausleger, dass er im Hintergrund steht.[150] Die Offenbarung wäre in diesem Fall nach Neros Tod entstanden.

Doch es gibt noch eine dritte Möglichkeit, die Könige zu zählen, nämlich indem man mit dem beginnt, der den Kaiserkult als Erster forciert hat: Caligula. Nero wäre dann der dritte König, Vespasian der vierte, Titus der fünfte und Domitian der sechste – natürlich nur dann, wenn man Galba, Otho und Vitellius nicht mitrechnet. Die scheinbar so konkrete Stelle Offb 17,9-11 entpuppt sich damit als ein weiteres Rätsel, das wir nicht lösen können.

Nero oder Domitian?

Damit ist es an der Zeit, die Untersuchungen abzuschließen und zu einem Ergebnis zu kommen. Zwei Kaiser bleiben übrig, unter denen Johannes sein Buch wohl am wahrscheinlichsten geschrieben haben wird, Nero und Domitian. Unter Nero wurden die

Christen zum ersten Mal als Christen verfolgt. Sicher belegt ist dies für die Stadt Rom, nicht ausgeschlossen ist es für andere Reichsteile. Domitian wiederum unterschrieb seine Dekrete mit „Herr und Gott" und machte den Kaiserkult zur ersten Bürgerpflicht, wobei unklar bleibt, inwieweit er auch Christen verfolgen ließ.

Will man nicht noch undeutlichere Hinweise auswerten als die schon genannten (etwa indem man sich fragt, ob nach Offb 11,1ff. zur Zeit der Offenbarung der Tempel in Jerusalem noch existierte), müssen wir zwischen den beiden genannten eine Entscheidung treffen. Die Waagschale neigt sich dabei leicht zugunsten Domitians. Zum einen behauptet dies die Mehrheit der Kirchenväter[151], zum anderen deutet auch der Befund in diese Richtung. Wenn die Gemeinde in Ephesus ihre „erste Liebe" verlassen hat (vgl. Offb 2,4), Sardes „tot" ist (vgl. Offb 3,1) und Laodizea „lau" (vgl. Offb 3,16), dann scheint doch seit der Verkündigung der Apostel einige Zeit ins Land gegangen zu sein. Nero aber war ein Zeitgenosse des Paulus, Domitian regierte dagegen erst gegen Ende des Jahrhunderts. Dennoch bleiben solche Vermutungen immer nur Vermutungen. Eine letzte Sicherheit lässt sich nicht gewinnen.

Wenden wir uns also lieber den Fragen zu, die für die heutigen Bibelleser sicher interessanter sind.

Einblicke in die Zeit und ihr Ende

Unter den neutestamentlichen Schriften ist die Offenbarung einzigartig. Und das gleich in mehrfacher Hinsicht. So gehören von den 39 Büchern des Alten Testaments 16 oder 17 zu den prophetischen Schriften (je nachdem, ob man die Klagelieder mitzählt oder nicht), im Neuen Testament steht die Offenbarung allein da. Von ihrer Form her müsste sie eigentlich zu den Briefen gerechnet werden, aber sie ist kein Brief wie die anderen Schreiben des Neuen Testaments, die diese Bezeichnung tragen. Bei diesen ist der Adressaten- und damit der Leserkreis klar umrissen, bei der Offenbarung des Johannes ist er das nicht.

Und damit sind wir bei einem weiteren Punkt, der die Einzigartigkeit der Offenbarung ausmacht: Für wen wurde dieses Buch überhaupt geschrieben? Zeichnet Johannes in seinen Visionen in verschlüsselter Weise vor allem ein Bild seiner eigenen Zeit? Oder werden erst die Angehörigen späterer Jahrhunderte verstehen, was dort gemeint ist, weil das Buch erst in der Endzeit wirklich aktuell werden wird? Schrieb Johannes demnach für eine Gemeinde, die erst Jahrhunderte (oder besser: Jahrtausende!) nach seinem Tod leben wird? Bevor wir uns an die Frage nach der Botschaft der Offenbarung machen, müssen wir also klären, wem diese Botschaft in erster Linie gilt.

Die zeitgeschichtliche Auslegung und ihre Probleme

Für einen Vertreter der an deutschen Universitäten vorherrschenden theologischen Richtung scheint klar zu sein, dass die Apokalypse ausschließlich zeitgeschichtlich zu verstehen ist. Johannes schreibt demnach aus seiner Zeit und für seine Zeit, eine wirkliche Zukunftsschau findet nicht statt.[152] Entsprechend werden alle Visionen des Buches vor dem Hintergrund des ersten Jahrhunderts verstanden.

Geradezu ein „Klassiker" ist in dieser Hinsicht die Deutung der in Offb 13,18 genannten „Zahl des Tieres". Seit dem 19. Jahrhundert wird sie von Vertretern der zeitgeschichtlichen Auslegung auf Nero hin interpretiert, dessen Name „Neron Kaisar" im Hebräischen die Zahl 666 ergebe.[153] Doch so plausibel diese Deutung auf den ersten Blick scheinen mag, so wenig überzeugt sie bei näherem Hinschauen. Einerseits ist die ihr zugrunde liegende hebräische Form *nrwn qsr* nirgendwo sonst belegt, zum anderen wurde das letzte Buch der Bibel auf Griechisch geschrieben. Wie sehr seine Leser im griechischen Raum zu Hause gewesen sein müssen, wird gerade daran deutlich, dass Johannes ganz selbstverständlich den ersten und den letzten Buchstaben des griechischen Alphabets, das Alpha und das Omega, benutzt, um Anfang und Ende zu beschreiben (vgl. Offb 1,8; 21,6; 22,13). Außer allgemein bekannten Worten wie „Amen" und „Halleluja" werden zudem alle hebräischen Begriffe übersetzt (vgl. Offb 9,11). Warum also sollte gerade die „Zahl des Tieres" aus dem Hebräischen und nicht aus dem Griechischen errechnet werden – und das noch von Lesern, die die Zahlwerte der hebräischen Buchstaben vermutlich ebenso wenig kannten wie die Buchstaben selbst?

Fragwürdig ist jedoch nicht nur diese eine Deutung, sondern die ganze Methode, die dahinter steht. Das Tier, von dem in Offb 13 die Rede ist, ist ohne jeden Zweifel der Weltherrscher, dem „Macht gegeben [wurde] über alle Stämme und Völker und Sprachen und Nationen. Und alle, die auf Erden wohnen, beten es an" (Offb 13,7f.). Zu keinem Zeitpunkt konnte ein römischer Kaiser der Illusion verfallen, ein solcher Herrscher zu sein, noch konnten seine Untertanen dies glauben. Denn die Truppen Roms herrschten niemals über die ganze damals bekannte Welt und mussten die Grenzen des Reiches immer wieder auch gegen mächtige Feinde wie die Parther im Osten verteidigen.

Damit kommt allerdings der Verdacht auf, dass die zeitgeschichtliche Deutung einem Vorverständnis entspringt, das der biblischen Prophetie nicht gerecht wird. Ähnlich wie bei den Evangelien wird hier nicht nur die Möglichkeit der prophetischen Zukunftsschau prinzipiell geleugnet, sondern auch ein prophetisches Interesse generell. Johannes wollte demnach gar keine Aussagen über die Zukunft der Welt machen, sondern nur seine Gegenwart in Endzeitvisionen deuten.[154] Das lässt sich allerdings am Text der Offenbarung nicht belegen.

Die endgeschichtliche Deutung

Betrachtet man die mit der zeitgeschichtlichen Auslegung verbundenen Schwierigkeiten, wundert es nicht, dass diese Auffassung außerhalb der Universitäten nur wenig Anhänger gefunden hat. Vor allem in „bibeltreuen" Kreisen wird das Feld stattdessen weitgehend von der endgeschichtlichen Auslegung beherrscht. In gewisser Weise wird dabei derselbe Weg beschritten wie in der zeitgeschichtlichen Deutung, allerdings in umgekehrter Richtung. Hier wie dort geht man davon aus, dass alle Bilder der Offenbarung konkrete geschichtliche Ereignisse beschreiben. Während die zeitgeschichtliche Auslegung die Vergleichspunkte jedoch in der Zeit des Johannes sucht, erwartet die endgeschichtliche ihre Erfüllung erst in der Zukunft mit dem Ende der Zeiten.

Typisch für diese Auffassung sind so genannte „Endzeitpläne", in denen die verschiedenen biblischen Aussagen über das Ende der Welt zu einem Ablaufplan der Ereignisse zusammengestellt werden. Hierin finden sich dann die Entrückung aus 1. Thess 5,17 neben der großen Bedrängnis aus Mt 24,15ff. und dem „Tausendjährigen Reich" aus Offb 20,1-6.[155]

Auch diese Auslegung hat freilich ihre Tücken. Denn in der biblischen Prophetie gibt es kein Grundraster, in das die Informationen nur noch eingetragen werden müssten. Entsprechend vielfältig sind die erstellten „Endzeitpläne". Es macht eben einen Unterschied, ob ich die Offenbarung in die Endzeitreden Jesu eingliedere oder gerade umgekehrt, ob ich das letzte Buch der Bibel zur Grundlage nehme oder beispielsweise das Danielbuch.[156]

Für die Auslegung weitaus gravierender ist jedoch, dass mit dieser Methode das in der Offenbarung Beschriebene auf subtile Weise vom Leser weggeschoben wird. Wenn es in diesem Buch tatsächlich in erster Linie um das Ende der Geschichte geht, dann betrifft das dort Gesagte den weitaus größten Teil seiner Leserschaft überhaupt nicht, nämlich all jene, die in den Jahrhunderten davor lebten und leben. Die Offenbarung bleibt also ein fremdes Werk, bis die Zeit anbricht, in der sie verstanden werden kann.

Diesem Problem begegnet die endgeschichtliche Auslegung in der Regel, indem sie darauf hinweist, dass das Ende der Zeiten schon angebrochen sei bzw. unmittelbar bevorstehe. Entsprechend werden die Visionen des Johannes nicht aus seiner Zeit heraus gedeutet, sondern bewusst und konsequent aus der des Auslegers. Damit begibt man sich freilich in die Gefahr der Willkür. Denn woher nimmt der Ausleger die Gewissheit, dass gerade seine Zeit gemeint ist?

Möchte man nicht schlicht nach Gutdünken einzelne Verse aus der Offenbarung herausnehmen und auf ihre angeblich geschehene „Erfüllung" hinweisen,[157] bleibt innerhalb dieses Ansatzes nur ein Weg, um die Aktualität der Offenbarung und damit die der Auslegung aufzuzeigen: Man muss die Linie von der Zeit des Johannes bis ins 21. Jahrhundert ziehen. Als Weg bieten sich die sieben Sendschreiben aus Offb 2f. an, die in diesem Zusammenhang als eine Art Abriss der Kirchengeschichte verstanden werden. Die Gemeinde in Ephesus (vgl. Offb 2,1-7) steht dann für das apostolische Zeitalter, die in Smyrna (vgl. Offb 2,8-11) für die Kirche der Verfolgungszeiten und so geht es weiter, bis schließlich mit Laodizea (vgl. Offb 3,14-22) die heutige kirchen-geschichtliche Situation beschrieben worden sein soll.[158]

Falls diese Auslegung richtig ist, würde uns freilich ein Stück von dem Boden unter den Füßen weggezogen, auf den wir weiter oben die Datierung der Offenbarung aufgebaut haben. Die sie-ben Sendschreiben sind schließlich das Einzige, wo der Autor unverschlüsselt Hinweise auf die Situation der Christen in seiner eigenen Zeit gibt. Wenn das jedoch nicht der Fall ist, wenn gar manche dort gemachten Aussagen überhaupt nicht auf die ange-sprochene Gemeinde zutreffen sollten,[159] dann helfen sie bei der zeitlichen Einordnung des Buches nicht weiter. Denn wenn Johannes mit Offb 2,18-29 genauso akkurat die mittelalterliche Kirche beschreiben konnte wie mit 3,1-6 die der Reformation oder mit 2,1-7 die seiner eigenen Zeit, dann gibt es praktisch keinen Vers in der Offenbarung, der als Grundlage für eine Datie-rung herhalten könnte. Das Buch wäre im wahrsten Sinne des Wortes zeitlos.

Zeit und Geschichte in der biblischen Prophetie

Wie bei der zeitgeschichtlichen sind freilich auch bei der end-geschichtlichen Deutung Zweifel angebracht. Dass sie die zeitli-che Einordnung der Offenbarung nahezu unmöglich macht, ist sicher das geringste der dabei entstehenden Probleme. Viel schwerer wiegend ist, dass auch die endgeschichtliche Deutung dem Text der Offenbarung Gewalt antut. Während die zeitgeschichtliche Auslegung verkennt, dass es zum Wesen der Prophetie gehört, Aussagen über die unmittelbare Erfahrungswelt des Autors hi-naus zu machen, übersieht nämlich die endgeschichtliche, dass die biblische Prophetie immer in die Zeit des Autors hinein geschieht, um den Zeitgenossen Gottes Sicht der Dinge zu verkünden.

Beides gehört zusammen. Das gilt umso mehr, wenn ein pro-phetisches Buch wie die Offenbarung in der Form eines Briefes verfasst worden ist. Wenn man aber den Kolosserbrief nicht ein-fach als ein unmittelbar an die heutige Kirche gerichtetes Schrei-ben deuten darf, dann muss das auch für die Offenbarung gelten. Auch sie hat als Brief einen eng umgrenzten Adressatenkreis (die sieben Gemeinden), in dessen Situation sie folglich auch hineinsprechen wird. Solch klar erkennbare Empfänger kann man nicht einfach zu Epochen der Kirchengeschichte machen.

Wie der Großteil der biblischen Prophetie erschöpft sich die Bedeutung der Offenbarung jedoch nicht in ihrer Zeit und bei ihren unmittelbaren Lesern. Nehmen wir ein bekanntes Beispiel aus dem Alten Testament: Seit Matthäus wird die Prophetie Jesajas: „Siehe, eine Jungfrau wird schwanger und wird einen Sohn gebären" (Jes 71,4; vgl. Mt 1,23) auf Jesus bezogen. Betrachtet man sie indessen im Kontext, dann kann dies kaum die einzige Bedeutung gewesen sein. Denn dort ist von einer Bedrohung Judas durch fremde Mächte die Rede. Um König Ahas ein Zeichen zu geben, dass die Rettung aus dieser Notlage unmittelbar bevorsteht, verkündet ihm Jesaja, dass eine Jungfrau schwanger werden wird. Und noch „ehe der Knabe lernt Böses verwerfen und Gutes erwählen, wird das Land verödet sein, vor dessen zwei Königen dir graut" (Jes 7,16).

Hätte Jesaja hier nur die Zeit Jesu im Blick gehabt, hätte die Prophetie kaum eine Ermutigung für Ahas sein können. Denn dann hätte der Prophet dem König gesagt: „Fürchte dich nicht vor den fremden Heeren, die dein Land verwüsten wollen! In sieben- bis achthundert Jahren redet keiner mehr von ihnen!" Die Prophetie muss also auch eine Erfüllung in der Zeit des Ahas gehabt haben. Es muss auch damals eine Frau schwanger geworden sein und ein Kind bekommen haben.

Nun würde es dem Wesen der biblischen Prophetie nicht gerecht, wenn man sich nur für eine Bedeutung entscheiden würde, die „ursprüngliche" oder die messianische.[160] Eine Prophetie spricht in ihre Zeit, indem sie einen Einblick in die Welt Gottes gewährt. Dabei zeigt sie Strukturen auf, sowohl im Handeln Gottes wie gegebenenfalls auch in der Welt und bei den widergöttlichen Mächten.

Bezogen auf die Prophetie von der Jungfrau, die schwanger wird, heißt das Folgendes: Zur Zeit des Ahas war das Zeichen von der schwangeren Frau eine Erinnerung daran, dass Gott die Geschicke der Welt innerhalb von kurzer Zeit völlig verändern kann. Was so fest und beständig zu sein scheint, wie die Macht der Feinde Israels, vergeht, und das, was auf den ersten Blick so unsicher wirkt, bleibt bestehen: Gott erfüllt seine Verheißungen und rettet sein Volk ohne dessen Zutun. Samaria und Damaskus, die Juda 734/33 v. Chr. bedrohten, gingen wenig später unter, wie Jesaja gesagt hatte. 732 wurde Damaskus erobert, zehn Jahre später fiel Samaria an die Assyrer – und damit bevor nach alttestamentlicher Ansicht ein „Knabe lernt Böses verwerfen und Gutes erwählen". Die Karte des Nahen Ostens hatte sich innerhalb eines Jahrzehnts grundlegend verändert.

Betrachten wir vor diesem Hintergrund die zweite und eigentliche Erfüllung der Prophetie Jesajas, die Geburt Jesu, dann zeigt sich, dass hier dieselbe Linie weitergezogen wird: Gott errettet sein Volk ohne dessen Zutun. Bei Ahas war es vor der Eroberung durch militärisch überlegene Gegner, bei Jesus ist es „von ihren Sünden" (Mt 1,21). Dieses große Zeichen hatte einen kleinen Schatten in die Zeit des Ahas vorausgeworfen, aber beide Male geht es um den „Immanuel", um „Gott mit uns".

Schauen wir uns nun die Offenbarung an, ein Buch, das wie kein anderes aus der Fülle der biblischen Prophetie zitiert und dort gegebene Verheißungen in einen neuen Kontext stellt. Auch hier ist zwangsläufig mit mehrmaligen Erfüllungen zu rechnen. Indem sie aber nicht nur in ihre eigene oder in die Endzeit spricht, sondern auch für die Zeiten dazwischen Linien und Strukturen offenbart, die ansonsten verborgen geblieben wären, ist die Offenbarung eines der aktuellsten Bücher der Bibel, und das zu jeder Zeit. Ihre Prophetien erfüllen sich in einzelnen Zügen immer wieder neu, bis schließlich die letzte Erfüllung eintreten wird, in der sich alle Linien vereinigen.

Für die Zeitgenossen des Johannes war beispielsweise der Antichrist im römischen Kaisertum zu erkennen, dessen Vertreter sich in zunehmendem Maße als Götter verehren ließen. Als in späteren Jahrhunderten reichsweite systematische Verfolgungen einsetzten, verstärkte sich dieser Zug. Aber er war auch vorhanden im mittelalterlichen Papsttum, das als „Stellvertretung Gottes auf Erden" die weltliche und die religiöse Macht in seiner Hand vereinigen wollte. Antichristlich waren nicht zuletzt die totalitären Systeme des 20. Jahrhunderts, die jede Lebensäußerung ihrer Bürger kontrollieren wollten, ob nun im Namen der „Volksgemeinschaft" oder des Sozialismus. Keines von ihnen war identisch mit der in der Offenbarung beschriebenen Herrschaft des Anti-

189

christen, aber in allen ließ er sich für am letzten Buch der Bibel geschulte Augen erkennen.

Da wie in der biblischen Prophetie üblich auch in der Offenbarung Zeitgeschichte, Weltgeschichte und Endzeit zu einem einzigen großen Bild zusammengefügt werden, ist es freilich entsprechend schwierig, die einzelnen Züge zuzuordnen. Wie bei nahezu allen prophetischen Büchern gibt es auch hier keine eindeutigen Antworten, bevor die letzte Erfüllung tatsächlich eingetreten ist.

Die Botschaft der Offenbarung

Wie kaum ein anderes Buch des Neuen Testaments hat die Offenbarung des Johannes durch die Jahrhunderte hindurch ihre Leser fasziniert. Man muss schon zu den Evangelien greifen, um Schriften zu finden, die ähnlich viele Menschen inspiriert haben. Das sieht man nicht nur in Literatur und Predigt, sondern vor allem in der Kunst. Gerade im Kirchenbau entfaltete die Offenbarung eine breite Wirkung. So symbolisieren zahlreiche mittelalterliche Kathedralen das im letzten Buch der Bibel beschriebene himmlische Jerusalem. Nach Osten hin ausgerichtet, wo der Altar zu finden ist, zeigen sie auf die irdische Stadt. Die Szene vom Endgericht über dem Haupteingang im Westen macht jedoch deutlich, dass man nach dem Durchschreiten einen Ort betritt, der nur den Gläubigen vorbehalten ist. Innen stützen schmale Säulen ein Gewölbe, das bis zum Himmel zu reichen scheint, und zwischen ihnen finden sich prachtvolle Fenster, die dem Raum ein anderes Licht geben als der Außenwelt und dabei durch ihre Malereien an Ereignisse aus der Heilsgeschichte erinnern.

Nirgendwo kann man allerdings auch den Bedeutungswandel der Offenbarung so sehr wahrnehmen wie in der Kunst. So war es von der alten Kirche bis ins frühe Mittelalter hinein üblich, im ersten der vier apokalyptischen Reiter Christus selbst zu sehen. Der Reiter auf dem weißen Pferd, dem eine Krone gegeben wurde, damit er sieghaft auszog, um zu siegen (vgl. Offb 6,2), war derselbe wie der andere Reiter auf einem weißen Pferd, der da heißt „Treu und Wahrhaftig" und mit Gerechtigkeit richtet und kämpft (vgl. Offb 19,11). Sein Name ist „Das Wort Gottes" (Offb 19,13). Christus selbst schreitet siegend durch die Weltgeschichte, dargestellt im Bild von einem weißen Reiter, der einen Heiligenschein in Kreuzesform über dem Kopf hat.

Das änderte sich in der Reformationszeit. Mit einem Mal bekam der erste Reiter einen Turban und einen Krummsäbel. Die Türken waren bis tief ins Abendland vorgedrungen, und diese Gefahr reihte sich ein in Krieg, Hunger und Tod, symbolisiert durch den roten, den schwarzen und den fahlen Reiter (vgl. Offb 6,3-6). Hatte die Christenheit die Zuversicht verloren, dass ihr Herr trotz alldem siegreich sein würde?

Aus dem weißen Reiter wurde später ein Bote der Krankheit und der Pest, aus der Offenbarung die Apokalypse, ein düsteres Bild von Schrecken ohne Ende. Wenn die Worte fehlen, um ein Unheil angemessen zu beschreiben, redet man von einer „Katastrophe von apokalyptischen Ausmaßen". Krieg, Tod und Umweltzerstörung, das ist das, was heutige Menschen zum Stichwort „Apokalypse" zu sagen haben.

Johannes hat dies auch gesehen, als er auf Patmos seinem auferstandenen Herrn begegnete und zu seinen Füßen fiel „wie tot" (Offb 1,17). Und er zählt sie auf, die Schrecken einer von dämonischen Mächten beherrschten Menschheit, die sich mit allen ihr zur Verfügung stehenden Mitteln gegen Gott und seine Gemeinde stellt. Höhepunkt dieser Schreckensvisionen ist die in Kapitel 13 geschilderte „satanische Trinität" aus dem Drachen und den beiden Tieren. Der Drache, der die Stelle von Gott Vater einnehmen möchte und für den Teufel selbst steht, gibt dem ersten Tier „seine Kraft und seinen Thron und große Macht" (Offb 13,2). Was sich liest wie eine üble Verdrehung von Dan 7,14, wird fortgeführt als Nachahmung der Auferstehung Jesu, denn das erste Tier sieht aus, „als wäre es tödlich verwundet, und seine tödliche Wunde wurde heil" (Offb 13,3). Ihm zur Seite tritt die satanische Version des Heiligen Geistes, das Tier aus der Erde. Es „redete wie ein Drache ... und macht, daß die Erde und die darauf wohnen, das erste Tier anbeten" (Offb 13,11f.).

Hier wie an anderen Stellen arbeitet die Offenbarung mit Gegensatzpaaren, wonach alles im Himmel sein Gegenüber in der gegen Gott gerichteten Welt findet. Dem himmlischen Jerusalem (vgl. Offb 21,2ff.) versucht die an vielen Wassern sitzende Hure Babylon den Rang streitig zu machen (vgl. Offb 17,ff.), der großen Schar aus allen Völkern, die Gott preisen (vgl. Offb 7,9ff.), stehen die Menschen gegenüber, die den Drachen anbeten und vor dem Bildnis des Tieres niederfallen (vgl. Offb 13,4.14f.). Ja, selbst die Versiegelung der „Knechte Gottes" durch die Engel (vgl. Offb 7,2-8) findet ihren Widerpart im „Zeichen des Tieres", der dreimal unheiligen Zahl 666 (vgl. Offb 13,16-18).

Die Kreativität des Bösen besteht also in der Nachahmung und Verdrehung des Guten, seine Macht in Schrecken und Gewalt: Alle, die das Tier nicht anbeten, sollen getötet werden (vgl. Offb 13,15). In aufeinander folgenden und ineinander verschachtelten Siebenerreihen schildert Johannes eindrücklich die Konsequenzen einer vom Bösen beherrschten Geschichte, einer Geschichte voll von Blut und Zerstörung.

Doch das ist nur die eine Seite der Offenbarung. In ihr zeigt sich paradoxerweise gleichzeitig auch die andere. Johannes beschreibt die Katastrophen, die über die gottlose Welt hereinbrechen, nicht als Verfall, sondern als Gericht. Die Menschen ernten die Früchte ihres Tuns, und trotzdem bekehren sie sich nicht „von den Werken ihrer Hände, daß sie nicht mehr anbeten die bösen Geister und die goldenen, silbernen, ehernen, steinernen und hölzernen Götzen, die weder sehen noch hören noch gehen können, und sie bekehrten sich auch nicht von ihren Morden, ihrer Zauberei, ihrer Unzucht und ihrer Dieberei" (Offb 9,20).

Johannes unternimmt keinen Versuch, dieses Paradox zu erklären. Die Weltgeschichte bleibt ein Buch mit sieben Siegeln, verschlossen für alle Zeit – aber das Lamm ist würdig, sie zu öffnen (vgl. Offb 5,1-5). Jesus steht im Zentrum der Offenbarung. Und auch er wieder in paradoxer Weise: Er ist der „Löwe aus dem Stamm Juda, die Wurzel Davids" (Offb 5,5), der „König aller Könige und Herr aller Herren" (Offb 19,16), „das A und das O, der Erste und der Letzte, der Anfang und das Ende" (Offb 22,13), der „die Schlüssel des Todes und der Hölle" hat (Offb 1,18).

Immer wieder macht Johannes jedoch auch deutlich, wer Jesus noch und eigentlich ist: das Lamm, das geschlachtet ist (vgl. Offb 5,6.12). Mit dieser drastischen Ausdrucksweise lenkt Johannes den Blick auf das Kreuz. Der Weltherrscher ist das Lamm, das die Sünde der Welt trägt, das mit seinem „Blut Menschen für Gott erkauft [hat] aus allen Stämmen und Sprachen und Völkern und

Nationen" (Offb 5,9). Das Blut, das das Gewand dieses Weltherrschers tränkt, ist also sein eigenes (vgl. Offb 19,13).

Stärker könnte man den Unterschied zwischen Christus und Antichristus nicht beschreiben. Auf der einen Seite steht das Lamm, das sich für die Seinen dahingegeben hat – auf der anderen das Tier, das über Leichen geht, um alles an sich zu reißen.

Das Lamm wird siegen, daran besteht durch die ganze Apokalypse hindurch kein Zweifel. Niemals schildert Johannes einen Kampf zwischen Gut und Böse. Mögen der Drache und seine Handlanger die Gläubigen noch so sehr quälen, Christus besiegt sie „mit dem Schwert, das aus [seinem] Mund ging" (Offb 19,21). Bis es jedoch so weit ist, bis Gott wirklich alle Tränen abwischen wird und weder Tod noch Leid noch Geschrei noch Schmerz sein werden, bis das Erste tatsächlich vergangen sein wird und ein neuer Himmel und eine neue Erde entstehen werden (vgl. Offb 21,1-5), ist „Geduld und Glaube der Heiligen" (Offb 13,10) nötig. Die Offenbarung lehrt das Aushalten, das Erdulden des Bösen und damit dessen Überwindung. Wie das Lamm, das sich schlachten ließ, werden auch die, die ihm folgen, über die Welt herrschen (vgl. Offb 20,4).

Das Neue Testament und damit die Bibel schließt mit einem Buch, das allen Gläubigen auf dem Weg dahin Trost geben und sie an die unverbrüchliche Verheißung Jesu erinnern soll, mit denen auch die Betrachtung der Offenbarung endet:

„Es spricht, der dies bezeugt: Ja, ich komme bald. – Amen, ja, komm, Herr Jesus!" (Offb 22,20)

Anmerkungen

[129] Auch wenn diese Form der Auslegung seit den Endzeiterwartungen und -berechnungen des 19. Jahrhunderts in bestimmten Kreisen einen neuen Aufschwung erlebt hat, ist sie nicht wirklich neu. Das beweist unter anderem ein Blick in Luthers „Vorreden zur Heiligen Schrift". Hatte er noch 1522 die Offenbarung als „weder ... apostolisch noch ... prophetisch" abgelehnt, machte er sich für seine Bibelausgabe von 1545 an deren detaillierte Auslegung, die sich als Gang durch die Weltgeschichte entwickelt: Die „bösen Engel" aus Offb 8f. werden mit den „Ketzern" Tatian, Markion, Origenes, Novatus, Arius und dem „schändlichen Mahomed" (Mohammed) gleichgesetzt, die beiden Tiere aus Offb 13 sind Kaiser und Papst,

„Gog und Magog" (Offb 20,8) schließlich werden auf die Bedrohung durch die türkischen Heere gedeutet.

[130] Auch wenn die Verkündigung des Gerichtes Gottes bzw. seine Ankündigung den größten Raum in der biblischen Prophetie einnehmen, ist sie nicht auf diesen Themenbereich beschränkt. In unserem Zusammenhang besonders interessant sind vielleicht die Prophetien, die „reine" Zukunftsansagen sind, wie die des neutestamentlichen Propheten Agabus, der nicht nur die Hungersnot unter Claudius (vgl. Apg 11,28), sondern auch die Verhaftung des Apostels Paulus (vgl. Apg 21,11) vorhersagte. Obwohl es beide Male scheinbar nur um die Zukunft geht, steht auch hier die Gegenwart im Mittelpunkt. Denn offensichtlich wollte Agabus durch seine Ankündigungen seine Hörer dazu aufrufen, alles zu tun, damit seine Prophetien *nicht* wahr würden. Während die Jerusalemer Gemeinde aufgrund der nach der Weissagung in die Wege geleiteten Vorkehrungen tatsächlich nicht hungern musste (vgl. Apg 11,29f.), wurde Paulus verhaftet, weil er bewusst den Weg Jesu zu Ende gehen wollte (vgl. Apg 21,13). Im Gegensatz zur Wahrsagerei ist also biblische Prophetie nicht die Ankündigung eines Schicksals, in das man sich nur fügen kann, sondern die Darlegung einer Situation aus der Sicht Gottes (der über den Horizont schauen kann), damit die Menschen sich dazu stellen und ihr Verhalten den offenbarten Umständen anpassen können.

[131] „Arbeitsweise" erscheint hier deshalb in Anführungszeichen, weil nicht geklärt ist, wie Johannes seine Offenbarung „gegeben" wurde (vgl. Offb 1,1). Hat er „nur" gesehen und gehört und das Gesehene und Gehörte später mit seinen eigenen Worten aufgeschrieben? Oder gehört auch der Text der Offenbarung zumindest teilweise zum Offenbarten? War alles Beschriebene Teil der Vision oder hat Johannes hier und da erklärende Worte „hinzugefügt"? Wir wissen es genauso wenig wie bei den Propheten. So viel ist jedenfalls sicher: Auch bei Prophetien ist der Mensch nicht einfach nur ein unbeteiligtes Sprachrohr bzw. Medium. Deutlich wird das an einer Weissagung des Agabus, der die Verhaftung des Paulus mit den Worten ankündigte: „Das sagt der heilige Geist: Den Mann, dem dieser Gürtel gehört, werden die Juden in Jerusalem so binden und überantworten in die Hände der Heiden." (Apg 21,11) Auch wenn die Ankündigung größtenteils zutreffend ist, liegt Agabus an einem Punkt falsch: Die Juden haben Paulus nicht verhaftet, er wurde gleich von römischen Autoritäten in Gewahrsam genommen und von diesen zu keinem Zeitpunkt an die jüdischen ausgeliefert (vgl. Apg 21,27ff.). Wäre es nach „den Juden" gegangen, wäre dem Apostel nämlich gleich an Ort und Stelle ein kurzer Prozess gemacht worden. Was heißt das aber für die Prophetie des Agabus? Hier lassen sich nur Vermutungen anstellen. Denkbar ist etwa, dass Agabus in Paulus' Verhaftung eine Parallele zu Jesus gesehen hat (die ja auch der Apostel selbst sah, vgl. Apg 21,13). Allerdings zog er sie an der falschen Stelle, als er davon ausging, dass Paulus wie Jesus von den jüdischen Behörden den römischen überstellt werden würde. Für die Prophetie des Agabus (und vielleicht für die Prophetie allgemein) bedeutet das jedoch, dass der Prophet den Wortlaut der Weissagung selbst formuliert haben muss, während ihr Inhalt bzw. das dahinter stehende Bild eingegeben wurde.

[132] Zu Daniel vgl. etwa die Vision von den Tieren in Offb 13 und 17,12 mit Dan 7 oder die Beschreibung des Menschensohns in Offb 14,14 und 20,4.12 mit Dan 7,7-13.22. Zu Hesekiel vgl. zum Beispiel die Thronvision in Offb 4,1-11 mit Hes

9, die Kennzeichnung der Erwählten in Offb 7,3 mit Hes 9,4 oder die Erwähnung „Gogs" und „Magogs" in Offb 20,7-10 mit Hes 28f.

[133] Diese Bücher gehören im weitesten Sinn zu den Apokryphen (= verborgenen Büchern), zählen allerdings nicht zu den Apokryphen des Alten Testaments in den deutschen Bibelausgaben. In der Fachsprache werden sie auch „Pseudoepigraphen" genannt, also Bücher, die ganz offensichtlich nicht von den Personen verfasst wurden, von denen sie zu stammen vorgeben.

[134] Damit lässt sich heute übrigens der Zeitpunkt, zu dem die entsprechende Schrift entstanden sein muss, einigermaßen genau bestimmen.

[135] Offb 1,4-6 sind dementsprechend als klassischer Briefanfang gestaltet. Auf die Nennung des Absenders und der Empfänger folgt ein Segensgruß. Briefähnlich ist auch der Segensgruß am Schluss der Offenbarung (vgl. Offb 22,21).

[136] Da Johannes „um des Wortes Gottes willen und des Zeugnisses von Jesus" (Offb 1,9) auf Patmos war, könnte es sich theoretisch auch um eine Missionsreise gehandelt haben. Der Zusammenhang, in dem er sich als „Mitgenosse an der Bedrängnis und am Reich und an der Geduld in Jesus" beschreibt, macht es allerdings sehr viel wahrscheinlicher, dass Johannes unfreiwillig nach Patmos verbracht worden war.

[137] Justin: Dialog mit Tryphon 81, vgl. Eusebius: Kirchengeschichte 4,18,8.

[138] Vgl. Eusebius: Kirchengeschichte 4,24 und 4,26,2. Die jeweiligen Schriften sind leider verloren gegangen.

[139] Zitiert nach Eusebius: Kirchengeschichte 5,8,5. Die Zahl 666 war textkritisch offensichtlich nicht ganz eindeutig belegt. Manche schienen an dieser Stelle wohl „616" gelesen zu haben, eine Zahl, die insofern attraktiv ist, als sie den griechischen Zahlwert des Namens „Gajus Cäsar" wiedergibt. Der Antichrist wäre demnach der römische Kaiser Caligula gewesen. Vgl. Zahn: Einleitung in das Neue Testament 2, S. 635 und 637f.

[140] Vgl. Eusebius: Kirchengeschichte 5,1,58, wo ein Zitat aus Offb 22,8 mit den Worten eingeleitet wird: „Damit die Schrift erfüllt werde."

[141] Zitiert nach Eusebius: Kirchengeschichte 6,25,9.

[142] Dionysius kommt bei Eusebius: Kirchengeschichte 7,25,1-27 ausführlich zu Wort.

[143] Vgl. hierzu Schnelle: Einleitung in das Neue Testament, S. 589, der einige der Besonderheiten aufzählt.

[144] Vgl. hierzu Guthrie: *New Testament Introduction*, S. 941.

[145] Johannes berichtet genau über sieben Wunder Jesu, die er „Zeichen" nennt (vgl. Joh 2,11; 4,54; 6,14 u. ö.). Diese Wunder sind die Verwandlung von Wasser in Wein (Joh 2,1-11), die Heilung des Sohns des königlichen Beamten (Joh 4,46-54), die Heilung des Kranken am Teich Bethesda (Joh 5,1-9), die Speisung der Fünftausend (Joh 6,1-13), die Heilung des Blindgeborenen (Joh 9,1-7) und die Auferweckung des Lazarus (Joh 11, 1-45). Das siebte und größte Zeichen ist die Auferstehung Jesu selbst (Joh 20f.). Ferner finden sich sieben „Ich bin"-Worte Jesu im Johannesevangelium: Jesus ist „das Brot des Lebens" (Joh 6,35), „das Licht der Welt" (Joh 8,12), „die Tür" (Joh 10,7), „der gute Hirte" (Joh 10,11), „die Auferstehung und das Leben" (Joh 11,25), „der Weg, die Wahrheit und das Leben" (Joh 14,6) sowie „der Weinstock" (Joh 15,5).

[146] Vgl. Irenäus: Gegen die Häresien 1,26,3, und Eusebius: Kirchengeschichte 3,29,1-4, der einen Abschnitt aus den „Teppichen" (3,25-26) Clemens' von Alexandrias zitiert. Nach Eusebius scheint die Gruppe gegen Ende des ersten Jahrhunderts aufgetreten zu sein, eine genaue zeitliche Einordnung ist allerdings nicht möglich.

[147] Vielleicht wird mit dem „Thron des Satans" in Pergamon (Offb 2,13) auf den dortigen großen Augustus-Tempel angespielt, an dem der Kaiserkult gepflegt wurde.

[148] Eusebius: Kirchengeschichte 3,13-20 berichtet, dass es zur Zeit Domitians zu Christenverfolgungen gekommen sei. Er schildert diesen Kaiser als „Nachfolger des Nero" und beruft sich dabei auf die Kirchenväter Hegesipp (2. Jh.) und Tertullian († um 220). Konkret erwähnt er allerdings nur die Hinrichtung von einigen prominenten römischen Christen sowie einen Befehl des Kaisers, die Nachkommen Davids auszurotten. Während Ersteres auch politische Gründe gehabt haben könnte, denn von einer allgemeinen Verfolgung ist nicht die Rede, sollte Letzteres wohl vor allem der Zerschlagung des jüdischen Widerstandes gegen Rom dienen. Hegesipp schreibt jedenfalls, Domitian habe sich „gleich Herodes ... vor der Ankunft Christi [gefürchtet]". Das lässt freilich eher auf die jüdische Messiaserwartung schließen als auf einen christlichen Hintergrund. Hierfür spricht auch, dass Domitian nach Hegesipp Nachkommen des Herrenbruders Judas vorgeladen habe, um sie nach einem Verhör wieder freizulassen, in dem sie beteuert hätten, das Reich Christi „sei nicht von dieser Welt und Erde, es sei vielmehr ein Reich des Himmels und der Engel, das erst am Ende der Welt kommen werde" (zitiert nach Eusebius: Kirchengeschichte 3,20,1-5). Domitian habe daraufhin die Verfolgung der Kirche eingestellt – anscheinend wollte er eher politische Gegner vernichten als die Christen bedrängen.

[149] Vgl. den Briefwechsel des Statthalters Plinius mit Kaiser Trajan, abgedruckt bei Bruce: Außerbiblische Zeugnisse über Jesus und das frühe Christentum, S. 14ff., aus dem Jahr 112. Auffallend ist, dass Kaiser Trajan dem anfragenden Plinius kein Gesetz zitieren kann, wie mit den Christen umzugehen sei. Das lässt darauf schließen, dass es wohl keine entsprechenden Regelungen gab.

[150] Vgl. etwa Bachmann: Die Johannesoffenbarung; in: Niebuhr (Hg.): Grundinformation Neues Testament, S. 361f.

[151] Hierzu gehört unter anderem Irenäus: Gegen die Häresien 5,30,3, der bei Eusebius: Kirchengeschichte 3,18,3 zitiert wird. Irenäus ist insofern interessant, als er selbst ein Schüler Polykarps von Smyrna war, also eines Bischofs aus einer der in der Offenbarung angeschriebenen Gemeinden.

[152] Vgl. etwa Bachmann: Die Johannesoffenbarung; in: Niebuhr (Hg.): Grundinformation Neues Testament, S. 368: „Ein unmittelbarer Bezug auf Ereignisse späterer Jahrhunderte ... mißachtet die Absichten des Buches."

[153] Vgl. Michael Bachmann: Die Johannesoffenbarung; in: Niebuhr (Hg.): Grundinformation Neues Testament, S. 361f. Da das Hebräische eine Konsonantenschrift hat, in der Vokale nicht geschrieben werden, liest sich „Neron Kaisar" *nrwn qsr*, wobei das „w" in Nero ein Platzhalter für den Vokal „o" ist. Jeder hebräische Buchstabe hat zudem einen Zahlwert, ähnlich wie im Lateinischen und im Griechischen (im Lateinischen etwa steht das „I" für 1, das „V" für 5, das „X" für 10 usw.). In Zahlen ausgedrückt lautet *nrwn qsr* daher: 50 + 200 + 6 + 50 + 100 + 60 + 200 = 666.

[154] Vgl. Vielhauer: Geschichte der urchristlichen Literatur, S. 504, der schreibt: „Zu diesem Zweck [der Wiederbelebung der urchristlichen Naherwartung] verwendet der Verfasser kühne, aber für damalige christliche Leser ziemlich durchsichtige Deutungen von Größen und Gestalten seiner Gegenwart und jüngsten Vergangenheit."

[155] Eine solche Form der Auslegung bieten die beiden Bände des „Handbuchs der biblischen Prophetie" von Arnold Fruchtenbaum, Aßlar ²1989 und 1985, in denen die Offenbarung als Gerüst genommen wird, in das nahezu alle anderen alt- und neutestamentlichen prophetischen Texte eingebaut werden.

[156] Wie groß die „Fehlerquote" bei solchen Unterfangen sein muss, zeigt sich an einer anderen Stelle: Trotz sorgfältigster Auslegung aller messianischen Weissagungen des Alten Testaments gelang es den theologisch gebildeten Zeitgenossen Jesu nicht, in ihm den von Gott gesandten Retter zu erkennen. Und das geschah nicht etwa, weil er / die entsprechenden Prophetien nicht erfüllt hat, sondern weil er sie anders wahrmachte, als ihre Ausleger sich das vorstellten. Ich vermute daher, dass die in unseren Gemeinden kursierenden Endzeiterwartungen die zukünftige Wirklichkeit ähnlich korrekt beschreiben wie pharisäische Predigten den Messias.

[157] So geschah es etwa nach der Atom-Katastrophe von Tschernobyl vom April 1986. Angeregt durch eine Meldung der französischen Tageszeitung *Le Monde* verbreitete sich in christlichen Kreisen die Auffassung, in Offb 8,10f. werde auf dieses Ereignis angespielt, denn „Wermut" heiße auf russisch *tschernaja*, wovon der Name Tschernobyl („Schwarzer Wermut") abgeleitet worden sei. Selbst wenn man einmal von den damit verbundenen sprachlichen Problemen absieht (vgl. dazu Weyer-Menkhoff: Sein Angesicht sehen. Die Botschaft der Offenbarung, S. 162), ist diese Deutung außerordentlich willkürlich, setzt sie doch voraus, dass ein Leser der Offenbarung sich im Russischen auskennen muss, um die Bezüge zu verstehen. Dennoch konnte sie ebenso Anhänger finden wie später die Auffassung, mit „Hagel und Feuer, mit Blut vermischt", die auf die Erde fielen (Offb 8,7) sei der Absturz der amerikanischen Raumfähre „Columbia" im Februar 2003 gemeint. Auch hierbei zeigt sich das Bestreben der Ausleger, ihre Welt mit ihren Problemen und Katastrophen mit dem Plan Gottes in Einklang sehen zu wollen, selbst wenn das dem Wortlaut der Offenbarung auch nicht annähernd gerecht wird.

[158] Vgl. etwa Fruchtenbaum: Handbuch der biblischen Prophetie 1, S. 57ff.

[159] Das behauptet Fruchtenbaum, a. a. O., S. 55.

[160] Leider treffen manche Bibelübersetzungen an dieser Stelle eine Entscheidung. Vom Hebräischen her kann der Vers sowohl präsentisch („eine Jungfrau *ist* schwanger") wie futurisch („eine Jungfrau *wird* schwanger") gelesen werden. Letzteres würde beide Deutungen zulassen, denn zum Zeitpunkt der Prophetie Jesajas muss die Frau noch nicht schwanger sein, damit das Wort eine Bedeutung für Ahas hat. Eine präsentische Übersetzung schließt dagegen den Bezug auf Jesus vom Wortlaut her aus, verengt also die im ursprünglichen Text liegende Bedeutung und lässt zudem das vom Neuen Testament vertretene Verständnis als aufgesetzt erscheinen. Insofern ist es unverständlich, dass die Lutherübersetzung dieser Linie folgt, während etwa die Einheitsübersetzung und die Elberfelder Übersetzung den Vers futurisch übersetzen, wobei Letztere in einer Anmerkung auf die andere Deutungsvariante hinweist.

Nachwort

Es geschah im Jahr 7 v. Chr. irgendwo im Zweistromland, dem alten Babylonien, auf dem Gebiet des heutigen Irak. In einer der vielen klaren Nächte über der Wüste sah man eine seltsame Erscheinung, die die gesamte antike Welt in Staunen versetzte. An einigen Tagen Anfang Juni waren die Planeten Jupiter und Saturn so eng zusammengerückt, dass sie für einen irdischen Betrachter als ein einziger Stern erschienen. Jupiter, nach griechisch-römischer Vorstellung der oberste Gott und Herr des Himmels, vermählte sich mit Chronos, dem Gott der Zeit und der Geschichte. Das konnte nur eins bedeuten: den Anbruch einer neuen Zeit, des von den Alten erwarteten „Goldenen Zeitalters", in dem Frieden und Wohlstand für alle herrschen würden.

Doch die Sterndeuter in Babylon verstanden die Zeichen des Himmels anders als die Erbauer des *Solarium Augusti* im fernen Rom. Sie waren Juden, Nachkommen jenes Volkes, das vor knapp sechshundert Jahren ins Exil verschleppt worden war. Ihre Väter hatten es sich dort gut eingerichtet und waren nicht zurückgekehrt in das zerstörte Land, das Gott Abraham einst verheißen hatte. Dort, fern vom Tempel Gottes, hatten ihre Kinder sogar die nach dem Alten Testament verbotenen Künste der Astrologie gelernt.

Aber Gott hatte sie nicht verlassen, auch wenn sie scheinbar fernab von ihm wohnten. Er sprach zu ihnen durch die Zeichen des Himmels. Und sie erinnerten sich an eine alte Weissagung aus 4. Mose 24,17.19, wo es heißt:

> *„Ich sehe ihn, aber nicht jetzt; ich schaue ihn, aber nicht von nahem. Es wird ein Stern aus Jakob aufgehen und ein Zepter aus Israel aufkommen ... Aus Jakob wird der Herrscher kommen ..."*

Nun war er also da, der verheißene Messias, der Gesalbte, der König, den Gott selbst eingesetzt hatte. Die Herrschaft würde auf seiner Schulter ruhen, „Wunder-Rat, Gott-Held, Ewig-Vater, Friedefürst" würde sein Name sein und des Friedens kein Ende in seinem Reich (vgl. Jes 9,5f.). Auf ihm würde ruhen der „Geist des

198

HERRN, der Geist der Weisheit und des Verstandes, der Geist des Rates und der Stärke, der Geist der Erkenntnis und der Furcht des HERRN" (Jes 11,2). Die Stämme Jakobs würde er wieder aufrichten und die Zerstreuten Israels zurückbringen, und mehr als das: Ein Licht der Heiden würde er sein, von ihm werde das Heil ausgehen bis an die Enden der Erde (vgl. Jes 49,6).

Und so machten sich die Sterndeuter auf den langen Weg ins Land ihrer Vorfahren. Dort herrschte ein anderer König, Herodes, ein grausamer und eifersüchtiger Despot, dem seine Astrologen ebenfalls mitgeteilt hatten, dass eine neue Zeit im Anbrechen war. Herodes reagierte entsprechend und ließ eine Reihe möglicher Rivalen hinrichten. So trafen sie nun aufeinander, die Weisen aus dem Osten und der König aus Jerusalem. Und jeder wollte die Antwort auf die entscheidende Frage wissen: „Wo ist der neugeborene König der Juden?" (Mt 2,2)

Herodes rief seinen Thronrat zusammen, die Hohenpriester und schriftgelehrten Theologen. Die Antwort war schnell gefunden, eine andere Weissagung zeigte den Weg:

„Und du, Bethlehem im jüdischen Lande, bist keineswegs die kleinste unter den Städten in Juda; denn aus dir wird kommen der Fürst, der mein Volk Israel weiden soll." (Mi 5,1/Mt 2,6)

Von Jerusalem nach Bethlehem sind es nur wenige Kilometer, und da beginnt unsere Geschichte spannend zu werden. Die Weisen, die den langen Weg aus dem Zweistromland auf sich genommen hatten, gingen auch das letzte Stück; die Theologen aus Jerusalem kehrten zurück in ihre Paläste. Sie ahnten, dass ein neues Zeitalter angebrochen war, dass sich vielleicht die jahrhundertealte Sehnsucht ihres Volkes erfüllt hatte, sie kannten sich gut genug in den heiligen Schriften aus, um anderen den Weg zu weisen, aber sie selbst gingen nach Hause.

Die Weisen jedoch zogen nach Bethlehem und fanden dort sicher etwas anderes, als sie erwartet hatten. Statt eines mächtigen Königs in Glanz und Gloria war dort nur ein Kind zu sehen, ein kleines Kind, ein armes Kind; geboren in einem Stall in einem Ort, an den die römischen Behörden seine Eltern geschickt hatten, damit sie für künftige Steuerzahlungen besser erfasst würden;

ein Kind, bedroht vom tödlichen Hass des Herodes. Von Pracht und Herrlichkeit war weit und breit keine Spur. Und doch fielen die Weisen auf die Knie vor diesem Kind, beteten es an und breiteten ihre Gaben vor ihm aus.

Das macht diese Geschichte herausfordernd für alle, die sich mit der Bibel beschäftigen. Es gibt viele Wege, die Gott benutzt, um uns auf sich aufmerksam zu machen. Manchmal geht er sogar solche, die wir anderen niemals empfehlen würden, wie den über die Sterne. Aber am Ende erreichen wir unser Ziel nur, wenn wir die Bibel zu Hilfe nehmen. Die Sterne haben die Weisen bis nach Jerusalem in den Palast des Herodes gebracht, die Bibel führte sie nach Bethlehem zum Kind.

Aber wir sehen an dieser Geschichte auch, dass es verschiedene Gründe gibt, in der Bibel zu lesen. Die Schriftgelehrten kannten sie auswendig, sie wollten alles genau ergründen, aber sie zogen keine Konsequenzen daraus. Statt nach Bethlehem gingen sie mit ihrem Wissen zurück in die Geborgenheit ihrer vertrauten Welt. Anders Herodes: Ihn ließ die Bibel nicht kalt. In mancher Hinsicht vertraute er ihr sogar mehr als seine Theologen. Er wusste, dass etwas passiert war und dass er nun handeln musste. Aber er handelte anders, als man es vielleicht erwartet hätte. Statt nach Bethlehem ging er unruhig in seinem Palast auf und ab, statt dem Kind zu huldigen, suchte er nach Wegen, um es sich für immer vom Leib zu halten. Er fürchtete Gott und sein Wort, aber als Konkurrenten, die seine Macht und seine Sicherheiten in Frage stellten.

So waren die Weisen die Einzigen, die sich auf den Weg machten. Besonders schriftkundig waren sie nicht, aber sie wussten genug, um aufzubrechen, die vertraute Umgebung hinter sich zu lassen, um sich auf die Suche zu machen nach dem von Gott versprochenen Heil. Und sie waren offen genug, um das Kind nicht zu verachten, sondern anzubeten. Auch wenn es ihren Vorstellungen nicht entsprach, waren sie doch bereit, in ihm zu sehen, was es ist: der von Gott gesandte Retter der Welt.

Die Bibel ist das meistgelesene Buch der Weltgeschichte. Sie hat Kulturen geprägt und Reiche zerstört. Und doch ist sie zunächst unscheinbar wie das Kind in der Krippe, so menschlich, so einfach. Gerade das Neue Testament spricht kaum von den Großen dieser Welt, ihren Kriegen und kulturellen Leistungen. Verfasst wurde es nicht von Philosophen, sondern von vielen kleinen Leuten, von Fischern, Handwerkern und Zolleinnehmern. Es ist so leicht, dieses Buch zu verachten, weil es angeblich so wenig zu sagen hat zu unseren heutigen Sorgen und Nöten. Es ist so leicht, es als bloßes Geschichtsbuch zu lesen, als schlichte Verständnishilfe für die Kultur des Abendlandes. Und doch bleibt es ein Buch, das als Zentrum das Kind in der Krippe hat, den Mann am Kreuz, Gottes Weg zum Heil, zur Versöhnung der Welt. Und wer die Bibel mit einem suchenden Herzen liest, der wird ihn finden.

Anhang

Literaturempfehlungen

FEE, GORDON D., und DOUGLAS STUART: Effektives Bibelstudium, Asslar [4]1988. *Dieses Buch ist ein „Muss" für alle, die sich mit der Bibel beschäftigen. In leicht verständlicher Weise wird auf die Besonderheiten der in der Bibel vorkommenden Texte hingewiesen, wobei die Ausführungen gerade für die gedacht sind, die keine theologische Ausbildung haben. Hinzu kommen wichtige Hinweise z. B. zur Wahl des richtigen Kommentars.*

BURKHARDT, HELMUT u. a. (Hgg.): Das große Bibellexikon, 1. Taschenbuchauflage, 6 Bände, Wuppertal/Gießen 1996. *Ein gutes Bibellexikon ist sowohl für die Arbeit mit dem Neuen als auch dem Alten Testament unbedingt notwendig. Und bei Bibellexika gilt die gleiche Faustregel wie bei allen anderen Nachschlagewerken: Je ausführlicher und neuer, desto besser. Das hier erwähnte Lexikon ist dazu noch im Hinblick auf sein Preis-Leistungs-Verhältnis unschlagbar.*

KEENER, CRAIG S.: Kommentar zum Umfeld des Neuen Testaments. Historische, kulturelle und archäologische Hintergründe, 3 Bände, Neuhausen-Stuttgart 1999. *Im Gegensatz zu anderen Kommentaren, die den Lesern zu den entsprechenden Texten eine komplette Auslegung bieten (und damit das Denken weitgehend fesseln), beschränkt sich Keener ausschließlich auf den Hintergrund der jeweiligen Stellen. Wer also wissen will, warum die Jungfrauen im Gleichnis auf den Bräutigam warten, bekommt die jüdischen Hochzeitsbräuche erklärt – ohne dass das Gleichnis selbst ausgelegt wird. Der Kommentar, der übrigens für Menschen geschrieben wurde, die keinen Zugang zu Bibliotheken haben, eignet sich damit hervorragend für alle, die sich z. B. in einer Bibelarbeit im Hauskreis mit einem Text beschäftigen müssen, aber nur ungern auf eine bestimmte Auslegungsrichtung festgelegt werden wollen.*

Konkordanz: *Neben den erwähnten Büchern ist eine Konkordanz hilfreich. Hierbei sollte man (falls möglich) auf eine Computer-Bibel zurückgreifen, die über entsprechend komfortable Suchmasken verfügt. Wenn man keinen Wert auf eine bestimmte Bibelübersetzung legt, ist man mit einer nicht mehr „aktuellen" Version (wie der unrevidierten Elberfelder, der Lutherübersetzung von 1912 oder dem Schlachter-Text) oft gut und günstig bedient. Computerbibeln sind in dem Fall schon für ein Taschengeld zu haben bzw. aus dem Internet als Freeware herunterzuladen. Wer keinen Computer sein Eigen nennt, muss bei Konkordanzen leider tief in die Tasche greifen. Die Erfahrung zeigt, dass der Kauf einer billigen, weil nur sehr dünnen Konkordanz hinausgeworfenes Geld ist. Irgendwann möchte man in einer Konkordanz nicht mehr nur die „wichtigsten" Stellen zum Thema lesen (also die, die einem sowieso einfallen), sondern auch die anderen. Und so kommt zum Preis der billigen noch der der teuren, dafür aber relativ vollständigen Konkordanz hinzu.*

Studienbibel: *Studienbibeln sind verführerische Werke, denn in ihnen wird scheinbar alles, was man wissen muss, in leicht zugänglicher Form rund um den eigentlichen Bibeltext selbst angeboten. Auch wenn der Wert eines solchen Werkes auf der Hand liegt – besonders dann, wenn man z. B. im Hauskreis eben schnell eine Frage beantworten soll, über die man in der Vorbereitung nicht nachgedacht hat –, hat es auch seine Schattenseiten. So ist oft nicht nachprüfbar, woher die Autoren ihr Wissen haben, womit auch die Möglichkeiten zur Weiterarbeit beschränkt sind. Zudem vertritt natürlich jede Studienbibel eine bestimmte Theologie, die der Leser gezwungenermaßen, ohne sie hinterfragen zu können, übernehmen muss. Allein aus diesen Gründen würde ich eher den Kauf einer „normalen" Bibel und eines guten Bibellexikons (s. o.) empfehlen. Wenn es denn eine Studienbibel sein muss, rate ich sehr dazu, im Laden verschiedene nebeneinander zu legen und z. B. an kritischen Stellen zu überprüfen. Was die kritischen Stellen sind, an denen man die Theologie der Autoren einer solchen Bibel ablesen kann, ahnt der Leser dieses Buches sicher schon.*

Literaturverzeichnis

Quellen und Quellensammlungen

BERGER, KLAUS, und CHRISTIANE NORD (Hgg.): Das Neue Testament und frühchristliche Schriften. Übersetzt und kommentiert, Frankfurt a. M./Leipzig 1999.

BARRETT, CHARLES KINGSLEY, und CLAUS-JÜRGEN THORNTON (Hgg.): Texte zur Umwelt des Neuen Testaments, Tübingen ²1991.

BRUCE, FREDERICK F.: Außerbiblische Zeugnisse über Jesus und das frühe Christentum, hg. von Eberhard Güting, Gießen/Basel 1991.

EUSEBIUS VON CÄSAREA: Kirchengeschichte (*Historia Ecclesiastica*), hg. und eingeleitet von Heinrich Kraft, München ³1989.

LEIPOLD, JOHANNES, und WALTER GRUNDMANN (Hgg.): Umwelt des Urchristentums, Band 2: Texte zum neutestamentlichen Zeitalter, Berlin ⁷1986.

MICHEL, KARL-HEINZ (Hg.): Anfänge der Bibelkritik. Quellentexte aus Orthodoxie und Aufklärung, Wuppertal 1985.

STEUBING, HANS (Hg.): Bekenntnisse der Kirche. Bekenntnistexte aus zwanzig Jahrhunderten, Wuppertal, 1. Taschenbuchauflage 1985.

Unser Glaube. Die Bekenntnisschriften der evangelisch-lutherischen Kirche. Ausgabe für die Gemeinde, im Auftrag der Kirchenleitung der Vereinigten Evangelisch-Lutherischen Kirche Deutschlands (VELKD) herausgegeben vom Lutherischen Kirchenamt, bearbeitet von Horst Georg Pöhlmann, Gütersloh ²1987.

Einleitungen ins Neue Testament

CARSON, DON A., DOUGLAS J. MOO und LEON MORRIS: *An Introduction to the New Testament*, Grand Rapids, Mich. (USA) 1992.

FEINE, PAUL, und JOHANNES BEHM: Einleitung in das Neue Testament, Leipzig ⁹1950.

GUTHRIE, DONALD: *New Testament Introduction*, Downers Grove, Ill. (USA) ³1970.

HÖRSTER, GERHARD: Einleitung und Bibelkunde zum Neuen Testament, Wuppertal und Zürich 1993.

KÜMMEL, WERNER GEORG: Einleitung in das Neue Testament, Heidelberg ²¹1983.

MICHAELIS, WILHELM: Einleitung in das Neue Testament. Die Entstehung, Sammlung und Überlieferung der Schriften des Neuen Testaments, Bern ²1954.

ROBINSON, JOHN A. T.: Wann entstand das Neue Testament?, Paderborn/Wuppertal 1986.

SCHNELLE, UDO: Einleitung in das Neue Testament, Göttingen 1994.

SCHWEIZER, EDUARD: Theologische Einleitung in das Neue Testament, Göttingen 1992.

VIELHAUER, PHILIPP: Geschichte der urchristlichen Literatur. Einleitung in das Neue Testament, die Apokryphen und die Apostolischen Väter, Berlin/New York 1975.

ZAHN, THEODOR: Einleitung in das Neue Testament, Leipzig ³1906/1907 (ND Wuppertal 1994).

Einführungen in das Neue Testament, seine Umwelt und Auslegungsmethoden

CONZELMANN, HANS, und ANDREAS LINDEMANN: Arbeitsbuch zum Neuen Testament, Tübingen ⁸1985.

BRUCE, FREDERICK F.: Zeitgeschichte des Neuen Testaments, Wuppertal 1986 (neu erschienen als: „Basiswissen Neues Testament – Zeitgeschichte von Kyros bis Konstantin").

EGGER, WILHELM: Methodenlehre zum Neuen Testament. Einführung in linguistische und historisch-kritische Methoden, Freiburg i. Br./Basel/Wien ³1987.

GREENLEE, J. HAROLD: *Scribes, scrolls, and scripture. A Student's Guide to New Testament Textual Criticism*, Grand Rapids, Mich. (USA) 1985.

HOUSE, H. WAYNE: Chronologische Tabellen und Hintergrundinformationen zum Neuen Testament (Originaltitel: *Chronological and Background Charts of the New Testament*, 1981), Marburg 1983.

KÖSTER, HELMUT: Einführung in das Neue Testament im Rahmen der Religionsgeschichte und Kulturgeschichte der hellenistischen und römischen Zeit, Berlin/New York 1980.

NEUDÖRFER, HEINZ-WERNER, und ECKHARD SCHNABEL (Hgg.): Das Studium des Neuen Testaments 1: Eine Einführung in die Methoden der Exegese, Wuppertal und Gießen 1999.

————: Das Studium des Neuen Testaments 2: Exegetische und hermeneutische Grundfragen, Wuppertal und Gießen 2000.

NIEBUHR, KARL-WILHELM (Hg.): Grundinformation Neues Testament. Eine bibelkundlich-theologische Einführung, Göttingen 2000.

PIXNER, BARGIL: Wege des Messias und Stätten der Urkirche: Jesus und das Judenchristentum im Licht neuer archäologischer Erkenntnisse, hg. v. Rainer Riesner, Gießen/Basel 1991.

TENNEY, MERRILL C.: Die Welt des Neuen Testaments, Marburg [4]1994.

THIEDE, CARSTEN PETER: Ein Fisch für den römischen Kaiser, überarbeitete Taschenbuchausgabe, Bergisch Gladbach 2000.

YAMAUCHI, EDWIN: Die Welt der ersten Christen. Kultur, Religion und Politik im ersten Jahrhundert, Wuppertal und Zürich [2]1990.

ZAHN, THEODOR: Grundriß der Geschichte des Apostolischen Zeitalters, Leipzig 1929.

Bibellexika und Wörterbücher

BAUER, WALTER: Griechisch-deutsches Wörterbuch zu den Schriften des Neuen Testaments und der frühchristlichen Literatur, hg. von Kurt und Barbara Aland, Berlin/New York [6]1988.

BURKHARDT, HELMUT u. a. (Hgg.): Das große Bibellexikon, 1. Taschenbuchauflage, Wuppertal/Gießen 1996.

NEGEV, AVRAHAM (Hg.): Archäologisches Bibellexikon, Neuhausen-Stuttgart 1991.

Weitere Literatur

BLACK, MATTHEW: Die Muttersprache Jesu. Das Aramäische der Evangelien und der Apostelgeschichte (Originaltitel: *An Aramaic Approach to the Gospels and Acts*, [3]1967), Stuttgart u. a. 1982 (BWANT 115).

BOTERMANN, HELGA: Der Heidenapostel und sein Historiker. Zur historischen Kritik der Apostelgeschichte; in: Theologische Beiträge 24 (1993), S. 62-84.

DOCKX, STANISLAS: Chronologie zum Leben des heiligen Petrus; in: Das Petrusbild in der neueren Forschung, hg. von Carsten Peter Thiede, Wuppertal 1987, S. 85-108.

EGELKRAUT, HELMUTH: Die Apostelgeschichte: Antike Fiktion oder antike Geschichtsschreibung? Was bleibt nach 150 Jahren Actaforschung; in: Theologische Beiträge 11 (1980), S. 133-136.

ELLIS, E. EARLE: Die Pastoralbriefe des Paulus. Beobachtungen zu Jürgen Roloffs Kommentar über 1. Timotheus; in: Theologische Beiträge 22 (1991), S. 208-212.

FRUCHTENBAUM, ARNOLD G.: Handbuch der biblischen Prophetie, 2 Bände, Aßlar [2]1989 und 1985.

GERHARDSSON, BIRGER: Die Anfänge der Evangelientradition, Wuppertal 1977.

GOLDSWORTHY, GRAEME: *The Gospel in Revelation. Gospel and Apocalypse*, Neuauflage, Carlisle (Groß-Britannien) 1994.

GREEN, E. M. B.: Der 2. Petrusbrief neu betrachtet; in: Das Petrusbild in der neueren Forschung, hg. von Carsten Peter Thiede, Wuppertal 1987, S. 1-50.

GREEN, MICHAEL: Evangelisation zur Zeit der ersten Christen. Motivation, Methodik und Strategie (Originaltitel: *Evangelism in the early Church*, 1970), Neuhausen-Stuttgart o. J.

HAACKER, KLAUS: Leistung und Grenzen der Formkritik; in: Theologische Beiträge 12 (1981), S. 53-71.

————: Urchristliche Mission und kulturelle Identität. Beobachtungen zu Strategie und Homiletik des Apostels Paulus; in: Theologische Beiträge 19 (1988), S. 61-72.

HEMER, COLIN J.: *The Book of Acts in the Setting of Hellenistic History*, hg. v. Conrad H. Gempf, Tübingen 1989 (WUNT 49).

HENGEL, MARTIN: Jesus und die Tora; in: Theologische Beiträge 9 (1978), S. 152-182.

————: Petrus und die Heidenmission; in: Das Petrusbild in der neueren Forschung, hg. von Carsten Peter Thiede, Wuppertal 1987, S. 163-170.

————: Der vorchristliche Paulus; in: Theologische Beiträge 21 (1990), S. 174-195.

KRETSCHMAR, GEORG: Die Offenbarung des Johannes. Die Geschichte ihrer Auslegung im 1. Jahrtausend, Stuttgart 1985 (Calwer Theologische Monographien B 9).

LINNEMANN, ETA: Gibt es ein synoptisches Problem?, Neuhausen-Stuttgart ²1995.

LUTHER, MARTIN: Vorreden zur Heiligen Schrift, neu herausgegeben von Friedrich Held, Heilbronn o. J.

MARSHALL, I. HOWARD: Apg 12 – ein Schlüssel zum Verständnis der Apostelgeschichte; in: Das Petrusbild in der neueren Forschung, hg. von Carsten Peter Thiede, Wuppertal 1987, S. 192-220.

RIDDERBOS, H. N.: Die Reden des Petrus in der Apostelgeschichte; in: Das Petrusbild in der neueren Forschung, hg. von Carsten Peter Thiede, Wuppertal 1987, S. 51-84.

RIESNER, RAINER: Wie sicher ist die Zwei-Quellen-Theorie?; in: Theologische Beiträge 8 (1977), S. 49-73.

————: Präexistenz und Jungfrauengeburt; in: Theologische Beiträge 12 (1981), S. 177-187.

————: Jesus als Lehrer. Eine Untersuchung zum Ursprung der Evangelien-Überlieferung, Tübingen ²1984 (WUNT 2/7).

ROHRHIRSCH, FERDINAND: Markus in Qumran? Eine Auseinandersetzung mit den Argumenten für und gegen das Fragment 7Q5 mit Hilfe des methodischen Fallibilismusprinzips, Wuppertal 1990.

RÜPKE, JÖRG: Die Religion der Römer. Eine Einführung, München 2001.

SCHWEITZER, ALBERT: Geschichte der Leben-Jesu-Forschung (1906, ²1913), Tübingen ⁹1984 (ND der 7. Auflage von 1966).

STOLDT, HANS-HERBERT: Geschichte und Kritik der Markushypothese, Gießen ²1986.

STRANGE, JAMES F., und HERSHEL SHANKS: Das Haus des Petrus; in: Das Petrusbild in der neueren Forschung, hg. von Carsten Peter Thiede, Wuppertal 1987, S. 145-162.

STUHLMACHER, PETER: Weg, Stil und Konsequenzen urchristlicher Mission; in: Theologische Beiträge 12 (1981), S. 107-135.

———: Jesus von Nazareth – Christus des Glaubens, Stuttgart 1988.

———: Kirche nach dem Neuen Testament; in: Theologische Beiträge 26 (1995), S. 301-325.

THIEDE, CARSTEN PETER: Babylon, der andere Ort: Anmerkungen zu 1.Petr 5,13 und Apg 12,17; in: Das Petrusbild in der neueren Forschung, Wuppertal 1987, S. 221-229.

———: Die älteste Evangelien-Handschrift? Das Markus-Fragment von Qumran und die Anfänge der schriftlichen Überlieferung des Neuen Testaments, Wuppertal³ 1992.

WEYER-MENKHOFF, MICHAEL: Sein Angesicht sehen. Die Botschaft der Offenbarung, Marburg ²2002 (Portastudien 28).

Erklärung der Fremdwörter

Da alle Fremdwörter bereits im Text erklärt werden, sind die folgenden Erläuterungen knapp gehalten. Sie dienen nur als Hilfen zur Erinnerung.

Akoluthie (von griech. *akoluthov,* das „Folgende") – Fachwort für die Reihenfolge bzw. Anordnung des Stoffes in den ersten drei Evangelien.

Allegorie (von griech. *allegorein,* „anders sagen") – ein Text, dessen eigentliche Bedeutung nicht im wörtlichen, sondern in einem symbolischen Sinn zu finden ist. Ein Beispiel ist das Gleichnis vom Unkraut unter dem Weizen (vgl. Mt 13,24-30.37-43). Dass man mit dieser Auslegungsmethode auch biblische Geschichten deuten (und damit für die eigene Situation aktualisieren kann), macht Paulus in Gal 4,22-31 vor, wo er die Geschichte von Hagar und Sara allegorisch begreift. Danach steht die „unfreie" Hagar für das „jetzige Jerusalem", die „freie" Sara dagegen für das „Jerusalem, das droben ist". Wird ein Text auf diese Weise allegorisch ausgelegt, spricht man von einer *Allegorese.*

Apokalyptik (von griech. *apokalypsis,* „Offenbarung") – Literaturgattung, die sich mit dem Ende der Zeiten beschäftigt.

Apokryphen – Schriften, die nicht zum hebräischen Text des Alten Testaments gehören und in diesem Sinn „verborgen" (so die griechische Wortbedeutung) sind. Hierzu werden zunächst einmal die Bücher gerechnet, die in der griechischen

Übersetzung des Alten Testaments, der *Septuaginta*, enthalten sind, nicht jedoch in der hebräischen Bibel. Während die Lutherübersetzung und mit ihr die evangelische Kirche allgemein in der Auswahl der Schriften des Alten Testaments der hebräischen Überlieferung folgte, folgte die römisch-katholische der *Septuaginta*. Deshalb gehören Bücher wie die Weisheit Salomos, Jesus Sirach und andere zur römisch-katholischen Bibel (vgl. etwa die Einheitsübersetzung), in den evangelischen Bibelausgaben tauchen sie dagegen in der Regel nicht auf, es sei denn, als „Spätschriften des Alten Testaments" zwischen den beiden Testamenten. Darüber hinaus bezeichnet man mit dem Ausdruck „Apokryphen" auch noch weitere Bücher aus der Zeit zwischen den Testamenten, teilweise auch aus neutestamentlicher Zeit, sofern sie nicht zur biblischen Überlieferung gehören (wie etwa das im Judasbrief zitierte Henochbuch). In Fachkreisen werden solche Werke auch „Pseudoepigraphen" genannt, weil sie in der Regel einem berühmten Verfasser zugeschrieben wurden, von dem sie jedoch nicht stammen.

Apostelkonzil – Zusammentreffen der Apostel in Jerusalem, um die Frage der Heidenmission zu klären (vgl. Apg 15).

Auslassung, große – Wenn man von der Zwei-Quellen-Theorie ausgeht, hat Lukas grob gesagt von Markus „abgeschrieben". Allerdings übernahm er nicht den gesamten Markusstoff, sondern ließ einiges aus, unter anderem Mk 6,45-8,26 als ganzen Block. Die Experten sprechen in diesem Fall von der „großen Auslassung", von der mehrere kleinere zu unterscheiden sind.

Bischofsamt, monarchisches – im Gegensatz zu einer von mehreren Ältesten geleiteten Gemeinde liegen alle Leitungsfunktionen in der Hand eines Bischofs.

Chronologie, absolute – Datierung von Ereignissen anhand eines feststehenden Zeitmaßstabs, z. B. der Rechnung vor und nach Christi Geburt.

Chronologie, relative – Datierung von Ereignissen untereinander, jedoch nicht an einem feststehenden Zeitmaßstab. Ein Beispiel für relative Chronologie bietet Lk 3,1f.

Deutero- (griech. „(der) zweite") – die Vorsilbe drückt aus, dass ein Autor in der Nachfolge eines anderen steht, mit diesem aber nicht identisch ist. So ist der Epheserbrief nach Ansicht vieler Ausleger deuteropaulinisch, also nicht vom Apostel selbst, sondern von einem seiner Schüler geschrieben worden.

Diadochen (von griech. *diadochos*, „Nachfolger") – Bezeichnung für die Nachfolger Alexanders des Großen († 323 v. Chr.), die das von ihm eroberte Reich unter sich aufteilten. Die für Palästina wichtigsten Diadochen waren Seleukos, von dem die syrische Dynastie der Seleukiden herkommt, sowie Ptolemaios, der Stammvater der ägyptischen Ptolemäer.

Diaspora (griech. „Zerstreuung") – eine Gruppe von Menschen, die als Minderheit unter einer ansonsten relativ einheitlichen Mehrheitsbevölkerung lebt. Das galt sowohl für die im Römischen Reich verstreut lebenden Juden (also die außerhalb Palästinas) als auch für die ersten Christen.

Doketismus (von griech. *dokeo*, „scheinen") – Irrlehre, nach der Jesus nur einen Scheinleib hatte, Gott also nicht wirklich Mensch geworden ist.

Doxologie – Lobpreis Gottes oder Christi, oft in feierlicher Form.

Dublette – Bezeichnung für eine Doppelüberlieferung, die sich angeblich auf dasselbe Ereignis bezieht. Dubletten werden in der historisch-kritischen Forschung als Beleg für die Verarbeitung mehrerer Quellen gesehen.

Einleitungsfragen – Fragen, die im Rahmen einer Einführung in einen Text geklärt werden müssen, z. B. Wer schrieb wann, wo, aus welchem Grund für welche Leser diesen Text?

Epistel (von griech. *epistole*, „Brief") – eine für einen größeren Leserkreis bestimmte Abhandlung, die die Form eines Briefes hat.

Eschatologie (von griech. *eschatos*, „Ende", und *logos*, „Lehre") – die „Lehre von den letzten Dingen", also allem, was mit dem Tod, dem Leben im Jenseits und dem Ende der Welt zu tun hat.

Essener – jüdische Gruppierung zur Zeit des Neuen Testaments, die das Gesetz noch strenger als die Pharisäer auslegte, allerdings nicht vom ganzen Volk dessen Umsetzung verlangte. Die Essener hatten einen eigenen Kalender und waren vor allem um Chirbet Qumran in der judäischen Wüste zu finden. Für die Auslegung des Neuen Testaments sind sie vor allem deshalb interessant, weil die in Qumran gefundenen Schriften zu den ältesten erhaltenen jüdischen Texten gehören.

Evangelien, synoptische – Bezeichnung für die Evangelien nach Matthäus, Markus und Lukas, die einander so ähnlich sind, wie sie sich von dem nach Johannes unterscheiden. In der Einleitungswissenschaft werden sie daher „zusammen geschaut" (griech. *synopsomai*), also gemeinsam betrachtet.

Gnosis (griech. „Erkenntnis") – esoterische religiöse Bewegung, die Elemente des Juden- und Christentums sowie des Hellenismus aufnahm. Gnostiker glaubten, zur Erlösung ein bestimmtes Geheimwissen zu benötigen.

Gottesfürchtige – Heiden, die sich für das Judentum interessierten und den Synagogen-Gottesdienst besuchten, sich allerdings nicht beschneiden ließen und damit auch nicht offen zum Judentum übertraten. Die Gottesfürchtigen waren eine wichtige Zielgruppe der urchristlichen Mission.

Häresie (von griech. *hairesis*, „Schule") – Irrlehre.

Hapaxlegomenon (griech. „einmal gesagt", Plural: Hapaxlegomena) – Bezeichnung für ein Wort, das in einem bestimmten Kontext nur einmal vorkommt. dieser Kontext kann z.b. das Neue Testament sein, die Paulusbriefe (oder auch nur die „echten" unter ihnen). Hapaxlegomena spielen eine Rolle in der Frage, ob ein Schriftstück authentisch ist.

Haustafel – Bezeichnung für eine Aufzählung, in der die Mitglieder eines antiken Hauses (Männer, Frauen, Kinder, Sklaven) an ihre sich aus dem Glauben an Christus ergebenden Pflichten erinnert werden.

Heidenchristen – Christen, die ursprünglich Heiden waren.

Hellenismus (von griech. *hellenizein*, „die griechische Sprache beherrschen") – Kulturepoche, die mit den Eroberungszügen Alexanders des Großen († 323 v. Chr.) ihren Anfang nahm. In ihr vermischten sich Elemente des Griechentums (z. B. Philosophie, Sprache, Architektur) mit denen des Orients (z. B. religiöse Verehrung des Herrschers) zu einem neuen Ganzen. Der Hellenismus war bis über die Zeit des Neuen Testaments hinaus bestimmend.

Judaismus – Bezeichnung für eine Strömung im Judenchristentum, die auch die Heidenchristen zur Einhaltung des Gesetzes (verbunden mit der Beschneidung) aufforderte.

Judenchristen – Juden, die sich zu Jesus Christus bekennen und sich weiterhin an die mosaischen Gebote halten.

Lesart – Variante im Wort- oder Buchstabenbestand von Texten.

Literarkritik – Versuch, aus überliefertem Text verschiedene ursprünglich von einander unabhängige Texte („Quellen") herauszuarbeiten.

minor agreement – eine „kleinere Übereinstimmung" in den synoptischen Evangelien. Während Matthäus und Lukas vor allem an den Stellen übereinstimmen, in denen sie mit Markus übereinstimmen, gibt es auch Fälle, wo Matthäus und Lukas gegen Markus eine gemeinsame Variante bieten. Diese wird in der Fachsprache *minor agreement* genannt.

Mysterienreligion – Geheimkult, in der Regel orientalischen Ursprungs, in die man durch besondere Riten eingeweiht wurde, die eine unmittelbare Gotteserfahrung versprachen.

Parusie (von griech. *parousia*, „Gegenwart") – Wiederkunft Christi am Ende der Zeiten.

Pastoralbriefe – Sammelbezeichnung für die drei Briefe an Timotheus und Titus.

Perikope – ein Abschnitt aus einem Evangelium, der eine eigene Sinneinheit ergibt. Die einzelnen Perikopen werden in der Lutherbibel durch Zwischenüberschriften getrennt.

Pharisäer – Gruppierung im Judentum zur Zeit des Neuen Testaments, die sich um die Umsetzung des mosaischen Gesetzes im Alltag bemühte und dazu neben dem schriftlichen Gesetz auch die mündlichen „Satzungen der Ältesten" befolgte. Vor allem durch ihre Schriftgelehrten genossen sie großen Einfluss.

Postskript – Schlussteil eines antiken Briefes.

Präskript – Anfangsteil eines antiken Briefes, der Absender, Empfänger und Gruß enthält.

Prätorianer – Angehörige der in Rom stationierten Leibgarde des Kaisers.

Prätorium – Bezeichnung für a. die Kaserne der Prätorianergarde in Rom, die für die Bewachung des Kaisers zuständig war, b. den Sitz eines römischen Statthalters in einer Provinz.

Prokonsul – oberster römischer Beamter in einer senatorischen Provinz.

Proömium – Einleitung oder Vorwort eines antiken Briefes, das direkt nach dem Präskript kommt. Zweck des Proömiums ist es, die gute Beziehung zwischen Absender und Empfänger des Briefes herauszustreichen, um so den Empfänger für den weiteren Briefinhalt offen werden zu lassen.

Proselyt – ein durch Beschneidung zum Judentum übergetretener ehemaliger Heide.

Proto- (griech. „(der) erste") – mit dieser Vorsilbe wird die (vermutete) Vorform eines Werkes bezeichnet. „Protomarkus" wäre demnach die heute nicht mehr erhaltene „Urform" des neutestamentlichen Markusevangeliums.

Provinz, kaiserliche – römische Provinz, die direkt unter der Herrschaft des Kaisers stand und von einem nur diesem verantwortlichen Statthalter (bzw. Prokurator oder Proprätor) regiert wurde. Da es sich bei diesen Provinzen um Unruheregionen handelte, waren die Amtszeiten der Statthalter nicht begrenzt.

Provinz, senatorische – römische Provinz, die unter der Hoheit des Senats von einem für jeweils ein Jahr eingesetzten Prokonsul verwaltet wurde. Dies war nur bei „befriedeten" Provinzen wie z. B. Achaja möglich.

Pseudoepigraphie – Verfassen von Briefen unter einem falschen Namen. Manche reden deshalb auch von „fingierten Briefen" bzw. „unechten Briefen".

Sadduzäer – einflussreichste, wenn auch zahlenmäßig kleinste Gruppierung im Judentum zur Zeit des Neuen Testaments, die vor allem im Hohen Rat vertreten war und auch die Hohenpriester stellte. Sie lehnten die pharisäischen „Satzungen der Ältesten" ebenso ab wie die Vorstellung einer Auferstehung von den Toten oder den Glauben an Engel.

Satzungen der Ältesten – mündliche Auslegungsbestimmungen zum Gesetz des Mose, die vor allem für die Pharisäer grundlegend waren.

Septuaginta (griech. „siebzig", Abkürzung: LXX) – griechische Übersetzung des Alten Testaments, die auf das dritte vorchristliche Jahrhundert zurückgeht. Die LXX war die von den ersten Christen am meisten gebrauchte Bibelausgabe. Ihren Namen erhielt sie, da sie nach einer Legende von siebzig Gelehrten übersetzt worden sein soll.

Sondergut – der Stoff, der sich nur bei einem der drei synoptischen Evangelien findet.

Synkretismus – Vermischung von Elementen verschiedener, ursprünglich nicht verwandter oder einander gar ausschließender Religionen.

Textkritik – Versuch, bei unterschiedlichen Überlieferungen eines Textes („Lesarten") den ursprünglichen Text („Urtext") wiederherzustellen.

Traditionsgut – in neutestamentlichen Briefen übernommenes Material, das nicht vom Verfasser selbst stammt. Traditonsgut kann etwa aus dem urchristlichen Gottesdienst kommen oder ein Lied bzw. eine Bekenntnisformel sein.

Zeloten – jüdische „Widerstandskämpfer" gegen die römische Besatzungsmacht. In ihrer Frömmigkeit glichen sie den Pharisäern.

Zeittafel zum Neuen Testament

(In dieser Einführung ermittelte Daten sind *kursiv* gedruckt.)

63 v. Chr.	Palästina wird Teil des Römischen Reiches
37-4 v. Chr.	Herodes der Große König über Palästina
30 v.-7 n. Chr.	Augustus römischer Kaiser
um 7 v. Chr.	Geburt Jesu in Bethlehem
4 v. Chr.	Teilung Palästinas unter Herodes' Söhne: Archelaus (Judäa, Samaria, Idumäa), Herodes Antipas (Galiläa, Peräa), Philippus (Ostjordanland), Lysanias (Batanäa, Abilene)
6 n. Chr.	Absetzung und Verbannung Archelaus' wegen Unfähigkeit, sein Gebiet wird fortan von römischen Statthaltern („Prokuratoren") verwaltet. Cäsaräa am Meer wird zum Sitz der Verwaltung
6-15	Hannas Hoherpriester
14-37	Tiberius römischer Kaiser
18-36	Kaiphas, Schwiegersohn des Hannas, Hoherpriester
26-36	Pontius Pilatus Statthalter in Judäa und Samaria
um 28	Auftreten Johannes des Täufers
um 30	Tod und Auferstehung Jesu
31/32/33 (?)	Bekehrung des Paulus
37-41	Caligula römischer Kaiser
37-44	Herodes Agrippa I. zunächst Herrscher über das Ostjordanland, seit 39 zudem über Galiläa und Peräa, ab 41 auch über das vorher von den Römern direkt verwaltete Judäa
41-54	Claudius römischer Kaiser
42/43	Verfolgung in Jerusalem, Tod des Apostels Jakobus; *Flucht des Apostels Petrus nach Rom*

44	Tod Herodes Agrippas I., Judäa, Samaria und Idumäa kommen wieder unter römische Verwaltung
41-45	*Matthäus schreibt in Palästina sein aramäisches Evangelium*
44-48	1. Missionsreise des Apostels Paulus
44-48	*Jakobus schreibt an die „zwölf Stämme in der Zerstreuung"*
48	*Paulus schreibt den Galaterbrief*
48	„Apostelkonzil" in Jerusalem; *Rückkehr des Apostels Petrus*
48-51	2. Missionsreise des Apostels Paulus
49	Vertreibung der Juden aus Rom
50/51	*Paulus schreibt den 1. und 2. Thessalonicherbrief*
51/52	L. Iunius Gallio römischer Statthalter der Provinz Achaja
51-57	3. Missionsreise des Apostels Paulus
53/54	*Paulus schreibt den 1. Korintherbrief*
54/55	*Paulus schreibt den 2. Korintherbrief*
57	*Paulus schreibt den Römerbrief*
52-60	Antonius Felix römischer Statthalter in Judäa, Samaria und Idumäa
54-68	Nero römischer Kaiser
57-60	Festnahme des Apostels Paulus in Jerusalem, Haft in Cäsaräa
59(?)-62	Porcius Festus römischer Statthalter
ab 60/62(?)	*Zweiter Romaufenthalt des Apostels Petrus*
58-62	*Markus schreibt in Rom sein Evangelium*
60-62	Zweijähriger Hausarrest des Apostels Paulus in Rom, Ende des Berichts der Apostelgeschichte
60-62	*Paulus schreibt an die Epheser, die Kolosser, die Philipper und an Philemon*
60-62	*Lukas verfasst in Rom sein Evangelium und die Apostelgeschichte*
62	Hinrichtung des Herrenbruders Jakobus
nach 62	*Paulus schreibt den 1. Timotheus- und den Titusbrief*

64/65	Brand Roms, Christenverfolgung in der Stadt, Tod des Apostels Petrus
nach 64/65	*Johannes gibt in Ephesus sein Evangelium heraus*
66-73	Jüdischer Aufstand gegen Rom
um 67	Tod des Apostels Paulus, *kurz zuvor schreibt er den 2. Timotheusbrief*
70	Zerstörung Jerusalems
81-96	*Johannes empfängt auf der Insel Patmos die Offenbarung*

Die Entstehung des Neuen Testaments
im Überblick

	Autor	*Entstehungsort*	*Abfassungszeit*
Matthäusevangelium	Apostel Matthäus	Palästina	41-45
Markusevangelium	Johannes Markus	Rom	58-62
Lukasevangelium	Paulusbegleiter Lukas	Rom	60-62
Johannesevangelium	Apostel Johannes	Ephesus	nach 64/65
Apostelgeschichte	Paulusbegleiter Lukas	Rom	62
Römer	Paulus	Korinth	57
1. Korinther	Paulus und Sosthenes	Ephesus	53/54
2. Korinther	Paulus und Timotheus	Mazedonien	54/55
Galater	Paulus	Antiochia (?)	48
Epheser	Paulus	Rom	60-62
Philipper	Paulus und Timotheus	Rom	60-62
Kolosser	Paulus und Timotheus	Rom	60-62
1. Thessalonicher	Paulus und Silvanus	Korinth	50
2. Thessalonicher	Paulus und Silvanus	Korinth	50/51
1. Timotheus	Paulus	?	nach 62
2. Timotheus	Paulus	Rom	65/67 (?)

	Autor	*Entstehungsort*	*Abfassungszeit*
Titus	Paulus	Nikopolis	?
Philemon	Paulus und Timotheus	Rom	60-62
1. Petrus	Apostel Petrus/ Silvanus	Rom	64/65
2. Petrus	Apostel Petrus	?	?
1. Johannes	Apostel Johannes	Ephesus (?)	?
2. Johannes	Apostel Johannes	Ephesus (?)	?
3. Johannes	Apostel Johannes	Ephesus (?)	?
Hebräer	?	?	64/65 (?)
Jakobus	Herrenbruder Jakobus	Jerusalem	44-48
Judas	Herrenbruder Judas	?	vor 62 (?)
Offenbarung	Apostel Johannes	Insel Patmos	81-96

In der Reihe
„Einführung in das Neue Testament"
bereits erschienen:

Apostel, Lehrer und Propheten (1)
Evangelien und Apostelgeschichte
Bestell-Nr. 330 676
ISBN 3-86122-676-6
256 Seiten, Paperback

In welchem gesellschaftlichen, politischen und kulturellen Umfeld sind die Bücher des Neuen Testaments entstanden? Wer waren die Autoren? In welcher Situation befanden sie sich? Wann sind die einzelnen Berichte und Briefe geschrieben worden?

Diese und ähnliche Fragen stellen sich jedem ernsthaften Bibelleser früher oder später. In dieser Einführungsreihe findet er Antworten.

Buch für Buch führt Dr. Thomas Weißenborn durch das Neue Testament. Sein besonderes Plus: Er kommt ganz ohne das übliche „Fachchinesisch" aus, schreibt wissenschaftlich fundiert, spannend und informativ. Dabei scheut er sich nicht, unterschiedliche Theorien vorzustellen und auf die jeweiligen Thesen samt Antithesen einzugehen.

Über seine Schneisen werden Bibelleser, Hauskreisleiter, Mitarbeiter in der Gemeinde – alle, die sich schnell und kompakt Wissen zum NT aneignen wollen – das Buch der Bücher leichter als bisher erobern.

Apostel, Lehrer und Propheten (2)
Leben und Briefe des Apostels Paulus
Bestell-Nr. 330 710
ISBN 3-86122-710-X
288 Seiten, Paperback

Der Apostel Paulus: Wo kam er her und was hat ihn geprägt? Was bedeuten seine Briefe – wer sind die Adressaten, in welcher Situation erreicht sie der jeweilige Brief des Völkerapostels und wie sind sie heute zu verstehen und auszulegen?

In bewährter Form informativ, leicht verständlich, wissenschaftlich fundiert führt Dr. Thomas Weißenborn von Römer bis Philemon durch die Bücher des NT und geht immer wieder auf verschiedene Fragen ein, z. B.: Stammen die Paulus-Briefe wirklich von Paulus? Was beschäftigte die ersten Gemeinden, an die diese Briefe gingen?

„Beim Lesen dachte ich immer wieder. Es wäre großartig gewesen, wenn ich dieses Buch schon als Student in die Hände bekommen hätte! Thomas Weißenborn zeichnet ein klares und umfassendes Bild der politischen, sozialen und religiösen Bedingungen, in denen das NT entstanden ist. Der Verfasser beweist: Die Beschäftigung mit theologischen Themen muss nichts Langweiliges oder Ermüdendes sein."
Dr. Roland Werner, Marburg

Weitere Bücher von Thomas Weißenborn

Gott ganz nah
Der Heilige Geist und wir
Bestell-Nr. 330 650
ISBN 3-86122-650-2
80 Seiten, kartoniert

„Gott ist wirklich mitten unter euch!", stellten die Besucher der ersten Gottesdienste fest, als sie Heilungen und Wunder erlebten – Wirkungen des Heiligen Geistes. Ist diese Erfahrung nicht auch für uns eine Selbstverständlichkeit, die wir bekennen: *„Ich glaube an den Heiligen Geist"*?
Wohl kaum. Eher hilflos denkt mancher: *Der Heilige Geist – das unbekannte Wesen.* Phänomen oder dritte Person der Dreieinigkeit? Kribbeln oder Gott? Opium oder Kraftquelle?

Was ist der Heilige Geist und was bedeutet er für uns?
Von den Korinthern bis zu den Quäkern, von Wesley bis Wimber: Weißenborn verfolgt die Spuren des Heiligen Geistes in Bibel und Kirche, zieht Schlüsse aus den Erfahrungen der großen Erweckungsbewegungen und lädt ein, das Gute zu behalten und im eigenen Leben fruchtbar zu machen.

Religionsfreiheit
Christliche Wahrheit und menschliche Würde im Konflikt?
Bestell-Nr. 330 604
ISBN 3-86122-604-9
344 Seiten, Paperback

Unsere Welt – das globale Dorf.
Menschen aus verschiedenen Religionen wohnen nebeneinander. Damit wird die Frage nach dem Zusammenleben der
Religionen zur Schicksalsfrage der Menschheit:
Wie können Glaubensüberzeugungen friedlich koexistieren, von
denen jede für sich den Anspruch erhebt, allein wahr zu sein
und über Mission den Menschen des Erdkreises nahe gebracht
werden will?
Es liegt ein enormes Spannungsfeld zwischen der Glaubensüberzeugung des einen, die alleinige, allgemein gültige Wahrheit zu
erkennen, und dem Grundbedürfnis des anderen, in Freiheit
seine Religion bestimmen zu können.
Weißenborn zeigt am Beispiel der römisch-katholischen Kirche,
wie scharf mitunter die theologische Auseinandersetzung um
das Verhältnis von Wahrheit und Freiheit geführt wird und
wurde. Trat man am Anfang des 20. Jh. noch kompromisslos für
die Durchsetzung des „christlichen Staates" ein, galt nach dem
Zweiten Vatikanischen Konzil (1962-65) die Forderung nach
einem „christlichen Staat" als unvereinbar
mit der menschlichen Würde.
Das Buch analysiert den geschichtlichen und theologischen
Hintergrund beider Argumentationsschienen und zeigt, welche
Gottes- und Menschenbilder jeweils dahinter steht. Es ist
Fundgrube für alle, die sich Gedanken über eine vom Evangelium geprägte Gesellschaftsordnung machen.

Samuel J. Schultz
Die Welt des Alten Testaments
Bestell-Nr. 330 620
ISBN 3-86122-620-0
496 Seiten, Paperback

Die Welt des Alten Testaments zeichnet ein deutliches Bild der archäologischen, geografischen, historischen und linguistischen Dimension von Gottes Bund mit seinem Volk in der Zeit von Abraham bis zum Kommen des Messias. Es umfasst alles wesentliche Material, das für ein Studium des Alten Testaments (allein oder in der Gruppe) benötigt wird.
Samuel J. Schultz bietet in seinem Werk Landkarten, Tabellen und Übersichten, die den historischen Hintergrund verdeutlichen, den Inhalt der einzelnen alttestamentlichen Bücher zusammenfassen und bei der bildlichen Vorstellung des biblischen Berichtes helfen.
Wer ernsthaft Form und Struktur des Alten Testaments studieren will, findet hier eine hervorragende Grundlage und die geschickte Anleitung eines erfahrenen Lehrers.

Nick Pollard
Von Jesus reden?!
Evangelisieren ein bisschen einfacher gemacht
Bestell-Nr. 330 675
ISBN 3-86122-675-8
208 Seiten, Paperback

Die meisten Leute wollen eigentlich gar nichts von Jesus hören.
Sie geben zu verstehen, dass sie mit sich und ihrem Weltbild
rundum zufrieden sind. Schluss, aus, Ende des evanglistischen
Gespräche? Dieses Buch zeigt ganz praktisch, wie wir diese
Menschen trotzdem auf Jesus neugierig machen können.

Evanglisieren ist schwierig. Und es wird schwierig bleiben.
Doch Nick Pollards durchdachter Ansatz und seine ansteckende
Begeisterung helfen, es wenigstens ein bisschen leichter zu
machen.

Ein inspirierendes Buch, voll Humor und mit viel Liebe und Einfüh-
lungsvermögen für die glaubenskritischen Zeitgenossen geschrieben.
Nirgends holt der Autor den missionarischen Holzhammer heraus.
Im Gegenteil!
Klaus Jürgen Diehl

Nick Pollard hilft seinen nichtchristlichen Gesprächspartnern, ihr
eigenes Denken zu überdenken, verschafft ihnen ein Aha-Erlenis und
bietet die gute Nachricht von Jesus Christus an – eine hervorragende
Hilfestellung für evangelistische Gespräche.
Lutz Scheufler

Ein höchst praktisches, flüssig geschriebenes und lesenswertes Hand-
buch für alle, die evangelistisch engagiert sind!
Rolf Hille